도시 모빌리티와
도덕성

이 저서는 2018년 대한민국 교육부와 한국연구재단의 지원을 받아 수행된 연구임
(NRF-2018S1A6A3A03043497)

The Morality of Urban Mobility

도시에서 가장 존중받아야 할 가치는 무엇인가

도시의 기술과 철학

도시 모빌리티와 도덕성

셰인 엡팅 지음 김나현 옮김

앨피

모빌리티인문학 Mobility Humanities

모빌리티인문학은 기차, 자동차, 비행기, 인터넷, 모바일 기기 등 모빌리티 테크놀로지의 발전에 따른 인간, 사물, 관계의 실재적·가상적 이동을 인간과 테크놀로지의 공-진화co-evolution라는 관점에서 사유하고, 모빌리티가 고도화됨에 따라 발생하는 현재와 미래의 문제들에 대한 해법을 인문학적 관점에서 제안함으로써 생명, 사유, 문화가 생동하는 인문-모빌리티 사회 형성에 기여하는 학문이다.

모빌리티는 기차, 자동차, 비행기, 인터넷, 모바일 기기 같은 모빌리티 테크놀로지에 기초한 사람, 사물, 정보의 이동과 이를 가능하게 하는 테크놀로지를 의미한다. 그리고 이에 수반하는 것으로서 공간(도시) 구성과 인구 배치의 변화, 노동과 자본의 변형, 권력 또는 통치성의 변용 등을 통칭하는 사회적 관계의 이동까지도 포함한다.

오늘날 모빌리티 테크놀로지는 인간, 사물, 관계의 이동에 시간적·공간적 제약을 거의 남겨두지 않을 정도로 발전해 왔다. 개별 국가와 지역을 연결하는 항공로와 무선통신망의 구축은 사람, 물류, 데이터의 무제약적 이동 가능성을 증명하는 물질적 지표들이다. 특히 전 세계에 무료 인터넷을 보급하겠다는 구글Google의 프로젝트 룬Project Loon이 현실화되고 우주 유영과 화성 식민지 건설이 본격화될 경우 모빌리티는 지구라는 행성의 경계까지도 초월하게 될 것이다. 이 점에서 오늘날은 모빌리티 테크놀로지가 인간의 삶을 위한 단순한 조건이나 수단이 아닌 인간의 또 다른 본성이 된 시대, 즉 고-모빌리티high-mobilities 시대라고 말할 수 있다. 말하자면, 인간과 테크놀로지의 상호보완적·상호구성적 공-진화가 고도화된 시대인 것이다.

고-모빌리티 시대를 사유하기 위해서는 우선 과거 '영토'와 '정주' 중심 사유의 극복이 필요하다. 지난 시기 글로컬화, 탈중심화, 혼종화, 탈영토화, 액체화에 대한 주장은 글로벌과 로컬, 중심과 주변, 동질성과 이질성, 질서와 혼돈 같은 이분법에 기초한 영토주의 또는 정주주의 패러다임을 극복하려는 중요한 시도였다. 하지만 그 역시 모빌리티 테크놀로지의 의의를 적극적으로 사유하지 못했다는 점에서, 그와 동시에 모빌리티 테크놀로지를 단순한 수단으로 간주했다는 점에서 고-모빌리티 시대를 사유하는 데 한계를 지니고 있었다. 말하자면, 글로컬화, 탈중심화, 혼종화, 탈영토화, 액체화를 추동하는 실재적·물질적 행위자agency로서의 모빌리티 테크놀로지를 인문학적 사유의 대상으로서 충분히 고려하지 못했던 것이다. 게다가 첨단 웨어러블 기기에 의한 인간의 능력 향상과 인간과 기계의 경계 소멸을 추구하는 포스트-휴먼 프로젝트, 또한 사물인터넷과 사이버 물리 시스템 같은 첨단 모빌리티 테크놀로지에 기초한 스마트시티 건설은 오늘날 모빌리티 테크놀로지를 인간과 사회, 심지어는 자연의 본질적 요소로 만들고 있다. 이를 사유하기 위해서는 인문학 패러다임의 근본적 전환이 필요하다.

이에 건국대학교 모빌리티인문학 연구원은 '모빌리티' 개념으로 '영토'와 '정주'를 대체하는 동시에, 인간과 모빌리티 테크놀로지의 공-진화라는 관점에서 미래 세계를 설계할 사유 패러다임을 정립하려고 한다.

차례

감사의 말

다른 지면에 발표했던 초기 아이디어를 많은 부분 수정·보완하여 이 책을 쓰게 되었다. 아마도 계속 수정될 것이다. 세상 모든 일이 그렇듯 말이다. 그럼에도 불구하고 지난 몇 년간 여러 컨퍼런스에서 만났던 사람들, 특히 진정한 철학이 이루어졌던 커피 타임에 함께 대화를 나눴던 많은 사람들에게 빚지고 있다. 그 대화들은 내 생각을 발전시키는 데에 도움이 되었고, 때때로 새로운 관점을 제시하고 호기심을 자극해 주었다. 특히 도시철학연구회 공동회장과 위원들, 마이클 멘서, 줄스 사이먼, 로널드 선드스트롬, 마이클 나겐보그, 산나 레티넨 주디스 그린, 데이비드 우즈께 감사 드린다. 그리고 이 책에서 인용한 여러 문헌의 저자들께도 감사 드린다.

또한 내 논문 〈환경윤리의 도덕적 우선순위에 대하여: 도시에 대한 약한 인간중심주의On Moral Prioritization in Environmental Ethics: Weak Anthropocentrism for the city〉의 재수록을 허락해 준 저널 《환경윤리 Environmental Ethics》와, 논문 〈자율주행차를 위한 교통계획 또는 교통계획을 위한 자율주행차?Transportation Planning for Automated Vehicles-Or Automated Vehicles for Transportation Planning?〉의 재수록을 허락해 준 저널 《철학 에세이Essays in Philosophy》에도 감사 드린다.

머리말을 써 준 루이스 고든의 친절에도 감사의 마음을 전한다.

또한, 이 시리즈 집필을 구상하게 해 준 스벤 오베 한손과 다이앤 미셸펠더에게도 감사 드린다. 앤디 하이트, 셸리 리오스, 필립 호넨버거, 데이브 베이세커, 칼 삭스, 레몬 바바자, 워렌 스톨츠푸스도 고마운 분들이다. 프랭키 메이스와 스칼렛 퍼니스의 작업에 감사 드리며, 로우먼 & 리틀필드의 직원 분들께도 감사 드린다.

이 책을 아나 카렌 갈리시아와 그녀의 가족, 우리의 치와와 랄로와 더치, 그리고 부모님과 짐 웹, 망명 대학과 코코 브라보에 바친다.

안타깝게도 여전히 과거에 고정된 시선으로 21세기를 달려 나가고 있는 학문 풍토 속에서 이 책의 저자 셰인 엡팅은 가치 있는 질문에 대한 새로운 철학적 분석을 보여 준다. 가야만 하는 곳으로 우리는 과연 어떻게 가야 하는가?

현실에 대한 궁금증에서 탄생한 학문인 현대철학은 대체로 공공의 이익에 관심을 기울였던 철학의 역사를 무시한 채, 사회적으로 참여하기보다는 그 형식을 그려 내는 데에만 몰두한다. 의미 있는 삶을 산다는 것이 의미하는 바를 다루지 못한다면 철학이 하는 일이 대체 무엇이란 말인가.

의미 있는 삶에 대한 질문은 필연적으로 윤리적이고 도덕적인 성찰로 이어진다. 하지만 적어도 철학 전문가들 사이에서 이런 노력이 있었는가 하는 점에 대해서는 다소 회의적이다. 이러한 고민에 권력에 대한 성찰도 포함해야 할까?

윤리와 도덕철학이 권력 개념에 거의 알레르기 반응을 보임에도 불구하고, 권력이 없다면 인간에게는 희망이 없다. 권력이 없다면 그 누구도 아무것도 할 수가 없다. 여기에는 움직임도 포함된다. 결국 권력은 어떤 일이 일어날 수 있는 조건에 접근하여 그것을 발생시킬 수 있는 능력을 의미한다. 하지만 윤리적이고 도덕적인 사람에게 그렇게 행할 수 있는 능력과 수단이 없다면 어떻게 행동할 수 있을까? 아니, 행동이 아니라 생각의 수준에서라도 말이다.

철학이야 물론 어디에서나 할 수 있는 것이지만 대다수의 철학자들은 도시에서 철학을 한다. 아테네의 거리에서 사람들과 마주치면서 철학적 대화를 이어 갔던 소크라테스도 그랬고, 1961년에 20세기 로마의 카페에 앉아 장시간 토론을 이어 갔던 시몬 드 보부아르, 프란츠 파농, 장 폴 사르트르도 마찬가지였다. 도시 속 철학자들은 데카르트적 환상에 휩싸여 의심 행위에 몰두하면서도, 이 장소에 많은 사람들이 함께 살아가고 있다는 사실 때문에 철학만의 독특한 **사회적** 차원을 되새기게 된다. 대부분의 도시환경에서 이웃에게 다가가는 것은 시간을 요하는 일이기 때문에 철학을 한다는 것은 아마도 고독하고 외로운 노력이 될 것이다. 도시는, 적어도 사회적으로는, 철학을 위한 비옥한 토양이다.

도시에서의 철학은 또한 독특한 정치적 행위이기도 하다. 권력에 대한 성찰을 명시적으로 목표하고 있지 않더라도, 폭력에 굴복하지 않고 최선을 다할 것이라는 합의에 따라 논증과 논쟁, 약속이 이루어진다. 도시에서 더불어 살아가기 위한 말하기는 권력이 공적 권한의 형태를 취하는 주요 수단이 된다. 이 행위가 바로 폴리테이아politeia, 즉 오늘날 우리가 말하는 정치politics다.

그렇다면 정치적인 삶을 유지한다는 것의 핵심은 도시의 지속가능성이며, 여기서 도시란 시민권이 발생하는 장소라고 이해되어야 한다. 도시는 100킬로미터 규모로 퍼져 있을 수도 있고 1킬로미터의 좁은 규모일 수도 있지만, 서로에게 빠르게 도달하는 능력은 이 거리를 단축시킨다. 공간을 가로지르는 시간의 단축은 거대한 도시를 의사소통 가능성이 있는 작고 친밀한 공동체로 만든다.

따라서 교통은 정치적인 삶과 시민권의 구체적인 선험 조건으로 기능한다. 교통이 불평등한 (심한 경우, 아예 접근 불가능한) 곳에서의 정치적 결과는 불의와 극단적 억압으로 가득 차게 된다. 사회는 마음껏 자유와 민주주의를 외칠 수 있지만, 정치적 참여에 대한 열망에도 불구하고 아무 데도 갈 수 없는 사람들에게는 이 외침도 무의미하다. 남아프리카공화국이나 미국 같은 나라에서 볼 수 있는 인종적 제한 하에 설계된 백인 모빌리티와 흑인 모빌리티 인프라에서 이 점이 잘 드러난다.

기술 발전은 이런 움직임에서 핵심이 된다. 과거, 바퀴의 발명은 한 지점에서 다른 지점으로 가는 데에 필요한 시간과 에너지를 줄여 주었고, 점차 배와 기차, 비행기가 등장해 광활한 거리를 더 빠르게 이동하게 되면서 지구는 점점 더 좁아지고 있다. 이런 변화에는 전신에서부터 무선통신에 이르는 정보기술도 한몫하였다. 물리적 거리에도 불구하고 이러한 정보기술은 사회적 연결을 가능케 했다. COVID-19로 인한 팬데믹 동안에도 많은 사람들은 네트워크상 연결을 통해 통해 물리적 거리두기를 극복했다. 세계는 계속 변화하고 있으며, 예측 불가능한 일이 발생하면서 수많은 윤리적 · 도덕적 요구가 생겨난다. 사이버 괴롭힘이나 무단복제에서부터 돌이킬 수 없는 재앙을 초래하는 항공 시스템 오작동에 이르기까지, 각각의 기술 발전은 새로운 종류의 위험성을 수반한다.

이런 문제들을 두루 고려하는 셰인 엡팅은 교통을 하나의 권리라고 말하지만(왜냐하면 사람들의 권한 행사는 그들의 원래 위치를 넘어서 세상에 영향을 미치는 것을 전제로 하기 때문이다), 그러면서도 권리와 사치 간의 차이를 예리하게 조명한다. 자본의 이동과 발달은 이동을 비싸게 만들거나 교통경제를 촉진시키는 메커니즘에서 이득을 얻지만, 지구 생태계 문제와 관련해 우리가 치러야 하는 비용 문제는 이를 잠깐 멈추고 성찰해 보게 한다. 그렇다고 해서 전 지구적 차원에서 구식 경제로 돌아가거나 도덕적 삶의 질서를 강요하는 것은 결국 부정적인 결과를 초래할 것이다. 모두가 왕과 왕비처럼 살기를 기대하는 세상은 결국 지속 가능한 세상이 아니다. 윤리적 삶, 즉 가치 있는 삶을 위해서는 이동, 접근, 의사소통, 그리고 사회화 기술에 대한 창조적 재고가 필요하다. 많은 사람들이 말 그대로 숨 쉬기 위해 지금도 고군분투하고 있기 때문이다.

학문의 퇴폐에 대한 나의 이론(자신들의 학문을 마치 신이 창조하고 완성한 것처럼 다루는 전문가들의 문제를 고찰한 이론)을 바탕으로 엡팅은 더 이상 우리 시대의 윤리적·도덕적 요구와 맞지 않는 학문적·기술적 패러다임에 인류를 밀어 넣으려고 하는 것을 오류라고 지적한다. 이러한 모델이 점점 쇠퇴하고 위험해지고 있다는 것을 진단하지 못하면, 지금까지의 모델이 지금 이 순간에도 고통을 만들어 내고 있는 현실을 무시하는 결과로 이어질 것이다. 인식론적 완강함이 만들어 낸 고통을 해결하기 위해 엡팅은 철학에서의 '학문-내 퇴폐intra-disciplinary decadence'를 지적한다. 철학자들이 학계 공동체나 세부 전공에만 몰두하며 현실을 옆으로 밀어내는 것을 비판한 것이다. 철학자들의 이런 태도는 고대의 가장 위대한 통찰 중 하나인 플라톤의 동굴 우화에 반하는 행동이다. 결국 철학자들은, 동굴 앞에 바위를 놓아 사람들이 그림자의 미혹 속으로 다시 걸어 들어가게 만드는 대신에 동굴 밖으로 나가려고 노력해야 한다.

프랑스의 철학자 알랭 바디우는 플라톤의《국가》에 나오는 이 유명한 예시 속 또 다른 우화적 요소를 세련되게 지적했다. 바디우는 공동체가 외부로 탈출하기 위해 왔다 갔다 하는 행위를 간단히 '정치'라고 부른다.

하지만 도덕, 즉 모럴리티와 정치는 같지 않다. 한 사람이 개인적으로 도덕적일 수는 있으나, 정치적이게 되려면 다른 사람들과 상호작용하며 영향을 주고받아야 한다. 반면에 두 사람의 만남은 정치적 행위로 드러난다. 정치가 타인에게 힘을 실어 줌으로써 권력을 확장하는 것과 관련이 있다면, 그 필연적인 길은 민주주의로 향하는 것이다. 그러나 민주주의의 올바른 규범은 배제가 아닌 포용에 맞춰져야 한다. 엡팅에게 이것은 '포용적인 도덕적 순서'의 형태를 취한다. 분명한 것은 사람들은 도래할 세계의 기초를 세우는 것을 포함해, 자신에게 영향을 미치는 세계에 대한 발언권을 가지고 적극적으로 참여해야 한다는 것이다. 엡팅은 교통 입안자들이 단일 모델이 아니라 도덕적 순서화에 따른 공동계획 절차를 따라야 한다고 제안한다. 그는 결과주의 대 절대주의, 혹은 의무론과 덕 이론 대 사회적 요구와 같은 여러 잘못된 딜레마를 비판함으로써 이런 주장을 강화시킨다.

엡팅의 분석이 보여 주는 풍부함은 그가 분석하는 기술적 혁신과 일련의 교통 문제에서 두드러진다. 예컨대 우리는 자율주행차 시대에 새로운 사회적·경제적 문제에 직면하지 않고 변함없이 살아갈 수 있을까? 예측할 수 없는 세상에서 필요한 윤리적 조율 형태는 무엇일까? 우리의 약속, 즉 가치 있는 삶에 대한 이해가 중요하지 않을까?

지구가 점점 좁아지고 있고, 우리 은하의 먼지구름 사이를 소용돌이치는 지구라는 이 먼지 덩어리에서 우리의 자원이 얼마나 한정적인지가 현실로 드러난 지금, 우리가 처한 상황은 분명 심각하다. 철학의 특징인 비판적 성찰의 눈으로 책임감 있게 도시를 생각하는 것을 넘어, 도시를 다시 상상하고 변화시키는 시급한 과제를 수행해야 할 때이다.

이것이 바로 이 책《도시 모빌리티와 도덕성: 도시의 기술과 철학》이 제기하는 도전이다.

루이스 R. 고든

1장

앞으로의 길

이 장의 주요 목표는, 본질적으로 문제적인 주제인 도시 모빌리티의 도덕성에 대한 전제 조건을 설명하는 것이다. 이런 설명을 하는 이유는 교통이 기술이기 때문이며, 질서 정연한 이성의 형태인 철학적 작업 역시 기술이라고 가정하는 게 도움이 되기 때문이다. 즉, 교통 시스템의 문제를 해결하는 데에 도움을 주는 기술이라고 생각할 수 있다. 명확히 말해서, 나는 이런 의미에서의 철학을 도시 모빌리티의 도덕적 차원을 통해 사고하는 작업을 도와주는 다면적인 개념적 과정으로 생각한다. 교통 시스템의 이면에 있는 사고 패턴을 드러내는 것이 최선의 방법은 아닐 수 있지만, 존재론에서부터 도덕에 이르기까지 범위를 근본적으로 검토하고자 한다면 매우 중요한 작업이 된다. 이런 관점이 열차를 정시에 출발하게 할 수는 없을지라도, 열차 운행의 중요성과 도시 조건에 대한 의미를 이해하는 데에는 도움이 될 수 있다. 이거면 충분하다.

또 다른 목표는, 앞으로 전개될 내용을 개괄하는 것이다. 도시 모빌리티에서의 도덕성이 수많은 사회정치적 요소를 가시화한다는 점을 고려할 때, 대강의 개요를 보여 줌으로써 이와 관련된 복잡한 개념들을 친숙하게 만들기 위해서이다. 핵심은, 도시 모빌리티의 도덕이 길을 따라 사람들을 이동시키는 것과는 거의 상관이 없고 오히려 도시에서 움직인다는 것이 무엇을 의미하는지를 우리가 어떻게 생각하는지와 더 관련이 있다는 점이다.

염두에 둘 것은 후자이다. 이 책의 주요 내용은 사실 교통에 대한 것이 아니다. 이는 또한 인간을 둘러싼 지엽적 문제들과 교차하는 것이지만, 그렇다고 이와 관련된 철학적 측면에 관한 것만도 아니다. 하지만 이 문제들과 관련된 다양한 도덕적 차원 때문에 도시 모빌리티를 특별히 고찰해 보려는 것이다. 이렇게 초점화하면 전 세계의 교통 시스템과 관련된 영역을 검토하게 된다는 점에서 의미가 있다. 이는 독자들로 하여금 역사적·사회적·정치적·생태적 요소를 시야에 두고 그 각각의 도덕적 차원을 파노라마적으로 보면서 모빌리티 시스템에 대해 생각해 보게 한다. 이 과정에 참여하는 것은 우리가 사회적으로 정의로운 지속가능성과 인간의 번영 같은 가치 있는 목표를 우선시하는 도시를 만드는 데에 일조할 수 있다. 이것이 바로 이 책이 전하고자 하는 핵심 메시지다.

이 책을 준비하면서 마주한 한 가지 문제는, 교통 전문가나 활동가를 등 돌리게 하지 않으면서 기존의 학문적 전통을 배반하지 않는 방식으로 도시-모빌리티 논의에 철학적 측면을 도입하는 것이었다. 또 다른 걸림돌은, 다음 장에서 마주하게 될 철학적 '토끼굴'을 탐험하고 싶은 유혹과 싸우는 일이었다. 철학사적 작업들을 짚다 보면 그 뒤에 잠복해 있는 더 큰 의문과 논쟁을 만나게 되지만, 순조로운 진행을 위해 이 문제들은 다음으로 넘기는 게 최선이다.

결국 이 책은 교통과 관련된 수많은 문제를 조명하지만, 모든 사람 혹은 대부분의 사람에게는 이 점이 바로 전해지지 않을 수 있다. 이처럼 특별한 방식으로 모빌리티를 탐구하는 것이 도시계획 전문가의 눈에는 가장 중요한 부분을 뛰어넘는 것처럼 보일 수도 있겠지만, 나는 결코 그들의 권위에 도전하려는 것이 아니다.• 이는 여러 가지 이유로 우리 마음 한구석에 자리하고 있는 몇 가지 윤리적 문제를 보여 주기 위함이다. 물론 아마추어 계획가들로 구성된 도시 군대가 거리를 통제하는 것이 모두의 이익에 부합한다고 생각하는 것도 아니다. 이 책의 목표는 전자와 후자의 균형을 맞추는 적절한 정도의 도덕적 매력을 발견하는 것이다.

이러한 현실적인 이유로 철학적 작업을 넘어 교통계획이나 엔지니어링을 어떻게 '해야' 하는지에 대한 직접적인 주장은 이 책에 없다. 그것은 교통 시스템에 내재된 위험으로부터 우리를 안전하게 지켜 줄 전문가들의 일이다. 결과적으로 이 책은 전문가들에게 그들의 일을 수행하는 방법을 알려 주는 외부인의 진단 같은 것이 아니다. 다만, 이런 작업이 도시 모빌리티에 대한 활발한 논의를 일으킬 수만 있다면 도시 모빌리티에 대한 광범위한 논평을 하지 말라는 법도 없다. 교통 시스템은 모든 도시 거주자와 여행자에게 영향을 미치며, 우리의 경험은 중요하다.

내 말은 특정한 교통 방식을 지지하는 것 같은 논의는 없다는 뜻

• 나는 본문 전체에 걸쳐 '통행transit', '운송transport', '교통transportation', '모빌리티mobility'와 같은 용어를 다소 느슨하고 상호교환적인 방식으로 사용할 것이다. 대부분의 경우 기술적 기능과 관련해 사용하는 것은 아니기 때문이다.

이다. 대신에 앞으로 제시될 사례는, 전술한 것처럼 가치 있는 목표를 촉진하는 모빌리티 시스템에 대한 옹호를 보여 주는 동시에 논쟁의 여지가 있는 토론의 영역이다. 이 프로젝트의 목적은 특정한 교통수단을 선호하는 사람이나 전문가들과 대립하는 것이 아니다. 다만 그들이 잘 모를 거라는 가정 하에, 도시의 교통수단이라는 도덕적 얽힘을 고찰하는 데에 시간을 할애하도록 안내하고자 한다. 또한, 학문적 교훈을 거리 문제에 적용하려는 철학적 순수주의자도 초대한다. '도시철학'이라는 학문 영역을 확장해 가는 철학자들은 도시미학, 도시기술, 지자체의 참여민주주의 등의 주제가 서로 연계된 문제임을 드러냈다. 이 책은 이런 여러 주제들과 교차한다. 전문가 집단은 별도로 하고, 나는 사람들이 이 책을 통해 도시교통 시스템이 그들에게 그리고 그들의 삶의 방식에 어떤 의미인지를 생각해 보게 되길 바란다. 그들은 도시의 힘을 이용해 도시경관을 변화시킬 수 있는 사람들이다.

또 다른 목표는, 수시로 변화하는 조건들의 전 지구적 그물망에 교통 시스템이 어떻게 자리 잡고 있는지를 밝히는 것이다. 일단 우리가 그런 상황들을 광범위하게 파악하게 된다면, 이 조건들은 도시 모빌리티와 관련된 것으로 보이는 결과들을 구체화하고 재구성하는 데에 도움이 된다. 이 실천에 참여하면 도시경관을 탐색해야 할 필요성에서 비롯된 서로 얽힌 무수한 윤리적 문제의 특징을 알 수 있다. 이런 현실 때문에, 이 프로젝트를 완성시키는 하나의 결론은 교통과 관련된 모든 문제가 넓은 사회적 · 물질적 맥락 속에 놓여 있어 수많은 긴장을 수반한다는 점을 드러내는 것이다.

이런 상황에서 심각한 문제가 없는 모빌리티 네트워크를 구축하기란 매우 어렵다. 만약 우리가 이 개념을 온전히 받아들인다면, 교통정의transportation justice란 가까이 갈수록 더 멀어지는 신기루처럼 언제나 '지향적'인 가치임을 받아들일 필요가 있다. 이러한 입장은 정의를 다소 유동적인 개념으로 보는, 철학적 정전으로부터 물려받은 정의관에 질문을 던지게 한다. 이 개념은 (아마도) 우리가 결국엔 정의에 도달할 수 없음을 암시한다. 그러나 이를 위한 연구 작업은 교통 시스템과 관련된 위험한 조건들로 인해 고통받거나 희생되는 사람들의 어려움을 덜어 줄 수 있다는 점에서 본질적으로 선하며 도구적으로 유의미하다. 기본적으로 이 작업의 목표는 완성이 아니라 진전에 있다.

이러한 전망은 완벽한 세상에 가장 완전하게 존재하는 전형적인 도덕적 틀과 같은 경직된 해결책에서 벗어나, 덜 이상적이더라도 현실과 상호작용하는 해결책으로 초점을 전환할 것을 요구한다. 아이러니한 것은, 이 프로젝트의 연구 대부분이 여전히 이론적이라는 것이다. 하지만 전 세계 여러 도시에 적용할 수 있다. 이 두 개념은 상충되어 보인다. 그렇다. 두 개념은 내가 텍스트 전반에서 교통 문제의 복잡한 성격을 다루기 위해 사용하는 긴장감을 만들어 낸다.

기존의 연구 틀을 사용해 이런 문제들에 접근하는 방법은 여러 가지가 있지만, 모두 특정한 유형화를 통하고 있어 실질적 반론이 없는 교통정의를 실현할 수 없다는 단점이 있다. 과거의 문제를 반복하지 않으려면 이미 확립된 철학적 입장에 절대적으로 의존하기보다는 교통 문제가 갖는 포괄적인 성격을 명확하게 파악하는 것이 중요하다. 다시 말해, 전통적인 접근법에 호소하거나 전통적인 의미에서 또 다른 연구 틀을 제안하는 것으로는 교통정의로 가는 길을 열기 어렵다.

그렇다고 이 책이 체계적 연구의 유용성을 완전히 무시하는 것은 아니지만 프레임워크, 즉 연구 틀이라는 것을 철학적으로 완전하게 규정된 변수 안에서 사용해야 하는 신성한 도구로 보기보다는 그 틀에 우회적으로 접근하려고 한다. 단순히 프레임워크에 대한 반발심으로 이런 견해를 고수하는 것은 아니다.[1] 이런 관점이 유연성이 요구되는 실제 세계의 교통 문제를 다루기에 적합하기 때문이다. 현재 존재하거나 앞으로 나올 수많은 시나리오는 역사적인 도덕 이론의 연구 틀에서 얻은 통찰력과 무관하지 않을 것이다. 하지만 우리가 이를 적용하는 방식은 규범적 정통성을 엄격하게 지지하는 사람들을 당황시킬 것이다.

이런 의미에서 볼 때, 이 책에서 제기하는 관점은 본질적으로 일관성 없음을 시사하는 '반-프레임워크anti-framework' 구조를 따르는 제안이라고 할 수 있다. 이런 분류가 세상과 잘 맞아떨어지기 때문이다. 최소한 일관성이 없다는 일관성은 있다. 이러한 비일관성에도 불구하고, 우리가 이 세계의 우주적 구조를 파악하고 그것이 버스 시간표와 어떻게 공정하게 관련되는지를 알아내는 동안 사람들이 교통 문제로 고통받는 것은 바라지 않는다.

이런 입장을 받아들이고 포용할 때 생기는 근본적인 걱정거리는, 그런 태도가 도덕적 절대주의를 부정하는 도덕적 상대주의에 대한 공감을 슬쩍 도입한다는 것이다. 따라서 우리는 끔찍한 일들이 벌어질 수 있는 가능성에 대비해 단기적 해결책도 준비해 두어야 한다. 만약 교통 문제 완화에 대한 노력이 오히려 어떤 폭력으로 이어진다면, 우리는 도시 모빌리티 문제보다 더 시급한 문제를 맞닥뜨리게 될 것이다.

우리가 처한 현실은 우리가 도달할 수 있는 결정적 기준이 없음에도 계속 그것을 위해 노력해야만 한다고 말한다. 모빌리티 정의라는 바위를 언덕 위로 계속 밀어 올리는 과제는 기약 없는 숙제로 이어지고 있지만, 우리는 이 숙제를 해내야 한다. 어떤 사안은 잘 알려져 있지만, 또 어떤 사안은 은밀히 진행된다. 이 사안들은 다양한 방식으로 우리 삶에 영향을 미치기 때문에 철학자들을 포함해 학계 전반의 관심이 요구된다.

모빌리티 정의와 관련된 문제들은 이해당사자의 수와 범위가 크다. 대부분 사회적 구조에 깊이 뿌리박혀 있어 그런 문제가 있다는 것조차 모르거나 현실을 개선할 대안이 있다는 사실조차 모를 수 있다. 이는 연료 생산과 세계시장 차원에서부터, 도시경관 속을 이동하기 위해 버스, 철도, 스쿠터, 보도블록에 의존하는 도시 주민 차원까지 이르는 광범위한 문제다. 모빌리티 정의를 위해 따져 봐야 할 다양한 고려 사항이 '도덕적 모빌리티 얽힘moral mobility enmeshment'을 형성한다고 할 수 있다. 구체적인 것과 추상적인 것을 함께 생각하는 다소 복잡한 방식이 필요하다 하더라도 주목해야 마땅한 현실이다.

두 영역 사이의 연관성을 항상 알 수는 없지만, 이것이 수십 년에 걸쳐 삶을 꾸려 온 우리의 일상적인 경험에 어떤 영향을 미치는지는 수많은 사람들이 이미 알고 있다. 연인과 시간을 보내는 일, 초등교육 혹은 박사학위를 받는 일, 직장에서 고단한 하루를 보내고 휴식을 취하는 일 등이 모두 여기에 포함된다. 만약 사람들이 자신만의 노력으로 이를 완수하길 바란다면, 우리는 그들이 신발을 신었을 때, 그들이 신발을 살 여유가 있다고 (혹은 실제로 그것에 접근할 수 있다고) 가정하고, 목적지에 도착할 수 있는 방법을 보장해야 한다.

사람들의 반복적 일상 배경과 뒤섞이며 출현하는 모빌리티 문제는, 그렇기 때문에 다방면에서 다른 연구들의 원천이 될 수 있음에도 불구하고 도덕적 연구 형태로는 거의 검토되지 않았다. 그 결과, 대다수 사람들에게 모빌리티 문제는 윤리적 문제로 보이지 않게 되어 윤리적인 이유로 애써 모빌리티 시스템을 개선할 필요를 찾지 못하게 되었다. 하지만 교통 문제를 도덕적 렌즈로 보기 시작하면 수많은 문제들이 시야에 들어온다. 도시의 거리에서부터 교외의 막다른 골목에 이르기까지 각지에서 수많은 문제들이 일어나고 있다. 우리가 이 문제들에 관심을 쏟는 순간, 이 각각의 문제들은 우리의 가치 그리고 우리가 인간으로서 영위하는 삶의 질에 대해 많은 것을 말해 준다.

예를 들어, 주거 문제와 식량안보 혹은 낮은 교육 수준이 빈곤에 갇힌 사람들이 빈곤에서 벗어날 수 없는 유일한 이유라고 추측하기 쉽지만, 교통이야말로 이 문제의 주범이다.[2, 3] 만약 집에서 직장 혹은 파트타임 일터까지 이동하느라 매일 3~5시간을 허비해야 하는 사람이 있다고 생각해 보자. 그 사람이 사회적 · 경제적 발전을 이룰 수단을 스스로 결정하리라 기대하는 건 완전히 비현실적이다. 취약계층, 소외계층, 경제적 약자, 소득이 고정된 노령층은 계속해서 어려움을 겪을 수밖에 없는 것이다. 교통 시스템이 이들을 염두에 두고 설계되지 않았을 뿐만 아니라, 이들은 아예 기본 한계선을 설정하는 성문화된 프로토콜 너머에 있기 때문이다.

전 지구적 맥락으로 확장해 생각해 보면, 사람들이 어디에 사는지에 따라, 출퇴근 거리가 얼마나 되며 이용하는 교통수단이 무엇인지에 따라 수십 억의 삶이 결정된다는 의미다. 이들 중 많은 사람들이 모빌리티에 드는 기름값과 의약품 같은 필수품 값 사이에서 어려운 선택을 해야 했음을 짐작할 수 있다. 그들의 삶에 영향을 미치는 이러한 결정들과 함께, 그들이 집이라고 부르는 곳이 '어디'인가 하는 요소는 교통계획 표적의 중앙에 걸리게 된다. 이 슬픈 현실은 모빌리티 문제의 범위를 확대시킨다. 소외된 지역사회에 속한 동네는 새로운 고속도로 건설과 도로 확장공사를 위해 파괴되는 불행한 역사를 갖게 된다.[4]

도로 확장공사는 공사가 끝난 뒤에도 상황을 계속 악화시켜 기한 없는 후폭풍이 지속될 수도 있다. 앞서 언급했듯이, 이 상황은 저항이 있든 없든 간에 도심 운전의 끔찍한 조건을 정규화시킨다. 예컨대 광범위한 지역에 걸쳐 있는 고속도로 특성상 여러 지역 사람들이 매일 교통체증과 '싸워야' 하는데, 이는 결코 쉬운 싸움이 아니다. 이와 같은 모빌리티 배치는 난폭운전처럼 인간 행동에 영향을 미치는 독특한 조건을 만든다. 이런 현상은 드문 일이 아니며, 연구에 따르면 모든 운전자의 최대 3분의 1이 살면서 한 번쯤 이런 일을 겪는다.[5] 이런 결과는 충분히 막을 수 있는 문제이며, 도로 조건이 개선되면 사고가 훨씬 줄어들 수도 있다.

인간의 삶에만 주목하지 않을 것이다. 교통은 지구상의 비인간nonhuman 생물종의 삶에도 영향을 미치는 기후변화와 직결되어 있다.[6] 도시 확장의 간접적 결과로서 야생동물은 우리의 모빌리티를 위해 쫓겨난다.[7] 동물들은 우리의 도시를 돌아다닌다. 우리는 그들을 침입자 취급한다. 매년 1백만 마리 이상의 (비인간) 동물이 세계 각지의 도로에서 로드킬을 당한다.[8] 이런 현실 때문에 도로 생태학은 이제 실천이자 교육, 그리고 연구의 한 분야가 됐다. 야생동물의 도로 관련 죽음을 줄이기 위한 조정들도 진행되지만, 이런 결정의 배후에 있는 동기는 인간의 생명과 재산을 보존하기 위한 것이라고 볼 수 있다. 이에 대해서는 다음 장에서 자세히 탐구할 것이다. 생물군집과 더불어 비생물 경관 또한 도시와 지구 위를 돌아다녀야 하는 우리 인간의 요구에 무릎을 꿇게 된다. 알도 레오폴드Aldo Leopold의 지혜를 저버리고 말이다. 그는 오늘날 환경운동의 핵심이 되는 교훈을 우리에게 가르쳐 준 바 있다. "생물군집의 온전함, 아름다움, 안정성을 보존하려는 일은 옳다. 이게 아니라면 틀린 일이다."[9]

비인간과 자원에 관심을 기울이는 것이 아직 오지 않은 다음 세대 사람들에게 영향을 미칠 문제임을 고려할 때, 우리의 교통 선택도 먼 훗날의 세대에게 영향을 미치는 문제일 것이다. 따라서 비록 이 문제가 (뒤에서 설명하겠지만) 이론적 난제로 가득 차 있음에도 불구하고 당장의 모빌리티 요구에만 기초해 교통 결정을 내리면 안 되는 것이다. 동시에 우리는 수십 년 전에 내려진 결정에 맞서 싸워야 할 여러 세대 사람들을 바라보며, 더 먼 미래를 생각해야 한다. 오늘날 사람들이 지구의 기후변화, 위험한 도시 형태, 그리고 교통과 관련된 호흡기질환과 함께 살지 않아도 되기를 바라지 않는가. 그렇다면 우리가 미래에 **존재할** 인류에게 해를 끼치고 싶지 않다는 주장은 그렇게 어렵게 설득할 일도 아닌 것이다.

교통 문제를 다룰 때 생각해야 할 점은 이뿐만이 아니다. 지역 사람들, 역사적 건축물, 공공 공원, 공유 공간, 수로 방향, 그리고 상업 및 산업지역도 중요한 고려 요인이다. 교통과 관련된 결정이 이런 것들에 어떤 영향을 미칠지 반드시 고려해야 하지만, 새로운 교통인프라를 구축할 때 이러한 인공물을 보존하려면 비용이 많이 든다. 당장의 모빌리티 요구와 미래의 모빌리티 요구를 비교 분석하는 복잡한 연구가 필요한 이유이다.

교통 관련 결정을 내릴 때 고려해야 할 사항은 이 밖에도 많다. 본질적으로 정의로운 교통 시스템을 설계한다는 것은 최선의 경우 복잡하고, 최악의 경우 불가능하다. 이것이 모빌리티의 특성이다. 복잡한 인간 환경은 대부분 유동적이기 때문에 이러한 상황에서 발생하는 결과를 생산하기 위해 항상 유지해야 하는 조건을 만드는 데에 기여하는 교통 시스템이 반드시 필요하다. 이런 시나리오에서 발견되는 복잡성에도 불구하고, 모빌리티 양식은 도시를 이동하는 수단 그 이상이다. 이런 상황 때문에 여러 조건들을 설명할 수 있는 주의가 필요하다.

예컨대 어떤 경우에 모빌리티 양식은 정체성의 표식이다. 여기에는 문화적 · 이데올로기적 · 개인적 의미가 있다. 어떤 사람들은 스바루나 도요타 같은 자동차 브랜드에 충성한다.[10] 할리데이비슨 오토바이같이 브랜드 충성심이 높은 교통수단에 충성하는 것처럼, 누군가는 로우 라이더와 픽업트럭 같은 특정한 개인 교통수단 스타일에 충성한다.[11] 자가용의 경우 그 차체와 자신을 강하게 동일시하는 추종자들이 있는데, 다른 교통수단 역시 추종자들이 있다.

예를 들어, 버스 승객을 제2의 모빌리티 공동체에 속하는 것으로 보며 버스 서비스에 의존하는 사람들이 있다고 생각해 보자.[12] 어떤 이용객들은 기후변화의 도덕적 측면 때문에 생태학적 고려와 관련된 정치적 정체성을 가질 수 있다. 그들은 하이브리드 및 전기자동차 같은 친환경 모델을 선호할 것이다. 이런 생각의 연장선에서, 자전거를 강력하게 선호하는 사람들이 있다. 미국 오리건주 포틀랜드에서는 자전거 타는 사람들이 (악천후일지라도) 자전거로 더 쉽게 이동할 수 있는 자전거 인프라를 갖추어야 한다며 현행 교통체계에 반대했다.[13] 자전거 이용에 대한 뿌리 깊은 충성심으로 차량용 주차공간은 부족해도 자전거용 공간은 충분한 아파트 단지들도 있다.[14]

자전거 친화적인 생활공간과 지역사회를 만들면서 두 바퀴로 삶을 즐기는 사람들은 즉각적인 혜택을 받게 되고, 이러한 경향은 즉각적인 모빌리티를 넘어서는 방식으로 이미 확립된 전통에 반기를 든다. 이는 도시 모빌리티의 한 차원에 집중하는 것이 삶의 다른 영역, 예컨대 주거 문제 등에 어떻게 광범위한 영향을 미칠 수 있는지 보여 준다. 교통 역학의 변화와 장려가 도시에 긍정적 영향을 미치는 도시 생활의 다양한 측면을 돌아보게 만드는 것이다. 이것이 바로 이 책이 교통에 초점을 맞추게 된 이유이다.

그러나 교통 시스템을 바꾸려는 시도는, 다양한 유형의 이용자들이 혜택 같은 것과는 별개로 특정 교통수단에 대한 선호가 있다는 현실과 직면해야 한다. 이 조건들은 기존 교통 시스템을 변경하는 문제를 복잡하게 만들 수 있다. 업계 대표나 교통 당국은 이를 일종의 발전 수순으로 생각할 수 있다. 전문가들은 필요한 승인을 얻고자 이 같은 선호도를 고려하며 접근해야 한다. 이들이 채택하는 조치들이 더 나은 선택권 앞에서 모빌리티 추종자들의 자발적인 변화를 이끌어 낼 정도로 포용적일 때, 저항은 열정으로 바뀔 수 있다.

예를 들어, 자율주행차autonomous vehicles(AVs)를 생각해 보자. 그리고 이것이 특정 브랜드와 양식 추종자들이 현재 선호하는 기술보다 더 나은 기술이라고 가정해 보자. 이 경우, 사람들은 소셜미디어를 위해 사생활을 포기하는 것보다 더 빠르게 개인 교통수단을 포기한다. 이 또한 지속적으로 변화하는 도시 영역의 특성을 나타낸다. 도시는 항상 변한다. 이런 시나리오에서 발생하는 문제를 따라가는 것은 끝나지 않을 것이다. 우리는 이미 도시에 존재하는 문제들도 다뤄야 하지만, 우리가 예상할 수 있는 문제들과 함께 그것이 발생했을 때 일어날 문제들도 다루어야 하기 때문이다.

이러한 조건은 모빌리티 네트워크에 의존하는 사회의 변화하는 요구에 주의를 기울일 필요가 있음을 말해 준다. 그 각각은 전체 교통 시스템에 영향을 미치므로 우리는 사례별로 집중해야 한다. 교통 문제는 세계 각지에서 발생한다. 우리가 이 문제를 좀 더 작은 규모로 다룰 수 있다고 가정한다면, 이 과정을 몇 단계 더 진행해 보고 어떤 패턴이 실행되고 있는지 나타낼 수 있다. 각 사례의 부분들을 살펴서 모빌리티 문제의 발생 여부부터 결정해야 한다. 이런 접근 방식으로 사안을 부분 대 부분/부분 대 전체 관계로 세분화하여 문제를 해결하면, 각 대도시가 안고 있는 고유한 문제를 정확히 파악하는 방법을 찾을 수 있다.

모든 문제가 동일하지는 않지만, 모빌리티 문제를 효율적이고 효과적으로 처리하는 방법을 찾는 것은 앞서 언급한 교통윤리 문제를 해결할 기반을 마련해 줄 것이다. 수많은 윤리 문제가 있지만 어떤 문제는 다른 문제보다 더 중요하게 다뤄야 한다. 결국 '도덕적 순서'*를 다

● (옮긴이주) '도덕적 순서moral ordering'는 이 책의 핵심 개념이다. 저자는 도시 모빌리티와 관련된 의사결정을 할 때 반드시 고려해야 할 범주를 취약계층과 소외계층, 공중, 비인간, 미래 세대, 도시 인공물 등으로 나눈 뒤 각 범주의 우선순위 문제를 다룬다. 이때 필요한 것이 'moral ordering' 과정이다. 'moral ordering'에는 도덕적 고려를 통해 순서ordering를 정하고 배치ordering해 질서ordering 혹은 명령ordering을 만든다는 의미가 다 포함되어 있지만, 우선순위 결정이라는 의미를 강조하기 위해 'ordering'을 '순서'라고 옮겼다. 그러나 간혹 가독성을 높이기 위해 문맥에 따라 도덕적 배치, 도덕적 순서화, 도덕적 순서매김 등으로도 옮겼다.

루는 방법을 찾는 것이 이 책이 추구하는 사고의 산물이자 그 결과물이다. 이 점을 명확히 하는 것이 앞으로의 과제다. 간단히 말해, 현재 교통 시스템은 도덕적 고려가 필요한 여러 이해당사자 집단에 영향을 미치지만, '우리'를 어떻게 정의할 것인가 하는 문제와는 별개로, 우리가 그것을 다루는 방식은 우리의 우선순위에 대해 많은 것을 말해 준다. 현실적으로 어떤 집단은 다른 집단보다 반드시 우선순위에 놓여야 한다. 이때 그 '이유'가 즉각적으로 명료하지 않은 경우에는 상당히 복잡한 설명도 요구된다.

전술한 것처럼 가치 있는 목표를 추구하기 위한 도덕적 순서화 및 그 중요성에 대한 이해와 함께 이 책이 전하고자 하는 메시지는, 교통 시스템과 연결된 윤리적 차원을 깊이 이해함으로써 인간의 삶의 질을 향상시키는 수단으로서 모빌리티 시스템에 대해 생각해 보자는 것이다. 이런 관점은 태도 변화로 얻을 수 있는 만큼 새로운 연구 틀은 필요하지 않다. 새로운 프레임워크를 활용하면 비윤리적 행위를 저지르거나 기존의 문제를 악화시킬 가능성은 줄어들 수 있을지 몰라도, 프레임워크는 강력한 만큼 단점도 강하다. 지금은 프레임워크가 '실패'하는 때이다. 신뢰성과 예측 가능성을 높인다면 수십억 명의 사람들, 환경, 미래 세대, 그리고 사람들이 소중히 여기는 도시경관 요소에 영향을 미칠 결정 이면의 복합성을 파악하고 이해할 수 있다.

엄격하거나 '강력한' 도덕적 틀은 이런 심각한 문제들을 다루기에 지나치게 야심 차다. 강력한 틀을 고수하다가 그것에 반대해야만 하는 상황이 발생하면 어떻게 해야 하나. 강력한 틀은 그 교훈적 방향에서 벗어날 수 없기 때문에 '강하다'고 하는 것이다. 이 비판은 본래적 개념에서의 의무론과 같은 엄격한 도덕 이론에서 흔히 볼 수 있다. 그 이론은 계속해서 우리에게 지침을 제공하지만, 결국 불쾌한 결과로 몰아가 역효과를 낼 수 있다. 대안은, 지침을 제공하는 프레임워크를 사용하되 필요한 상황에 맞게 구부릴 수 있는 내재적 유연성을 갖는 약한 프레임워크를 사용하는 것이다. 그러면 약점이 강점이 된다.

누군가는 이렇게 반박할 수 있다. '강한' 행동 지침을 위해 프레임워크를 사용하는 것인데, '약한' 프레임워크를 채택하는 것이 무슨 의미가 있는가? 이 질문이 암시하는 바는, 교통 관련 결정을 내릴 때와 같은 실제 상황에서 도덕적 틀을 고수하는 것은 고수하려는 것이 지나쳐 원하지 않는 결과를 가져올 때에는 억압의 원천이 될 수 있다는 것이다. 이 책은 엄밀한 의미의 프레임워크를 제안하기보다 도덕적 순서에 대한 태도를 불러일으키는 것을 목표로 한다. 전술했던 목록, 즉 취약계층과 소외계층, 공중公衆, 비인간 생물들의 삶, 미래 인류, 그리고 인위적인 도시 인공물에 주의를 기울이고 그 암시적인 순서에 주목하는 것이다.

우리가 엄격한 프레임워크를 다루지 않는다는 생각을 강조하고자 '암시적'이라는 용어를 사용하는데, 이것의 일차적 동기는 이론에서 시작하여 실천으로 이행하는 문제에 대한 틀을 개발하고 사용하는 규범을 피하기 위해서다. 즉, 앞서 언급한 것과 같이 절대적 도덕 원칙을 전달하고자 하는 철학적 경향에는 긴장이 존재하는데, 이 것이 주어진 상황(예컨대 트롤리 문제*)에 적용되는 문제라고 생각하기 쉽기 때문이다. 만약 그렇다면, 학문적인 철학은 호흡기질환으로 고통받는 사람들의 실제 세계에는 부적당한 것이 된다. 철학은 모빌리티 시스템을 신속하게 바꿀 수 없기 때문이다. 이는 수많은 교통 문제가 도시 영역의 배경과 뒤섞이는 훨씬 더 큰 체계적 문제가 있음을 말해 줄 뿐이다.

예를 들어, 기나긴 이동시간 때문에 고통받는 현재의 사람들이, 아직 존재하지 않는 미래 세대를 위해 이 고통을 계속 감수해야 한다는 주장을 어떻게 변호할 수 있을까? 이런 주장이 방어할 여지가 없다고 말하는 게 아니다. 오히려 이 입장을 유지하기 위해, 어떤 틀에 따라 결정이나 행동을 변호할 필요가 있다는 식의 피상적인 관점을 넘어 생각해야 한다고 지적하는 것이다. 프레임워크가 갖는 제한적인 특성에 굴복할 필요가 없다. 이 책의 머리말을 써 준 루이스 고든은 일부 철학자들이 자신의 신념을 현실에 맞추지 않고 자신의 이데올로기적 처방에 따르는 세계를 원할 수 있다는 점을 고려하여, 이런 상황을 '학문의 퇴폐'라고 말한다.

● (옮긴이주) '트롤리 문제trolley problems'는 윤리학 사고실험 중 하나이다. 제어장치가 고장 난 트롤리가 달리고 있다. 이대로 달리면 선로에 있는 사람 5명이 사망하게 되고, 레버를 당겨 트랙을 바꾸면 그 5명은 살릴 수 있지만 다른 선로에 있는 사람 1명이 사망하게 된다. 어느 쪽도 대피할 수 없을 경우 레버를 당길 것인가? 즉, 5명을 살리기 위해 1명을 죽일 수 있는지를 묻는 문제이다.

학문의 퇴폐disciplinary decadence란 학문을 존재론화하거나 물신화하는 것이다. 이는 학문이 결코 탄생한 것이 아니라 항상 존재해 온 것이며 절대로 변하지도 않고, 어떤 경우에는 죽지도 않을 것처럼 취급하는 태도이다. 불사^{不死} 이상의 영구한 것으로 말이다. 이런 태도에서 학문은 결코 죽을 수 없는 인간 창조물의 한 예로서 괴물처럼 살아 있게 된다. 이런 관점에는 특별한 오류가 있다. 절대적이라는 단언은 결국 다른 학문적 관점에 대한 여지가 없음을 의미하므로, 다르다는 이유로 다른 관점을 거부하는 결과를 낳게 된다. 따라서 만약 어떤 학문이 그 학문적 범위에 대한 질문을 배제한다면, 남는 것은 '응용' 작업뿐이다. 이런 작업은 사고를 방해한다.[15]

고든의 통찰을 적용해, 자유롭지만 신중하게 접근하는 탐구에 반대하는 사고방식을 식별해 낼 수 있다. 자신의 연구에 접근하기 위해 학문 내 다른 사람들을 공격하는 철학 자체에 이런 통찰을 적용하여, 나는 이를 '학문-내 퇴폐intra-disciplinary decadence'라고 부른다. 이런 점에서, 우리가 이런 프레임워크를 사용해야만 '철학'으로 간주할 수 있다고 주장하는 것은 이른바 건강한 철학적 본질을 거스르는 도그마다. 수많은 프레임워크가 존재하지만, 다음 장에서는 특히 모빌리티 시스템에서 야기된 수많은 문제들과 위기에 처한 사람들의 삶의 질 문제를 고려해, 고도로 전문화된 문제를 다룰 때 이러한 프레임워크를 대체해야 하는 이유를 설명한다. 이 점을 진지하게 받아들인다는 것은 철학적 연구가 퇴폐적 시각에 맞서 자신을 위치시켜야 한다는 것을 의미하며, 철학적 사고가 언제나 다른 연구 영역을 근거로 하기 때문에 현실에 대한 더 명확한 그림을 제공한다는 관점을 밀어 낸다. 결국 교통정의와 윤리학의 조건을 논하려는 시도는 참여형 구조를 통해 본질적으로 포용적인 회복적 조치를 고수해야만 한다.

이는 교통 시스템의 사회적·물리적 배치로 피해를 입은 사람들이 도덕적 순서를 숙지하고 있어야만 한다는 사실을 의미한다. 그렇지 않다면 피해를 입은 사람들이 여전히 그런 결정에 참여할 능력이 부족한 채로 남기 때문에 모든 노력이 부질없는 일이 된다. 이 점을 생각했을 때, 모빌리티 전문가들의 작업에 우리가 일반적으로 고려하지 않는 차원이 있음을 강조하는 것은 더 큰 문제가 있다. 이런 문제의 중심에는 도시 모빌리티의 미래를 위한 싸움이 있다. 공정한 수단으로 도시 영역을 재포장하고자 하는 도시계획의 개념적 '이념'들이 많지만, 일부 업계 선두에서는 이익을 최우선으로 하는 모빌리티 미래를 제시하려고 한다. 이런 움직임은 결과적으로 다른 모든 선택지를 부차적인 것으로 돌리게 된다.

나는 수많은 예측이 약속한 대로 자율주행차가 현실화될 경우, 도시 모빌리티에서 자율주행차가 담당할 역할에 대해 말하고 있는 것이다. 아직까지는 자율주행차가 우리 도시에 드물지만, 지지자들의 목소리가 점점 커지고 있어 언젠가 우리를 집어삼킬 날도 머지않았다. 대규모 배치 계획이 계속 연기되고 있지만, 성공에 대한 기대감은 이미 교통계획 문헌에 등장하고 있다.

메타적인 차원에서 이 상황을 비판한다면, 카렐 마텐스Karel Martens 가 보여 준 주요 비평의 요지, 즉 교통계획이 과거의 실수보다는 미래를 선호한다는 말이 역시 맞았다.[16] 이 개념은 우리가 단지 한 가지 종류의 문제를 다루고 있는 게 아님을 보여 준다. 우리는 현실 세계의 문제를 생각하는 동시에 도시 모빌리티에 대한 생각 너머의 패턴들을 개념화하는 방법과도 맞서야 한다. 문제는 기차가 (많은 경우) 정시에 출발하지 않는다는 것만이 아니다. 이는 이 문제에 대한 우리의 생각을 지배하는 더 큰 질병의 상징일 뿐이다. 오랫동안 지속되어 온 교통부정의不正義에는 관심을 두지 않고 완고한 열정으로 기술을 추구하는 것이야말로 이 세계가 돌아가는 방식일 수 있다. 그러나 이런 생각은 사태가 어떻게 되어야 하는지에 대해선 아무 말도 하지 않고, 더 나은 결과를 가져올 수 있는 대안을 제시하는 데에 거의 도움이 되지 않는다.

뭉뚱그려 말하긴 했지만, 앞의 이유들은 도시 모빌리티 문제에서 사회적으로 정의로운 미래를 확보하기 위해 꼭 필요한 작업의 범위를 보여 준다. 이 문제를 해결하고자 하는 도시설계자와 엔지니어는 더 안전한 자전거도로를 만들었고 버스 정류장에 내리쬐는 햇빛을 피할 햇빛 가림막을 설치했다. 그들 대다수는 영웅이다.＊ 실시간으로 모빌리티 문제를 해결하려면, 개별 사례에 접근할 때에도 (의식적으로든 무의식적으로든) 도시 모빌리티 문제 전체를 마주해야만

＊ 나는 이제 '영웅heroes'은 젠더중립적인 용어라고 생각한다.

한다.

비록 그들이 자전거 안전 같은 지엽적인 문제를 다루는 것처럼 보일 수도 있지만, 그들은 교통 시스템 전체를 일별한다. 이런 전문가들이 사소해 보이는 문제들을 개선해 낼 수만 있다면, 도시 모빌리티 문제도 점진적으로 개선될 것이다. 개별적인 교통 문제들은 기후변화와 그에 따른 부작용이 복합적으로 만들어 낸 전 지구적 문제의 일부라는 점에서, 많은 개인과 단체들이 이런 문제를 해결하기 위해 노력하고 있다. 부수적인 피해를 최소화시키면서 예상되는 문제에 대한 해결책을 개발하거나, 기후변화 완화 노력을 강화하며 당면한 모빌리티 문제를 처리하는 것도 혹자는 필요 이상의 행동이라고 말할 수 있다. 교통 전문가들의 이런 작업은 도덕적으로 찬사를 받을 만하다.

예를 들어, 교통 전문가들의 헌신이 그들을 특별한 위치에 올려놓았다고 생각해 보자. 드문 일이겠지만, 이런 상황은 칭찬할 만한 일이라기보다는 사회규범에 대해 더 많은 것을 말해 준다. 사람들의 삶을 개선하기 위해 일하는 교통 전문가들을 조명하고 그들에게 감사하는 것이 왜 이상한가? 왜 그들을 영웅이라고 부르는 것을 망설이는가?

앞서 언급한 것처럼 교통 시스템은 도시경관 속에 스며들어 대개 눈에 띄지 않는다. 일부러 그 부분만 보지 않는다면 이 기술들을 작동시키는 사람들은 '그저 자기 일을 하는 사람'이 된다. 하지만 이 시스템이 붕괴되면 수많은 생명과 생계가 위태로워진다는 점을 고려하면, 이 직업은 특별한 종류의 용기를 필요로 한다고 말할 수 있다. 사람들은 기차가 제시간에 달린다고 환호하지는 않지만, 늦게 도착하면 트위터에 곧장 글을 올린다. 도시의 버스 운전사들은 매일 승객들에게 감사 인사를 받지만, 교통 엔지니어들이 '감사' 카드를 받는다고 하면 놀랄 것이다. 이 대목은 교통 전문가들의 업무가 갖는 복잡한 성격을 보여 주는 시작에 불과하다.

교통 전문가에게 감사하는 것은 단순히 좋은 서비스를 제공한 것에 대한 감사 이상의 의미가 있다. 이를 이해하려면 과거와 현재의 쟁점 및 그와 관련된 문제, 장기적인 안목이 필요한 교통 관련 작업의 복합성을 이해해야 한다.

가령 교통 전문가들은 수많은 윤리적 고려 사항들을 저울질해 균형을 맞춰야 한다. 근본적으로 이해관계자의 범주가 여럿이면 고려 사항이나 고려 대상, 고려의 정도, 그리고 도덕적 고려가 필요한 주체들 간의 경쟁적 이해관계를 다루는 방법에 대한 결정도 복잡해진다. 내가 제안하는 도덕적 순서moral ordering는 다양한 이해당사자가 연루된 윤리적 문제를 처리하는 개념적 장치다. 이는 문제의 윤리적 상황에 초점을 맞춘 관점을 제공함으로써 우리가 왜 교통 문제를 사회의 시급한 도덕적 쟁점 중 하나로 다뤄야 하는지를 보여 준다. 다음 장에서 다루겠지만, 나는 트롤리 문제를 마땅히 있어야 할 곳에 버스전용차로가 없다는 문제로 치환하여 모빌리티를 응용윤리학의 흥미로운 주제로 제시하려 한다.

이런 맥락에서 인정해야 하는 첫 번째 측면은, 우리가 궁극적으로 결과에만 관심을 가지기 때문에 이런 반-프레임워크 작업도 결국에는 결과주의적으로 만든다는 점이다. 우리는 사람들의 삶을 다룬다. 의무를 다하려 애쓰고 도덕성을 키우는 것도 멋진 목표지만, 그보다 피해를 줄이려는 자세를 우선시하고 싶다. 하지만 이런 문제를 다루는 유일한 수단은 프레임워크다. 우리의 논의를 이어 가려면, 이 프레임워크에서 취할 것과 동시에 버려야 할 것이 있다는 뜻이다.

취할 것이 있다는 관점에서 봤을 때, 각 프레임워크(즉, 도덕 이론)는 우리가 처한 문제의 양상을 드러내 준다. 사람들의 행복을 도모하거나 개인의 권리를 존중해야 한다는 생각을 지키는 것이 핵심이다. 하지만 이를 성문화하거나 제안 이상으로 다루게 되면 결국에는 역효과가 날 것이다. 이 점을 동시에 고려해야만 도덕 이론들을 독단적이고 철학적인 복음으로 받들지 않으면서 그 통찰력을 활용할 수 있게 된다.

이 견해의 문제점은 앞서 언급했듯이 도덕적 상대주의로 가게 된다는 점이다. 절대적인 것에 호소하지 않고 도덕을 논하는 것은 결국 주관론으로 빠져 소용없는 일이 되고 만다고 생각할 수도 있다. 이런 우려는, 결과주의는 목적만 정당하다면 부도덕한 수단도 정당화할 수 있는 게 아니냐는 전형적인 반대를 불러오기 때문에 중요하다. 하지만 기후변화를 결정적으로 개선할 대규모 글로벌 모빌리티 시스템을 구축해야 한다고 생각하지 않는 한, 교통 전문가들이 전쟁 범죄급 행동에 관여할 것이라 보기는 어렵다.

또 다른 문제는, 이것이 처음부터 완고한 프레임워크를 만들었던 철학적 추론을 따른다는 점이다. 예컨대, 지자체 당국이 부정한 수단 같은 것으로 교통 시스템을 운영할 가능성도 있지만, 해결할 문제들이 산적한 상황에서 이런 가능성까지 타진하면서 논의를 진전시켜야 할까? 필요하지 않은 부분들은 걷어 내면서 프레임워크를 손보면 된다. 프레임워크란 우리의 작업을 완수하는 데에 도움이 되는 개념적 도구임을 염두에 두고 그 내재적 한계까지 인식하고 작업해야만 한다. 우리의 목표는 우리의 사고를 방해하는 프레임워크의 난잡함을 제거하는 것이다.

이런 의미에서 일반 오토바이와 차퍼chopper•의 차이를 분석해 보는 건 유용하다.[17] 표준 오토바이는 일반적인 라이더를 위해 설계되고 제작된다. 수많은 부품들은 매끄럽고 효율적인 작동에 초점이 맞춰져 있어 누구나 몰기 쉽다. 그러나 차퍼는 다르다. 일부 부품이 '잘려chopped' 있어 더 빠른 스피드를 자랑한다. 바이크의 필수 부품은 유지하면서 커스터마이징한 개별 맞춤형 바이크다. 관건은, 가지각색인 인간 삶의 질에 영향을 미치는 도시 조건을 개선할 교통 시스템을 구축 및/또는 재구축하는 데에 기여하는 태도이다. 우리도 여러 프레임워크를 잘라야chop 한다. 핵심 아이디어는 살리고, 특정 형태나 형식, 방식이 절대적이라는 개념은 버리면서 말이다.

교통 시스템이 기술이라는 점을 고려할 때, 도덕적 순서 이면에

• (옮긴이주) 수제 개조 오토바이. 대개 핸들을 어깨 높이보다 올려 다는 외형이 특징적이다.

놓인 특정한 결과주의적 접근 방식은 기술철학 문헌에서 유래한 구조윤리학structural ethics이다. 이는 기술을 광범위한 사회적·물질적 배열 안에서 '도덕적 역할moral roles'을 수행하는 것으로 이해할 필요가 있음을 말해 준다.[18] 우리는 기술이 관련된 어떤 결과에 대해 말할 때, 기술이 좋은 역할을 했다거나 나쁜 역할을 했다고 할 수 있다.[19] 나는 개별 기술들을 비인간nonhuman 행위자에 대한 논의가 필요 없는 영역인 전체 교통 시스템은 물론이고 교통 시스템의 다른 부분들과도 관계를 맺는다는 측면에서, 어떤 부분들로 다루고자 한다. 이런 시각은 기술이 일종의 행위자를 갖는다고 주장하는 기술철학의 일반적인 입장을 몰아낸다.[20] 대신에 도덕적 책임에 대한 초점은 전적으로 인간에게 있다. 그래서 이 책은 기술철학 문헌을 활용하긴 하지만, 비인간 행위자에 대한 관점 부분은 잘라 낸다. 이 책이 논하는 사고와는 무관하기 때문이다.

이 접근 방식은 교통 시스템이 만들어 내는 결과물에 대해 생각하는 방법을 제공하지만, 앞서 언급한 다른 범주도 고려하게 한다. 모빌리티 네트워크를 설계·계획·변경·유지 관리할 때 생겨나는 각 범주 간의 경쟁적인 이해관계이다. 계획 및 보수를 위한 보편적인 설계 원칙이나 접근법을 사용하는 것이 이상적이겠지만, 교통 문제는 이상적인 상황에서만 일어나는 건 아니다. 이는 신뢰할 수 있지만 유연한 방법이 필요함을 의미한다. 하나 혹은 몇몇 범주가 우선순위가 될 때 수반되는 어려운 결정을 내리는 방법, 그리고 그 결정 뒤에 있는 생각을 정당화할 수 있는 지름길을 제공하는 방법 말이다.

　이해관계가 상충될 때 가장 문제가 되는 영역 중 하나는 인간과 비인간 간의 이해관계이다. 이것이 궁극적으로 인류에게 미치는 영향을 다룬다는 점에서, 환경윤리학에서 발전한 '약한 인간중심주의 weak anthropocentrism'는 본질적으로 구조윤리학과 통한다. 약한 인간중심주의는 어떤 결정을 내릴 때 인간성을 주요 윤리적 고려 사항에 놓지만 도구적 가치에만 호소하지 않고 비인간 세계에도 양보할 수 있다고 주장한다.[21] 즉, 그 내재적인 가치상 비인간도 우리의 도덕적 특권 안에 포함시킬 수 있다는 것이다. 구조윤리학이 결과와 관련이 있다는 점을 고려할 때, 약한 인간중심주의는 비인간을 도덕적 고려 범위에 포함시켜야 함을 의미한다.

　하지만 약한 인간중심주의는 우선순위와 관련해 누가 또는 무엇이 고려해야 할 가치가 있는지는 말하지 않는다. 첫 번째 범주의 경우, 넓은 의미의 취약계층이 행동의 주요 초점이 되어야 한다. 그들의 상황을 고려한 발전된 해결책이 필요하다는 것, 즉 공중을 위한 교통 대책을 개발할 때 취약계층을 지원하려는 노력이 우선시되어야 한다는 의미다. 놀라울 정도로 발전된 모빌리티 시스템을 만들 수 있다면, 피해나 불의를 발생시키거나 영속시키지 않는 것이 합리적이다. 반대로 그런 시스템은 삶을 더 편하게 하고 인간의 번영을 촉진하는 사례가 되어야 한다.

　일반 공중과 관련해 검토할 점은, 교통에 관한 결정은 개개인에게 호소하는 시스템과 집단 전체로서의 사회에 호소하는 개선 사이에서 균형을 유지해야 한다는 점이다. 이 같은 균형을 맞출 때의 핵심은, 사람들에게 각자의 라이프스타일에 맞는 교통수단을 제공하되, 사람들의 집단적 이동 능력에 불편을 초래해서는 안 된다는 것이다. 더욱이 이 균형의 결과가 취약계층이나 소외계층에 피해를 주어서도 안 된다.

상황에 따라 다르겠지만, 모빌리티 문제를 다루는 과정에서 즉각적이든 장기적이든 막대한 환경파괴가 발생해서는 안 된다. 이는 우리가 미래 세대를 위해 비인간 환경이 존재하기를 원한다는 것을 의미한다. 즉, 우리는 교통과 같은 문제를 다룰 때 미래 세대가 존재할 수 있는 조건을 충족시켜 그들의 삶의 기회를 감소시키지 않아야 한다. 이런 동기에도 불구하고, 현재 고통받는 사람들이 있을 때에는 문제가 복잡해진다. 존재하지도 않는 미래 인류의 이익을 대변해 논쟁하는 것은 여전히 어려운 일이지만, 그런 우려를 완전히 무시할 수는 없다.

마지막으로, 대부분의 경우 앞서 나열된 순서대로 실행(계획이나 건축)한 뒤에는 주민들이나 다른 사람들이 다양한 이유로 소중히 여기거나 의존하는 이웃이나 건축물, 기타 도시 인공물에 대한 고려가 따른다. 모든 인공물을 무조건 보존해야 한다는 의미는 아니지만, 인공물들도 예술 작품이나 기타 고유한 가치를 가진 것들처럼 앞서 설명한 분류체계에 포함될 자격이 있다는 것은 분명하다. 그러나 이러한 것들은 대부분 대체 가능하기 때문에 많은 경우에 완전히 필수적인 것은 아니란 점을 염두에 두면, 고려할 가치가 있다고 주장할 수는 있어도 인간의 삶과 같은 범주와 비교하면 그 순위가 낮다는 것을 알 수 있다.

이 분류의 주요 이점 중 하나는 교통과 관련된 결정을 내릴 때 도움이 될 수 있는 이론적 장치(도덕적 순서)를 제공할 수 있다는 것이다. 그렇다고 이 지침이 절대적인 건 아니다. 하지만 이를 따르지 않으면 도덕적 우선순위 문제가 발생한다. 우리는 예컨대 쥐와 같은 다른 개체에 대한 약속보다 일부 사람들에 대한 의무가 더 크다고 주장하고 싶다. 그러나 우리가 비인간을 위해 행동해야 하는 경우, 우리보다 비인간을 위해 행동하는 것처럼 보이는 경우가 쉽게 일어날 수 있다. 이는 특정한 조건에서만 도덕적인 것이 되는 약한 도덕적 순서 체계weak system of moral ordering임을 의미한다. 매우 개인적인 선택과 관련된 결정을 뒷받침하려면 더 광범위한 도덕 이론에 호소해야만 함에도 불구하고 말이다.

이 복잡한 역학이, 내가 도덕적 순서화를 전통적인 프레임워크로 자리매김하려는 충동에 저항하는 또 다른 이유다. 약한 시스템은 예측 가능성을 제대로 제공하지 못해 개념적 도구로서의 가치가 떨어진다고 말할 수도 있겠지만, 나는 반대로 바로 이런 특징이 유연성을 높인다고 생각한다. 이런 특징 덕분에 각 도시와 교통 시스템은 고유한 상황에 적응할 수 있으며, 저마다 고유한 정체성을 갖게 된다. 결과적으로 새로운 환경에 맞게 변화할 수 있는 이론적 장치를 갖추는 것은 책무라기보다는 적절한 공헌이다. 이것의 가장 큰 장점은, 일반적으로 배려를 덜 받는 하위계층이 추가적인 관심과 존중을 받을 수 있다는 것이다. 우선순위가 높은 개체에도 동일한 개념을 적용하므로, 그들이 항상 우선순위를 보장받을 수는 없게 된다. 앞서 언급했듯이 이런 특성, 약점이 바로 이 접근 방식, 즉 반-프레임워크의 강점이다.

여기서 어려운 점은, 도덕적 우선순위를 위반해야 하는 조건을 식별하는 것이다. 이 책에서는 이 사고 궤적을 따라 몇몇 문헌에 주목해 보고, 이 개념을 전 세계 도시의 교통에 적용해 보려 한다. 그런 의미에서 도덕적 순서와 우선순위의 문제는 수명이 긴 지속적인 조건이다. 관련 문제들이 여전히 주목받고 있긴 하지만, 이 측면은 현실 세계의 관심사를 근본적으로 뒷받침하는 이론적 차원과 균형을 맞춰야 함을 말해 준다.

앞으로의 논의에서 이를 구체화할 것이다. 프레임워크를 사용하는 문제와 더불어, 교통 영역에서 발생한 몇몇 유해한 조건을 검토하는 것부터 시작한다. 더 큰 전체의 일부이기도 한 개별 부분으로서, 가장 근본적인 수준에서 교통 시스템을 탐구하는 방식으로 이 관점을 뒷받침하기 위해, 나는 부분성을 명시적으로 다루는 학문 분야인 부분전체론mereology에 기댈 것이다. 그리고 이런 상황을 해결하는 데에 필요한 도덕적 질서를 살펴보고 각 고려 사항들을 점검하려 한다. 뒤따르는 장들은 이 과정에서 생겨날 수 있는 이점들을 조명한다. 이 이점들은 교통 시스템을 구축하는 방법을 변화시킬 수 있다. 이런 조치가 효과적으로 수행된다면 사회적으로 공정한 도시의 지속가능성과 같은 가치 있는 목표를 뒷받침하는 도시 모빌리티를 근본적으로 재구성할 수 있게 된다.

도시 모빌리티의 미래를 둘러싼 학제간 연구 및 다학제 연구에서 현재 가장 활발하게 연구되는 분야 중 하나가 자율주행차 연구이다. 자율주행차가 도시경관을 지배하는 현실이 당장 우리 눈앞에 펼쳐진 것은 아니지만, 그러한 가능성과 궁극적인 현실을 연구하는 것은 자율주행차 문제를 도시환경에 어떻게 구현해야 하는지와 관련된 여러 고려 사항을 탐구하게 해 준다. 이와 더불어 지방자치단체와 교통 당국에도 철저히 물어야 한다. 누가 그런 결정을 할 것인가?

여기서 흥미로운 것은, 이런 일에 의미 있게 참여하는 것이 도시 모빌리티를 개선하려는 노력을 복잡하게 만들거나 방해하는 요소로 간주된다는 점이다. 이 점은 상당한 시간과 주의를 기울일 만한 문제지만, 지속가능성 같은 사회적으로 공정한 목표를 실현하기 위해 교통 전문가들이 추구해야 할 미래의 경로 중 하나이다. 우리는 이러한 작업들을 기꺼이 환영해야 한다.

이와 함께, 모빌리티가 나아갈 몇 가지 가능성도 검토한다. 우리는 특정한 모빌리티 양식을 옹호하는 것이 아니라 교통정의를 향해 계속 나아가도록 하는 태도를 지지한다. 우리는 동시대 모빌리티 연구자들의 여러 연구 분야에 기반하여, 전 세계적인 교통 다양화를 추구한다. 진정 과거와는 다른 모빌리티 네트워크를 원한다면, 결과를 제한하는 사고 패턴을 넘어서야 한다.

현재의 교통 시스템을 넘어 이동할 수 있는 조건을 만드는 것도 문제지만, 그러려면 모빌리티를 가두고 있는 개념화 방법부터 뛰어

넘어야 한다. 바라건대, 이 책이 그러한 방향으로 나아가는 하나의 발판이 되길 바란다. 도시는 항상 모빌리티를 필요로 한다. 따라서 우리의 여정도 앞으로 끝없이 이어질 것이다. 모빌리티 문제를 생각한다는 것은 교통 시스템의 잠재력과 함께 전체를 볼 수 있는 여러 가지 렌즈가 필요하다는 의미이기도 하다.

2장

이동과 사고

도시교통 시스템이란 무엇인가? 다양한 방식으로 대답해 볼 수 있다. 기술적인 설명을 빼고 간단히 답하자면, 교통 시스템이란 다른 것들을 위한 기술이다. 단순한 재미나 휴식을 위해 드라이브를 할 수도 있겠지만, 일반적으로 도시환경 속에서의 이동은 특정한 목적을 위해 어딘가로 가는 것을 포함한다. 이 생각에는 교통 시스템이 우리 일상의 일부라는 생각이 함축되어 있다. 교통 시스템은 하나의 배경으로서 도시와 뒤섞인다. 결국 우리는 교통 시스템을 우리의 삶이 펼쳐지는 무대의 일부로 받아들인다.

이렇게 보면 교통 시스템의 배치나 설계에 관해 우리가 할 수 있는 게 없어 보인다. 우리가 이동하고 일하는 데에 아무 문제가 없다면 왜 굳이 그것에 대해 생각해야 할까? 교통 시스템이 유발하는 복잡성과 친숙함을 알게 되면 도시 거리에서 나타나는 '도시 조건'을 만드는 데에 도움이 되기 때문이다. 이런 상황이 우리가 이동에 대해 더 많이 생각하는 되는 계기가 되길 바란다.

이런 점을 염두에 두고 교통 시스템을 더 넓은 맥락에 놓고 볼 필요가 있다. 기술 발전이라는 전체 흐름 속에서 도시 모빌리티가 어떻게 작용하는지 이해하는 것은 유용하다. 교통 시스템을 탐구함으로써 우리는 인간과 기술이 합작한 공동 노력의 파노라마를 엿볼 수 있다. 이런 관점은 교통이 다른 도시적 요소, 사람, 도시 및 지구에 어떻게 영향을 미치는지를 보게 한다.

다른 한편으로, 이런 방식으로 교통 시스템을 생각해 봄으로써 우리는 정부나 글로벌 동향(예컨대 무역)과 같은 외부 시스템이 어떻게 도시 모빌리티에 영향을 미치고 모빌리티가 계속 형성되는지를 알게 된다. 항상 더 거대한 사회적·물질적 배치가 교통 시스템을 둘러싸고 있기 때문에 이런 것을 빼놓고 교통 시스템에 대해 생각하는 것은 불가능하다. 특정한 관점을 얻기 위해 분리해 볼 수는 있겠으나, 도시 모빌리티에 관한 것은 분리가 어렵다. 따라서 여기서 사용하는 '교통 시스템'이라는 용어에는 항상 도시성이라는 의미가 수반된다. 우리는 우리가 도시경관과 그에 수반되는 것들을 다루고 있다는 점을 기억해야 한다. 시골의 모빌리티를 고찰할 때에는 이 점을 고려할 필요가 없다는 뜻은 아니지만, 주제마다 주목할 지점이 좀 다른 것이다.

이 장에서는 한스 요나스Hans Jonas●의《책임의 원칙: 기술 시대에 맞는 윤리를 찾아서The Imperative of Responsibility: In Search of an Ethics for the Technological Age》(이하《책임의 원칙》)를 살필 것이다. 기술의 미래를 바라보는 그의 식견을 검토한 뒤, 기술이 전 지구 곳곳에 총체적 영향력을 미친다는 측면에서 인간의 도덕적 의무를 요청하는 요나스의 통찰을 폭넓게 수용하며 비평할 것이다. 교통 시스템의 중요성

● (옮긴이주) 한스 요나스(1903~1993)는 독일의 철학자로 뉴욕 사회연구 뉴 스쿨(New School for Social Research) 철학과 교수로 재직했다. 기술이 낳은 사회적, 윤리적 문제를 다루는 그의 대표 저서 《책임의 원칙》은 독일의 환경운동을 촉발한 책이기도 하다.

을 명료하게 밝힌 요나스의 생각을 도시문제에 적용해 보겠다. 도시에 초점을 맞추는 것은 모빌리티가 특히 인간의 삶의 질에 결정적인 영향을 미친다는 점을 고려한 것이다. 요나스에게 영감을 받은 프레임워크를 사용해 이 문제를 체계화하면, 기술과 관련된 과거의 도덕적 과오를 인정하고 미래를 위한 더 나은 길을 선택할 수 있다. 그리고 이렇게 기술 문제를 검토하다 보면 도시 모빌리티를 다양하게 조망하는 기반을 다질 수 있다.

예를 들어, 요나스가 왜 이런 연구에 착수했는지를 생각해 보자. 이 책의 집필 동기는 전통적인 윤리학 이론이 비인간 생물종, 생태계, 기술의 축적 효과, 기술의 전 지구적 영향, 미래 세대 문제 등을 왜 제대로 설명할 수 없는지를 밝히는 데에 있었다.[1] 이런 문제에 대한 저자의 논의를 따라가다 보면 현대 기술이 야기하는 문제들을 완화시킬 방법에 다다른다. 이 과정이 목표로 하는 것은, 더 나은 가치를 창출하는 대안적 교통기술을 개발하고 개선하는 데에 도움이 되는 개념적 특성들을 제시하는 것이다. 이 노력에는 변화에 도움이 되는 사고를 식별해 내는 일도 포함된다.

이런 주장을 풀어내는 것이 이번 장의 목표다. 앞서 언급한 요나스의 생각을 펼쳐 보고 교통이 인간과 기술의 관계라는 더 큰 그림에 어떻게 들어맞는지를 탐구하는 것으로 시작한다. 여기에는 요나스에 대한 비평도 포함된다. 마지막으로, 교통이 우리에게 미치는 해악의 측면에서 현재와는 다른 미래를 모색하는 데에 필요한 사고 방식을 논한다.

요나스 기술윤리학의 약속

정통 도덕 이론이 인간 대 인간의 문제를 해결하는 데에 주력한다
면, 요나스의 《책임의 원칙》은 다른 문제에 주목한다. 저자가 주로
다루는 도덕 이론의 한계는 특히 도덕 이론을 현대 기술과 관련된
문제에 적용할 때 잘 드러난다. 물론 이런 문제들은 그간 학계에서
널리 연구되었지만, 요나스가 1970년대 말 이 책을 집필할 당시에는
환경윤리 같은 분야가 막 뿌리를 내리기 시작하며 관련 논의가 태동
하고 있었다.

이런 사정 때문에 요나스는 현대 환경철학자들게는 익숙한 문제
인 기술과 자연을 둘러싼 도덕적 결함의 문제를 폭넓게 다루며 깊이
있게 탐구했다.[2] 오늘날 그의 연구는 환경철학에서 점점 주목받고
있는데, 특히 기술철학과 환경정의 문제가 교차하면서 더욱 각광받
고 있다.[3] 그가 직면했던 문제들이 무엇이었는지 살피고, 그의 통찰
로부터 나아갈 길을 모색해 보자.

요나스 작업의 가장 중요한 특징은, 다루는 영역이 매우 넓다는
점이다. 일반적으로 윤리학에 대한 이론적 반론은 그것이 단선적임
을 지적한다. 예를 들어 의무론에 대한 일반적인 비판은 의무론이
지나치게 엄격하여 그 어떤 합리적인 예외도 허용하지 않는다는 것
이며, 널리 알려진 대로 공리주의에 대한 비판은 가족과 같은 친밀
한 관계를 염두에 둔 의사결정을 가로막는다는 것이다. 요나스는
이런 종류의 단선적 반론 대신에 기술을 둘러싼 모든 정설을 공격한

다. 그는 200페이지가 넘는 비평의 무대를 마련하고자 책의 서두에서부터 과감한 시작을 보여 준다.

이전의 모든 윤리학에서는, 어떤 일을 하지 말라고 직접적인 명령을 공포하는 형태든 그런 명령에 대한 원칙을 정의하는 형태든 혹은 그런 원칙을 준수해야 할 의무의 근거를 설정하는 형태든 간에, 상호 연결된 암묵적 전제들이 있었다. 그것은 바로 사람 및 사물의 본성으로 결정된 인간적 조건은 한번 주어지면 영원하다는 것이다. 그 바탕에 있는 인간의 선함은 즉각 확정될 수 있었으며, 인간의 행동 범위와 그에 따른 책임의 범위는 좁게 설정되었다. 이러한 전제가 더 이상 유효하지 않다는 점을 밝히며 우리의 도덕적 조건이 갖는 의미를 성찰하는 것이 내 주장이 짊어지고 있는 목표다.[4]

만약 그의 생각을 진지하게 받아들인다면 우리도 확장된 범위의 책임을 질 준비를 해야 한다. 이는 윤리학 이론의 역사적 구조를 재검점해야 할 뿐만 아니라, 우리가 이론에 기대하는 바를 넓히는 작업도 해야 함을 의미한다. 메타윤리학적으로 말하자면, 요나스가 위에서 제기하는 문제들에 주목할 때 우리가 윤리적 탐구의 목표로 설정할 수 있는 것은 무엇일까? 그가 자신의 작업을 명령imperative으로 바라보라고 촉구한다는 점에서 이 단어에 수반된 긴박감을 무시할 수 없다. 요나스가 설정한 범위의 대담성에 맞는 답을 찾아내려고 노력하는 방식으로 이 질문에 주의를 기울여야 한다. 이 점을 생각하는 것이야말로 이 주제에 접근하는 한 가지 방법이다.

요나스는 자신의 연구가 가진 함의를 계속 구체화하는데, 그것은 우리가 현대 기술에서 발견한 새로운 조건들을 강력하게 검토해 보도록 문제를 제기하는 것이다.

인간 행동의 변화된 본질은 윤리학의 변화도 요구한다. 이는 단순히 기존의 된 행동 규칙을 적용하는 사례에 새로운 행동 대상이 추가되었다는 의미를 넘어, 더 근본적인 의미에서 질적으로 새로운 우리 행동 특성이 전통적 윤리학의 표준과 규범에 전례 없는 완전히 새로운 차원의 윤리적 타당성을 열었다는 뜻이다. 내가 염두에 두고 있는 새로운 힘이란 물론 현대 기술의 힘이다.[5]

이 인용문은 기술로 인해 일어난 문제들을 전통적 윤리학으로는 다룰 수 없음을 지적한다는 점에서 중요하다. 이는 표면적으로 사소해 보일 수 있지만, 그런 시각은 근시안적이다. 가령 개발자나 기술자가 윤리적 사고의 표준 원칙에 따라 지금과 크게 다르지 않은 방식으로 생각한다고 해서 무슨 문제가 일어날까 싶을 수도 있겠지만, 그렇지가 않다.

해수면 상승, 삼림파괴, 대량멸종과 같은 우리 시대의 무수한 환경 조건들은 다른 문제를 보여 준다. 그렇기 때문에 요나스는 우리가 기술에 관한 한 윤리 시스템의 근본에서부터 그 방향성에 질문을 던져야 한다는 점을 시사한다. 그렇게 하면 윤리 시스템에 처음부터 결점이 많았음이 드러난다. 윤리학은 현대 기술이 야기한 문제를 다룰 준비가 되어 있지 않았다. 이런 이유 때문에 요나스에게는 정전canon을 문제 삼는 것이 중요하다.

따라서 강의실과 문헌 속에서 작동하고 있는 전통적 도덕성의 강점과 약점을 살펴볼 필요가 있다. 한편으로 우리는 습지나 물개 혹은 나무를 보호해야 한다고 주장할 수밖에 없다. 여러 확장론자들이 그랬던 것처럼 말이다. 요나스가 이미 보여 주었듯 이런 노력은 기존의 사고 체계를 그저 확장시키는 것에 불과하며, 여기에는 기술에 대한 도덕적 이해를 돕는 지속성이나 완전성이 부족하다. 핵심은 눈에 띄는 생태학적 문제들 전부에 관심을 가져야 한다는 게 아니다. 그런 접근 방식은 문제의 핵심까지 가지도 못하고 기술적 문제를 해결하지 못한 채 그대로 두게 될 것이다.

그렇다고 정전을 완전히 폐기해서도 안 된다. 인류를 궁지로 몰아넣는 해악을 줄일 사고 체계를 발전시킬 수 있도록 정전을 개혁해야 한다. 이는 도덕에 대해 중요하게 공식화했던 것들을 다시 들여다보는 일이다. 이 점은 정전에도 적용할 수 있다.《책임의 원칙》에서 요나스는 시종일관 윤리적 이론의 구성 요소들을 자신이 구상한 거대한 작업의 개념적 도구로 사용함으로써 기술을 통해 우리가 스스로를 구할 수 있게 하기 때문이다.•

• 요나스가 자기 주장을 뒷받침하는 개념적 장치로 정전의 이론을 활용하는 예는 각각 의무론deontology과 덕 윤리학virtue ethics을 사용하는 방식에서 찾아볼 수 있다. 예컨대 인위적인 환경파괴 같은 상황을 초래한 일종의 기술적 사고방식으로부터 인류를 구하는 방법

이런 의미에서 요나스 역시 이론의 상호작용에 대한 기술적 일치 문제가 사소해 보일 만큼, 거대한 규모의 문제를 다룰 수 있는 반-프레임워크를 구축하고 있다고 할 수 있다. 즉, 우리는 우리의 기반을 재검토하고 재구축한 뒤에 기술적·도덕적 문제를 해결하는 쪽으로 도덕 이론들의 교리를 용도 변경할 수 있다. 이런 생각은 앞서 "근본적인 의미"라고 했던 요나스의 표현과 일치하지만, "근본적인"이라는 용어에 더 충실하려면 그런 문제에 대한 우리 생각의 토대를 완전히 재구성하는 데까지 나아가야 한다. 그러기 위해서는 그 의미의 유용성을 극대화시키는 용법에 주목해야 한다.

예를 들어, 요나스는 기술의 영향이 도덕 이론에 전례 없는 조건을 만들어 냈다며, 전통적인 프레임워크는 본질적으로 이런 종류의 문제(예컨대 기후변화)를 처리하는 데에 제한적일 수밖에 없음을 시사한다. 결국, 우리는 특히 도시 모빌리티 문제와 관련된 기술 문제가 진화함에 따라 이에 발맞추는 방식으로 도덕적 사고를 발전시키게끔 생각하고 행동해야 한다. 1장에서 언급했듯이 이런 상황에서는 새로운 요소에 적응할 수 있는 유연한 접근 방식이 필요하다. 대부분의 전통적 도덕 이론에서는 적응성adaptivity이라는 요소가 명확

을 생각할 때, 요나스는 기술에 대한 도덕 명령을 발전시키기 위해 의무론의 구조에 호소한다. 반기술적 입장을 취한다는 비난을 피하기 위해서는 덕 윤리학을 활용해 인류가 기술에 대한 희망에 너무 치우쳐 있다고 말한다. 이제 우리는 정반대편으로 건너가서 사고의 균형을 맞춰야 할 텐데, 그러기 위해서는 이 같은 명령을 무시할 때 발생하는 두려움을 인정하고 수용하는 태도가 필요하다. 요나스가 의무론을 활용한 예는 Jonas, *Imperative*, 1. 참고. 덕 윤리학을 활용한 예는 Jonas, *Imperative*, 204. 참고.

히 강조되지 않은 채 빠져 있는 경우가 많다.°

　이를 윤리학의 한 부분으로 간주했다면 요나스는 이 이론들에 변화를 가할 수도 있었을 것이다. 그랬다면 《책임의 원칙》의 서두에서부터 "이전의 모든 윤리학"에 도전하겠다는 말을 하지 않아도 됐을 것이다.[6] 하지만 요나스가 말한 대로 기존의 윤리학에는 한계가 있기 때문에 인류는 이제 이 현실에 역행하는 방식으로 사고하는 법을 배워야 한다. 결국 우리는 이 새로운 종류의 도덕적 사고를 우리 앞에 놓인 모든 테크놀로지 문제에 적용해야 한다. 이는 상당히 광범위한 작업일 테지만, 교통과 관련한 경우라면 도시 생활에 중요한 기술 영역으로 초점을 좁힐 수 있다.

　요나스는 이 책 전반에 걸쳐 기술의 윤리학에 적용할 사고 프레임워크를 개발할 때 얼마나 많은 것들이 작용하는지 설명한다. 사회주의, 자본주의, 과학, 민주주의 등 매우 광범위한 문제들이 여기에 포함된다.[7] 물론 이는 이번 장의 주제를 벗어나는 문제들이지만, 모두 오늘날 기술로 인해 생겨난 문제들의 파노라마를 조망하는 데에 필요한 제한된 도덕적 렌즈와 관련이 있다. 우리는 이제 도덕적 토

● 의무론의 구조는 절대적인 것을 위한 여지를 남긴다는 점에서 이 조건을 충족한다고 말할 수 있으며, 이는 의무론도 새로운 문제를 해결할 준비가 됐다고 보는 시각이 될 수 있다. 매우 설득력 있는 지적이지만, 이는 의무론이 (수정 없이는) 융통성 없는 상태라는 현실을 단순히 회피할 뿐이다. 이는 세계에 적용 가능한 방식으로 이론을 구부리기보다는 이론에 순응하도록 강요하는 루이스 고든의 '학문의 퇴폐' 개념과 일치한다. 의무론에 호소한다는 것은 애초에 우리가 먼저 도덕 이론을 원한다는 것을 전제로 한다. 하지만 이것은 지금 이 프로젝트의 범위를 벗어난 문제다.

대의 새로운 기반을 마련해야 한다. 요나스의 통찰은 전술한 문제들에 제대로 접근하려면 근본적인 차원에서 우리의 도덕적 관점의 구조를 재구성해야함을 잘 보여 준다.

예를 들어 요나스는 기존의 전통적 도덕 이론이 지나치게 인간중심주의적이라고 비판한다.[8] 이 문제는 기본적인 도덕 확장주의를 지향하지만, 사실 이는 확장적 특징이라기보다는 현대 기술과 비인간 생물종 사이의 윤리적 기반을 구축하는 데에 필요한 공존적 특징일 뿐이다. 그러나 환경철학자들 사이에서 생태중심주의 같은 용어가 보편화되기 훨씬 전부터 요나스는 생태계와 생물종의 내재적 가치에 호소했다. 그는 기존의 전통적 윤리학에 이 점이 부족하다는 점을 강조하면서, 현대 기술 문제를 다룰 도덕적 체계를 재건하는 데에 필요한 '탈인간적extrahuman' 사고의 초석을 마련했다.[9]

그는 도덕적 사고의 정전에는 이런 요소가 결여되어 있어 기술이 비인간 세계에 미치는 누적된 영향 문제를 다룰 수 없었다고 설명한다.[10] 이런 문제들이 우리가 비인간 문제를 고려하게 만든 동시에 전 지구적 요소 또한 고려해야 한다는 생각을 불러왔다.[11] 즉, 기술적 행위는 지역적 영향뿐만 아니라 기후변화가 명백히 보여 주듯이 훨씬 더 광범위한 영향을 끼친다. 결국 이 문제는 미래 세대에 영향을 미칠 수 있어, 이 개념은 지속가능성이라는 용어가 학계의 주요 용어가 되기 훨씬 전부터 지속가능성이 필요하다는 점을 말하고 있었다.

이런 상황에서 요나스가 구축하고자 하는 토대는 만만치 않다. 당장 효과가 확실하지 않은 상태에서 현대 기술과 관련된 광범위한 문제를 처리하는 방법을 확립하기 위해, 요나스는 우리에게 '책임의 원칙imperative of responsibility'을 제시한다. 이는 기술적 관계에서 우리가 나아갈 길을 제시해 준다. "네 행위의 효과가 진정한 인간적 삶의 영속성과 양립할 수 있도록 행위하라."[12]● 이 명령은 굉장히 모호하다는 점에서 사실 문제지만, 이렇게 비난해 버리면 그가 주장 자체보다는 지혜를 표현하고 있다는 점을 놓치게 된다. 여기에서 읽어 낼 수 있는 지혜는, 우리가 장기적으로 살아가기 위해 기술을 어떻게 사용할 것인가를 두고 씨름할 동안 우리는 단기적으로 모든 기술 문제에 이 원칙을 적용해야 한다는 점이다. 요나스가 이 점에 대처하면서 상황에 따라 변화하는 각 도시에 맞는 특정 기술 문제를 정확히 처리해 낼 수 있는지는 의문이다. 하지만 여기서 주목할 점은, 그가 기술과 윤리의 개별 문제를 뛰어넘는 고려 사항을 이야기하고 있다는 점이다.

요나스는 당면한 문제에 대한 즉각적 해답이 아니라, 지구라는 한정된 공간에서 무한히 지속될 우리의 존재에 도움이 되는 답을 마련했다. 이에 대한 학문적 비판이 없는 것은 아닌데, 지혜란 상품처럼 쉽게 얻을 수 있는 게 아니라고 비판할 수도 있다. 이 경우 전체를 이해하는 포괄적인 지침을 마련하지 못한다면 변화하는 시대에 두루 적용하지 못하게 될 것이다. 요나스는 우리 편이다. 그의 말을 빌

● (옮긴이주) 이 문장은 "네 의지의 준칙이 언제나 동시에 보편적 입법의 원리가 될 수 있도록 행위하라"고 한 칸트의 정언명령을 변형한 것이다.

리자면, "우리가 지혜를 거의 믿지 않는 순간에 가장 필요한 것이 지혜다."[13] 이런 통찰력을 당면한 문제에 적용하면, 교통 시스템이 인프라·상업·레저·건강·교육을 포함하는 동시에 여기에만 국한되지는 않는 도시의 나머지 부분과 어떻게 조화를 이루는지 검토할 조망점을 확보할 수 있다.

이런 접근 방식의 본질적 특성상 우리는 앞으로 요나스의 생각을 더 발전시킬 수 있으며, 우리가 기술과 함께 의도치 않게 만들어 낸 도덕적 문제를 완화할 해결책을 모색할 수 있다. 앞서 언급했던 영역들에 영향을 미치는 교통기술 문제에 초점을 맞춰 보자. 결국 전통적 도덕 이론에 대한 요나스의 도전은 폭넓게 적용할 수 있을 뿐만 아니라 겸손하기까지 하다고 말할 수 있다. 이는 또한 우리가 처음에 도시 모빌리티에 관심을 갖게 된 이유를 되새겨 보게 한다.

요나스의 통찰에 따라 우리는 앞으로 이 문제를 다룰 접근 방식을 만들어 나갈 때 광범위한 요소들의 배치를 다루어야 한다. 요나스는 단순히 우리의 윤리적 범위 안에 포함시킬 주제를 확장하자고 한 것이 아니라, 훨씬 더 광범위한 규모로 사고하면서 우리가 관련 문제를 개념화하는 방법의 토대를 검토하게 한다는 점을 기억해야 한다. 일단 요나스가 제시한 기술에 대한 명령의 본질을 파악하고 나면, 윤리적 포용의 범위를 재평가할 수 있을 뿐만 아니라 그런 방식으로 윤리에 대해 생각하는 것이 무엇을 포함하는지를 생각해 보게 된다. 우리가 현대 기술 때문에 도덕적 탐구의 토대를 "근본적으로" 재편해야 한다면, 이런 시각을 좇는 한 가지 방법은 이에 대응하는 방식도 똑같이 근본적이어야 한다는 점이다.

학문이야 원래 끝없는 논쟁을 벌이는 것이라지만, 기술을 둘러싼 규범을 정당화하는 문제를 다루는 것은 학제간 연구 및 초학제간 논의에 참여하며 전통적인 경계를 넘어섰다는 것을 의미할 수 있다. 지금부터는 이런 주제들을 살펴보고, 더 나은 도시와 모빌리티 네트워크 조건을 만드는 데에 도움이 될 여러 연구자들의 통찰을 선별하여 다룬다. 여러 생각들을 함께 해 보면 도시경관에 나타나는 기술적 조건을 종합적으로 다룰 수 있다.

도시를 위한 기술을 위해

윤리학의 근본적 재편이 도시적 요소와 관련된 기술을 인도할 수 있다고 생각해 보자. 이 경우 우리는 결과적 피해라는 측면에서 도시의 미래가 과거와는 다를 것이라 기대할 수 있다. 여기서 고려해야 하는 중요한 요소는, 요나스가 우려했던 광범위한 영향을 이해하는 요소이기도 한데, 유토피아적 감상이 기술에 대한 '수용적 관점'을 수반했다는 점이다.[14] 이는 인류가 이러한 목표를 달성하기 위해 기술을 발전시키려고 노력했음을 시사한다.

이는 분명한 역사적 사실이지만, 인류가 큰 걱정 없는 번영의 미래를 꿈꿀 정도로 실현되지는 않았다. 여기에 함축된 의미는 기술에 대한 추구와는 분리해서 생각해야 한다. 요나스의 견해에서 도움을 받았다고 해서 꼭 그를 충실히 따를 필요는 없다. 다만, 기술에 대한 유토피아적 관점은 앞으로 실질적 이익에 거의 도움이 되지 않는다. 요나스로 하여금 이전 형태의 윤리학을 탐구하게 한, 앞서 언급한 피해를 악화시키거나 영속화하지 않는 기술을 개발하는 것은, 우리가 원했던 바대로 피해를 완화시키는 결과를 가져올 수 있다는 점에서 가치가 있다.

만약 요나스의 반유토피아적 발언에 동의한다면, 우리는 계속해서 기술의 진보에 대한 새로운 개념을 형성하거나 이전 개념을 수정할 수 있다. 결국 우리가 요나스의 통찰을 진지하게 숙고한다면, 기술에 대한 우리의 생각에 윤리적 재편이 요구될 뿐만 아니라 기술 추구에 대한 우리의 사고방식도 전환되어야 한다. 이를 뒷받침하는 이론적 요소들을 결합함으로써 피해를 최소화하는 방향으로 기술에 대한 관점을 재조정할 필요가 있다. 이는 기술이 유토피아적 미래를 뒷받침해야 한다는 입장을 포기할 수도 있음을 포함한다.

전술한 측면들을 포함하지 않는 기술 개념을 개발함으로써, 사회적 그리고 생태적 피해를 완화시킬 기술을 추구하는 태도를 개발하는 방향으로 초점을 전환할 수 있다. 이런 생각은 이 과감한 시도를 뒷받침하는 기술이 오늘날 우리가 인식하는 것과는 다른 특징을 가질 수도 있음을 시사한다. 여기에는 규범적 차원도 있으므로 철학자들에게도 중요할 것이다. 또한, 독창성 면에서 도시의 기술적 차원을 재구성하는 데에 필요한 엔지니어, 도시계획가, 건축가 등 관련 전문가들에게도 중요할 것이다. 모두 우리가 원하는 가치 있는 미래를 실현하기 위함이다.

　이런 방향으로 사고방식을 발전시키려면 도시 생활의 거의 모든 측면에 주의를 기울여야 한다는 점을 유념해야 한다. 요나스는 기술의 방향 전환을 가져다줄 몇 가지 핵심 영역을 파악한다. 교통 네트워크 같은 기술이 어떻게 전체적 그리고 특정 부분의 측면에서 윤리적 탐구를 수반하는 결과물을 만들어 냈는지 이해하는 데에는 요나스의 지혜가 도움이 된다. 도시 모빌리티가 기술적인 부분에 의존하고 있다는 점을 염두에 두고 도시 모빌리티를 배치하는 것이 도움이 된다. 사회적이고 기술적인 부분과 관련해 생각해야 할 것 중 하나는, (교통이라는 전체의 외부에 있는 요소지만) 요나스가 도시에 대해 어떻게 생각했는지를 이해하는 것이다. 그런 다음 요나스가 교통과 같은 도시 시스템의 역할을 어떻게 더 넓은 맥락에서 구체화했는지를 검토하여 교통과 도시의 관계를 바라보는 발전된 시각을 얻을 수 있다.

　요나스는《책임의 원칙》서두에서 이론적 장치로서 도시 개념을 넌지시 사용한다.[15] 그는 현대 기술의 출현 이전과 이후의 윤리학을 병치하고자 도시를 자연과 대비시킨다. 인간의 집은 도시의 '인공' 섬이 되고, 인간의 주거지와 비인간 세계 사이는 더 이상 안정적인 균형을 이루지 못한다.[16] 요나스적인 시각에서 도시란 인위적이고 인공적인 기술이라고 주장하는 사람도 있다.[17] 이런 시각은 도시를 '장치'로 이해한 것이라 볼 수 있다. 삶을 구성하는 모든 것들과 어울려 살고, 일하고, 즐기고, 추구하는 것 등을 모두 포함한 작업을 수행할 때 사용하는 장치 말이다. 요컨대 이는 사회적으로 정당한 가치인 도시의 지속가능성이나 인류의 번영 같은 목표를 위한 도구이다. 혹은 최소한 그런 결과가 나올 수도 있는 도구이다.

　과거의 도시도 근대적 도시처럼 어떤 목표를 달성하기 위해 기술을 사용했지만, 두 기술은 완전히 다른 것이었다. 고대의 기술도 여전히 기술로 간주되지만, 그 영향력을 생각했을 때 현대 도시의 기술 문제와는 굉장히 다른 문제다. 고대의 도시에 기술로 인한 문제가 없었다고 할 수는 없지만, 탄소 배출과 막대한 토지 사용 등 현대 도시가 겪는 문제를 과거에서 찾아보기 어렵다. 이런 방식으로 도시에 대해 생각해 보는 것은 도시가 인간이 아닌 자연에 어떤 영향을 미쳤는지를 보여 준다. 가령 요나스는 이렇게 주장한다.

　'도시'와 '자연'의 경계가 사라졌다. 한때 인간의 도시는 비인간들의 세계 안에서 고립된 형태로 존재했지만, 이제는 지구 전체로 퍼지며 영토를 강탈했다. 인공과 자연의 차이는 사라지며 자연이 인공에 삼켜지고, 동시에 전체(자연을 뒤덮는 인간의 작품으로서의 '세계')는 그 자체의 '자연'을 만들어 낸다. 즉, 인간의 자유를 완전히 새로운 의미에서 봐야 할 필요가 생긴 것이다.[18]

　인용문에서 요나스는 현대 기술이 세계에 얼마나 큰 영향을 미쳤는지 설명하기 위해 이 두 가지를 병치한다. 이제 우리는 천연자원을 필요로 하는 도시 생활의 모든 국면에서 이 문제를 해결해야 한다.

예컨대 도시 공간과 관련해 생각해 보면, 도시의 무분별한 팽창과 고속도로 건설에 엄청난 천연자원이 사용된다는 점을 들 수 있다.[19]

가령 미국의 주요 교통 시스템이 가솔린엔진 차량에 의존한다는 점에서, 스모그와 산성비를 일으키고 대류권 오존층에 영향을 미치는 오염물질을 가장 많이 배출하는 것이 자동차라는 사실은 놀라울 것도 없다.[20] 결과적으로 이러한 의존성은 기술이 낳은 유해한 영향력을 유지시켜 상황 개선을 요원하게 한다.

결국 현대 도시는 기술 때문에 환경으로 인한 피해와 혜택을 둘러싼 불평등에 기여하는 매개가 된다. 요나스는 식량 생산, 원자재, 에너지에 주의를 기울여야 한다며 우리가 반드시 재고해야 하는 몇 가지 영역을 제시한다.[21] 간단해 보이는 목록이지만, 이는 그의 명령에 내재된 요구 사항을 해결하기 위해 필요한 변화의 종류를 나타낸다. 우리는 일종의 '수용적 관점'의 입장에서 기술이 유토피아적 비전을 지원하길 기대하기 때문에, 우리의 집단적 기술 추구는 넓게 보아 이런 문제에 참여한다는 의미도 내포하고 있다고 생각할 수 있다. 그리고 이런 경향은 자연을 한계까지 밀어붙이고 있다. 이제 우리는 다음과 같이 질문해야 한다. 우리가 비인간 자연에 기대할 수 있는 것의 한계는 어디인가? 요나스는 다음과 같이 주장한다.

이 질문은, 전체적으로 보았을 때 생태학이라는 신생 과학의 영역에 놓여 있고, 부분적으로는 생물학자와 농학자의 분야 등에도 걸쳐 있다. 또한 경제학자, 엔지니어, 도시계획자, 교통 전문가의 영역과도 관련된

다. 학제간 공동연구와 통합만이 우리에게 필요한 글로벌 환경과학으로 이어질 것이다. 그런데 여기서 철학자는 아무 말도 하지 못하고, 그저 듣기만 한다.[22]

도시를 둘러싼 문제를 다룰 때 이 인용문을 염두에 두고 생각해 보면, 요나스의 명령에 부합하는 생활 방식을 개발하는 실질적 문제는 기술과 관련된 고급 전문 지식을 필요로 하기 때문에 대부분의 철학자는 문외한이 되어 버린다. 하지만 철학자들은 다양한 방법으로 이 문제에 기여할 수 있다. 철학자들이 우리가 직면한 복잡하고 사악한 문제에 도움이 될 수 있는 한 가지 방법은, 도시 기술의 도덕적 차원에 주의를 기울이고 교통을 포함한 관심 분야에 집중하는 것이다.

요나스가 광범위한 문제에 대한 통찰을 보여 줬다면, 우리는 그의 작업을 다른 종류의 발전과 결합시켜 봄으로써 이 문제에 대한 생각을 진전시킬 수 있다. 예컨대 성장하는 도시들은 전 세계 여러 도시에서 확인할 수 있는 기본 원칙을 따르고 있다는 연구 결과에 기반한 주장을 펼치는 학자들이 있다. 학제간 연구를 보여 주는 이론 물리학자 루이스 베텐코트Luis Bettencourt와 제프리 웨스트Geoffrey West는 연구자들이 도시환경의 지속가능성에 대한 '통합 이론'을 따라야 한다고 역설했다.[23] 이들의 연구는 인구 증가로 발생하는 문제와 씨름하는 전문가들에게 도움이 될 만한 '도시과학'을 창의적으로 발전시켰다.[24] 그리고 도시의 구조적 개념을 조사하는 것이 인구 증가와 관련된 필연적 문제들의 해결에 도움이 될 유의미하고 중요한 이점을 어떻게 확보할 수 있는지를 명료하게 보여 준다.

이들은 확장되는 도심이 예측 가능한 요소들을 취하고 있음을 보여 줌으로써 여기에 작동하는 기본 원칙이 있음을 시사한다. 우리는 도시 성장의 구체적 특성에 대한 세부 사항을 추정할 수 있다. 도시를 둘러싼 다양한 종류의 변화와 불확실성에도 불구하고, 여기에서 정확하지 않아도 고유한 패턴이 발견된다. 이는 도시가 '소비'하게 될 자원의 증감을 예측하는 방법을 제공한다. 이 연구는 예컨대 도시가 두 배 커질 때 도로 및 수자원 같은 관련 인프라는 85퍼센트만 증가하면 된다는 것을 보여 준다.[25] 또한, 데이터 분석을 통해 고밀도로 건설된 도시가 작은 도시보다 자원을 더 효율적으로 사용한다는 점을 보여 준다.[26]

이러한 패턴으로 인해 대도시환경은 여러 분야의 렌즈를 하나로 모아 일종의 파노라마를 확보하려는 요나스의 관점을 뒷받침한다. 이는 인류의 장기적 생존과 번영에 도움이 되는 지속가능성을 가능케 하는 방법을 보여 주는 파노라마다.● 이는 예상 조치를 뒷받침할 원칙을 마련하기 위해 도시를 연구하는 방법론을 개발할 수 있음을

● 도시의 자원 요구 형태는 굉장히 다양하기 때문에 이것이 패러다임 혹은 새롭게 출현한 패러다임에 도전할 것임은 분명하다. 그럼에도 불구하고 베텐코트와 웨스트는 도시인구가 계속해서 확장되고 있다고 말한다. 그러면 아웃풋은 확대되며 문화적 차원이 뿌리내리게 된다. 이때 단점은 도시가 계속 성장함에 따라 불행히도 범죄나 교통 및 건강 문제 같은 것이 함께 증가한다는 것이다. 그렇더라도 이런 사안에 대해 안다는 것은 문제 해결을 위해 택한 조치의 효과를 측정하는 방식으로 문제에 접근하게 하므로 해결에 도움이 될 수 있다.

보여 주기 때문에 중요하다. 이런 관점의 장점은 스마트시티 구현, 자전거도로 확충, 또는 인프라 및 서비스 업그레이드와 같은 조치가 탄소 배출량 및 인구 증가 시 뒤따르는 원치 않는 결과들을 줄이는 데에 어떻게 도움이 될지 예측할 수단이 된다는 점이다. 베텐코트와 웨스트의 연구는 다른 연구 영역들과 비교했을 때 아직 개발 단계에 있다. 하지만 철학을 포함한 다른 학문 분과와 함께 이 작업을 이어 갈 것임은 분명하다.

이러한 학제간 연구 노력은 요나스가 기술의 부작용을 치료하는 데에 필요하다고 한 '글로벌 환경과학'의 방향으로 나아가는 데에 도움이 될 수 있다.[27] 도시는 이 같은 과업에 참여할 수 있는 접근 가능하고 쉬운 방법을 제공한다. 우리가 이러한 노력을 기울여야만 앞서 요나스에 대해 제기한 비판, 즉 그의 명령이 모호하다는 비판에 대처할 수 있다.

실천을 위한 첫 번째 단계는 필요한 노력을 어느 방향으로 끌고 갈 것인지, 즉 필요한 관심의 양과 종류에 따라 달라지는 행동계획을 결정하는 것이다. 앞의 논의를 염두에 둘 때, 관련된 주제를 연구하는 철학자는 학제간 연구에 의존한다. 각 학문의 강점을 사용해 실제 세계 문제를 설명할 수 있기 때문이다. 예컨대 철학자인 요나스는 그가 생각하기에 가장 시급하게 관심을 기울여야 할 기술적 문제를 열거하며, 해당 분야가 지구에 미치는 영향을 조사해야 할 주요 영역으로 원자재, 농업, 에너지를 들었다.[28] 하지만 이 영역들이 다른 무엇보다 중요한 주제이고 이 문제를 해결함으로써 얻을 수 있는 이점이 많더라도 가장 시급한 문제는 아닐 수 있다.

예를 들어, 요나스가 자신의 주장을 뒷받침하는 데에 필요한 경험적 데이터를 제공하지 않는다고 생각해 보자. 그렇게 보면, 데이터 없이 특정 영역을 주장하는 것은 최선의 경우 추측이 될 것이고 최악의 경우 자의적이고 근거 없는 위험한 주장이 될 것이다. 이런 문제에 관심을 기울이며 연구의 우선순위로 삼는 것이 요나스가 옹호하는 인류의 영속성 확보에 도움이 되리라 확신하지만, 이런 연구 어젠다를 발전시키기 위해서는 두 가지 문제를 해결해야 한다.

첫째, 요나스는 농업과 에너지 문제를 해결하고 원자재를 확보하는 것이 비인간 세계에 대한 인간의 침투를 줄이는 최선의 혹은 효율적인 방법이라고 가정한다. 이에 대한 증거를 제시하는 것은 산업생태학, 도시생태학 등의 분야 연구자들이 해야 할 일이다. 도시로 드나드는 물질의 흐름을 추적하고 인간중심적 요소가 비인간적 삶과 어떻게 교차하는지를 추적해야 한다.[29] 관련 자료에 따르면, 전 세계 에너지의 60~80퍼센트, 비인간 세계에서 나오는 자원의 75퍼센트를 소비하고, 온실가스 배출량의 75퍼센트를 배출하는 곳이 도시다.[30] 1970년대 이후로 육·해·공 모든 이동 수단에서 온실가스 배출량이 두 배 증가했는데,[31] 이 증가분의 80퍼센트를 차지하는 것이 도로 위 자동차다.[32]

물론 이것이 우리 지구에 닥친 기념비적 의제이긴 하지만, 도시 모빌리티 관련 문제를 다룰 때에는 이런 현실적인 조건에만 초점을 맞춰서는 안 된다. 요나스의 평가에서 누락된 것도 (원자재, 농업 및 에너지 등 그가 다루는 대규모 스케일에서) 현대 기술이 어려운 현실에 처한 사람들에게 어떤 영향을 미치는가 하는 것이다. 그들은 훨씬 거대한 불의^{義} 앞에 놓여 있으며, 상대적으로 더 많은 부담을 지고 있다. 이들이야말로 도덕적인 기술 평가로부터 가장 큰 이익을 얻을 사람들인데,《책임의 원칙》은 이를 다루지 않고 있다. 이 점을 기억하고 요나스의 입장을 본격적으로 살펴보자. 이런 상황 때문에 도시 영역의 실질적 기술 혁신을 추진하기 전에 이 점에 상당한 주의를 기울여야 한다.

교통 시스템을 재정비할 때 누구에게 우선적 혜택을 줄지 도덕적 관점에서 정할 수 있지만, 학제간 연구는 철학적 호소 없이도 이 방향으로 행동하게끔 하는 중요한 동기를 제공한다. 수집된 데이터에 따르면, 빈곤에 허덕이는 사람들이 빈곤에서 탈출할 수 없는 이유 중 하나가 교통 문제에 어려움을 겪고 있기 때문이다.[33] 요나스가 제기한 다른 영역들이 검토할 가치가 없다는 뜻은 아니다. 다만 그가 언급한 범주들과 함께 교통 문제를 다룰 때, 특히 교통 문제가 빈곤에 갇힌 사람들의 삶의 질을 결정하는 중요한 요소임을 고려하여 이를 검토 목록에 포함시켜야 한다는 것이다.[34]

앞서 언급한 문제들은 여러 학문 분과 연구자들이 제기했지만, 도시 모빌리티와 관련된 도시적 조건을 이해하는 데에 도움이 된다는 공통점이 있다. 그 각각은 도시의 거리, 도로, 고속도로의 골칫거리로 나타나는 현재의 사회정치적 합의의 결과물을 평가하는 일과 관련이 있다. 그래서 연구자들은 결과만을 평가하되 문제가 되는 상황을 초래한 조건에 대한 도덕적 논의는 하지 않으며, 당연히 윤리적인 방법을 논하거나 권하지 않는다. 그러나 이 학문적 연구들은 우리를 괴롭히는 기술적 문제에 어떻게 접근하는 것이 좋을지 방법을 알려 줄 수 있다. 이 과업에 철학적 작업이 큰 도움이 된다. 각 범주들이 어떻게 다른지 보여 주고, 개념을 체계적으로 정의하는 방법과 가치와 같은 주제에 대한 통찰을 제공하기 때문이다.

이외에도 도시공학 관점에서 이런 주제들을 살펴보면 모빌리티의 도덕적 차원의 복잡한 특성을 들여다보는 데에 도움이 될 수 있다. 3장에서는 가장 근본적인 차원에서 교통 문제를 다뤄 봄으로써 대화의 방향을 교통 문제로 끌고 가는 방법에 대해 논하고자 한다. 이 장의 서두에서 나는 '도시교통 시스템이란 무엇인가?'라는 질문을 던졌다. 이제는 기술적인 설명을 뛰어넘어 광범위한 가능성을 드러내는 방식으로 이에 답하려 한다.

3장

사고, 이동, 부분

도시 모빌리티는 우리를 둘러싸고 있다. 그러나 대부분의 사람들은 세계 도처에서 우리 삶의 질에 영향을 미치는 도시 모빌리티를 거의 의식하지 못하고 산다. 어떤 도시가 다른 도시보다 더 잘 운영되었다는 결과는 무엇이 효과적이고 무엇이 효과적이지 않은지를 비교 대조하는 데에 사용된다. 교통 시스템을 다루는 연구자 및 전문가들에게 '효과적인 것'은, 각각 상이하게 정의되더라도 대화의 공통 기반을 이루는 특정한 의미로 받아들여진다. 바로 '사람들이 일정한 도시나 지역 내 목적지에 오가게 할 수 있는 것'이라는 의미다.[1]

하지만 철학이라는 학문 분과의 시각에서 보자면, 그 기초들이 붕괴될지 아니면 안정적으로 유지될지 면밀히 조사함으로써 정교한 사고 체계를 구축하는 것에 관심을 돌리게 된다. 이런 용어의 의미를 조사하고 토론하는 일은 끝없이 계속될 수 있다. 게다가 교통은 여전히 이론적 영역에 종속되어 있지만 항상 이론적 영역을 넘어선 윤리적 문제를 수반한다. 실제 사람들의 생활과 생계는 도시 모빌리티의 중심에 놓여 있다. 그리고 이는 관련된 인프라, 정책, 예산을 둘러싼 모든 결정 앞에서 위태로워진다. 당면한 문제들에는 모든 도시 및 교외 거주자의 이해관계가 얽혀 있다. 서로 다른 집단들이 긍정적이든 부정적이든 서로 영향을 주고받는 정도는, 여러 사회 구조를 마모시키고 심지어 암울한 시기에는 이를 오염시키면서 수많은 사회적 병폐를 낳는다.

특정 도시나 지역을 언급할 필요도 없다. 특히 전 지구적 기후변화 문제 하에서 교통 문제가 발생하지 않는 지역이란 건 따로 없다. 즉, 이 문제는 부분적으로는 화석연료 소비에 따라 현 인류는 물론이고 모든 생명체에게도 영향을 미치고 있으며, 새로운 전 지구적 조건으로서 먼 미래의 인류와 자연에도 계속해서 영향을 미칠 것이다. 결과적으로, 교통 문제는 인류의 즉각적인 모빌리티 요구와 결부된 생각 이상의 해결책을 필요로 한다.

시 당국이나 관할구에서 덜 유해하고, 더 평등하고, 더 자유로운 결과를 낳는 교통 해결책을 찾지 못했다는 뜻이 아니다. 많은 곳에서 피해를 줄여 나가고 있으며, 자전거도로나 간선급행버스체계를 만들며 더 나은 도시 모빌리티 시스템을 만들고자 앞장서고 있다. 분명 교통 당국은 주민들의 삶을 개선하고자 행동하고 있으며, 혼자 힘으로는 어찌할 수 없는 권력과 환경 때문에 고통받는 사람들의 문제에 집중하고 있다.[2]

잘못된 교통 시스템 때문에 특정 집단이 경시되거나 억압당하거나 무시받거나 축소되고 있다는 사실을 어떻게 알 수 있을까? 도시나 지역에 따라 다를 텐데, 앞서 언급한 끔찍한 상황에 직면한 채 그곳에 살고 있는 사람들에게 직접 물어봐야 (규범적인 의미에서의) 답을 알 수 있다. 즉, 교통 시스템을 논의하는 자리에 그들이 참여할 수 없다면 그 자체가 엄연한 도덕적 문제가 된다. 게다가 지자체와 지역마다 매우 독특한 방식으로 문제를 복잡하게 만드는 각각의 역사가 있다. 도시 모빌리티 문제에 관해서는 이러한 역사와 관련된 사람들의 의견을 충분히 고려해야 한다.

일부 도시에서는 몇 세대를 거슬러 올라가야 하는 오래된 문제를 다루고 있을 수 있으며 때로는 극도로 혼란스러운 폭력 행위와 얽혀 있을 수도 있어, 도시 모빌리티 문제는 특정 지역의 도시계획 역사라는 더 큰 맥락에서 살펴볼 필요가 있다. 사례별로 문제를 해결하며 앞으로 나아가야 한다고 주장할 수도 있지만, 현재의 문제만 해결하다 보면 교통과 관련한 끔찍한 과거를 놓칠 수 있다.[3] 이러한 사건의 이면에는 이 부끄러운 행동에 얽힌 장기적인 심리적·경제적·사회적·문화적·정치적 질문들이 숨어 있다. 이러한 현실을 현재의 현실적 요구와 어떻게 조화시킬 수 있을까? 이 질문에 답하려면 학술논문 정도가 아니라 최소한 연구 센터가 필요하다.

여기에 더해 교통계획자는 예상되는 모빌리티 요구들도 처리해야 하는 임무가 있다. 그러나 카렐 마텐스가 주장하듯, 이 특권에만 집중하면서 나아가는 것은 위험하다.[4] 그렇게 되면 기존의 불공정을 영속화하여 계속해서 피해를 야기하고 역사의 잘못을 바로잡을 기회를 놓치게 할 수 있다. 교통 전문가들은 고속도로 확장을 단순히 교통체증을 완화하는 방법으로만 생각할 수 있지만, 경우에 따라서는 이 작업이 그리 간단한 게 아닐 수 있다는 것이다. 이런 상황에도 불구하고 열차 정시 운행을 목표로 이 의제를 존중하는 것은 현실적으로 어려운 일로 보인다. 이는 철학자가 다룰 수 있는 주제는 아니지만, 가치의 우선순위 문제와 관련이 있다는 점에서는 철학으로 들어온다.

이 딜레마를 다루면서 우리가 명심해야 할 것은, 점점 심해지는 대기오염과 열섬현상, 소음공해로 고통받게 될 사람들과, 자신이 갖고 있는 혹은 가질 수 있었던 땅, 집, 사업체가 '공공의' 이익을 위해 수용(예컨대 몰수, 강제수용, 수용권 행사)된 사람들은 사업에 동의하지 않을 수 있다는 점이다. 그들은 도시 모빌리티 개선을 위해 차선을 늘리는 등의 행위가 악랄한 노예무역으로 돌아가는 것 같은 위험한 행위의 연장선에 불과하다고 주장할 수 있다. 도덕적으로나 인식론적으로나 그들을 대변할 수는 없지만, 그들에게 필요한 것은 정의 혹은 모빌리티의 실제적 현실이다.

그럼에도 불구하고 확실히 말할 수 있는 것은, 삶에 영향을 미치는 결정에 **의미 있는** 목소리를 낼 사람들의 권리를 부정하는 것은 권력자가 해서는 안 될 일이라는 점이다. 지역에 따라 차이는 있지만 그런 일이 역사적으로 다양한 맥락에서 존재했던 것이 사실이므로, 교통 시스템을 계획하고 유지 관리할 때에는 이 점을 늘 가장 중요한 사항으로 고려해야 한다. 이는 도시 모빌리티를 형성하는 과정을 결정할 때, 교통 시스템에 속하는 개인 및 개인들의 복합적인 그룹들이 어떻게 목소리를 내야 하는지를 간접적으로 말해 준다. 교통 관련 결정에 이들을 포함시켜야 하고, 도시의 교통계획은 과거에 저지른 잘못을 바로잡는 방향으로 나아가야 한다. 공정한 길을 만드는 데에 기여하는 교통 네트워크 설계 전문가들이 관련 피해자들과 함께 모빌리티의 미래에 대해 논의해야 할 수도 있다.

보편적인 배려를 지향해야 하지만 모든 도시의 상황이 같을 수는 없다. 각 도시 지역마다 고유한 모빌리티 문제를 해결할 노력이 필요하다. 사회적으로 뿌리 깊은 억압을 받는 집단도 지역마다 다르다. 모든 도시에는 도시경관을 누비고 다니기 위해 서비스를 받아야 하는 사람들이 있다. 그들의 삶은 소중하며, 우리는 그들과 함께해야 한다. 이 점을 유념하면서 교통은 모든 도시 거주자, 교외 거주자, 방문자들에게 서비스를 제공해야 한다는 점을 기억해야 한다.

한 개인이나 집단이 교통정의 실현에 필요한 모든 정보를 제공하는 관점을 가질 수는 없다. 교통 전문가라고 해서 모든 답을 가지고 있을 리 없다. 다양한 집단이 서비스를 제공하는 교통 시스템에 어떤 영향을 받고 있는지를 알지 못하면 필요한 정보를 얻을 수 없다. 이들은 기차가 제시간에 운행되는 데에 도움이 될 기술 교육을 받지 못했다. 그러나 함께 머리를 맞대면 그러한 개념을 향해 나아갈 수 있다. 물론 이 생각을 실행에 옮기려면 도시 모빌리티 주류의 주변부[5]를 둘러싸고 있는 현실을 탐사해야 한다. 다음 개념을 생각해 보자.

많은 노인들이 고독사하고 있다. 이들 중 상당수는 안전하게 운전할 수 없기 때문에 집을 나설 수 없다. 이들은 세상과 단절되어 있다. 이런 상황은 전례 없는 공중보건 문제가 되고 있다. 장애인은 여러 형태의 대중교통에서 차별받고 있다. 많은 경우 이들에게 합당한 교통 대안은 없는 실정이다.[6] 여성과 성소수자 LGBTQIA+ 구성원들은 대중교통에서 괴롭힘 및/또는 폭행을 당한다.[7] 자전거 이용자와 보행자는 점점 더 위험한 상황에 직면하고 있다.[8] 전 세계 수많은 사람들이 교통체증과 싸워야 하며, 교통체증으로 인한 다양한 악영향에 대처해야 한다. 또 누군가는 지옥철에 갇힌 신세가 된다. 가난한 사람들은 이동 수단이 마땅치 않아 하루 일과 중 절반 이상을 일터와 집을 오가는 데에 쓰며 빈곤에서 벗어나지 못한다.[9]

이 문제는 수많은 쟁점을 제기한다. 예컨대 교통 여건 때문에 기본적인 생존에 필요한 교육을 받는 것과 같은 활동에 참여할 시간이 없는 사람이라면 인생의 변화를 어떻게 도모할 수 있을까? 이런 현실은 이 사람들이 속한 사회에 대해 무엇을 말하는가? 이 같은 모빌리티 시스템이 이들을 2등 시민으로 밀어낼 수 있는가? 이것이 대체로 노동하고 있는 성인들이 처한 현실이라면, 어린이들에게는 또 다른 문제가 있다.

예컨대 일부 지역에서는 유색인종 어린이들이 번잡한 고속도로 근처에서 살 수밖에 없어서 천식을 앓고 있다.[10] 일부 고속도로는 한때 소외된 지역사회에 속했던 이웃을 파괴하여 조직적인 인종차별을 영속화했다.[11] 숙명적으로 이렇게 위태로운 곳에 살고 있는 어린이들이 어떻게 문화적인 요소에 접근할 수 있을까? 요점은 고속도로를 비난하려는 게 아니다. 고속도로만이 모빌리티 연결망의 유해한 부분으로 초점화될까 싶어 경전철 시스템도 조사했더니 특정 사례에서 동일한 결과가 나왔다.[12]

인간중심적으로 생각해 봤을 때 불거지는 문제점 외에도, 비인간 세계도 수많은 피해와 파괴를 겪어 왔다. 예컨대 부분적으로는 화석연료 수요와 그 배출물로 인해 기후가 변화하고 해수면이 상승하여 모든 생물종에 영향을 미치고 있다. 매년 수억 마리의 비인간 동물이 도로에서 죽어 가고 있다.[13] 도시 확장은 동물들을 서식지에서 쫓아내고 있다. 이런 문제들을 경각심을 불러일으키지만, 이는 전 세계 교통 시스템의 문제점을 엿볼 수 있는 단편적인 모습일 뿐이다. 게다가 이 문제들은 현재에도 일어나고 있으므로, 우리가 무언가를 하지 않는다면 미래에는 더 나쁜 상황에 처하게 될 것이다.

좋은 소식도 있다. 우리는 할 수 있다는 점이다. 여기서 우리가 할 수 있는 일은 질문들을 검토하고 새로운 방향으로 나아갈 수 있는 대안의 가능성을 만들어 내는 답을 제시함으로써 그 방향으로 나아가는 것이다. 이때 가장 근본적인 수준에서부터 올바른 질문을 던지는 것이 무엇보다 중요하다. 적절한 답을 얻으려면 질문이 있어야 한다. 우리가 지금과는 다른 미래로 나아갈 수 있도록 도시 모빌리티에 대한 우리의 생각을 재정립할 방법을 설명하는 것이 목표이다.

진보적 사고와 약간의 노력만 있다면, 사람들이 도시에서 생존을 넘어 번영할 수 있는 또 다른 모빌리티 세상이 열릴 수 있다. 이를 위해서는 올바른 질문을 던지는 것이 필수적이다. 예컨대 피상적으로 '교통 시스템이란 무엇인가?'라는 질문을 던진다면, 교통 시스템의 구성 요소와 기능에 대해서만 말할 수 있게 된다. 이런 식의 좁은 생각으로는 교통 시스템의 구조적 기반을 개념적으로 드러낼 수 없다. 결과적으로 이런 설명은 이론적 차원에서 교통 시스템을 이해하는 데에 도움이 되지 못한다. 교통 시스템은 하나의 실체로 나타나지만, '교통 시스템'이라는 용어는 개념적인 장치이기도 하다. 이 개념은 도시 모빌리티를 촉진하기 위해 모든 부분들이 어떻게 조화를 이루는지 생각할 수 있는 방법을 제공한다. 하지만 이는 여전히 앞의 질문에 대한 견고한 답을 제공하지는 못한다.

교통 시스템에 대한 근본적인 입장에 도달하려면 가능한 한 깊이 파고들어야 한다. 그래야만 현재 딛고 선 발판이 무너지더라도 제자리에 설 수 있는 구조를 구축할 수 있다. 이 과정에서 한 가지 목표는 도시 모빌리티의 가려진 층을 드러내어 우리가 원하는 도시 모빌리티 요소들을 확인하는 것이다. 교통에 관심이 있는 사람이면 누구나 이 문제에 관심을 가져야 한다. 전술했듯이 이런 시각은 교통 시스템이 윤리적 차원과 삶의 질에 미치는 영향에 집중하게 함으로써 교통 시스템에 대한 포괄적인 이해를 촉진할 수 있다. 그러나 그 이상으로, 교통 시스템은 현재 우리에게 수많은 도전 과제를 안겨 주는 세상에서 우리를 구하는 데에 도움을 줄 수 있다. 사회적으로 정의로운 도시의 지속가능성 같은 가치 있는 목표를 향해 교통 시스템을 조정하는 데에 도움이 될 수 있다. 이 장에서는 이러한 목표를 달성하는 단계적 노력으로 그 요점들을 설명한다.

이 과정에서 '교통 시스템이란 무엇인가?'라는 질문에 답하는 데에 도움이 되는 더 많은 요소들을 발견하게 될 것이다. 이 장에서는 교통 시스템을 개념적 장치로 파악할 뿐만 아니라 그 존재론적 구조에 주목할 것이다. 이를 위해서는 교통 시스템의 설계 및 기능과 관련된 요소를 목록화해야 한다. 이러한 관점을 확보하기 위해 교통 시스템을 작고 수많은 부분들로 구성된 하나의 전체로 이해하고자 한다. 여기서 중요한 것은, 개별 부분들에 대해 이야기하는 것과 더불어 개별 부분들이 어떻게 교통 시스템 전체의 더 큰 부분 중 일부가 될 수 있는지 이야기하는 것이다. 특히 부분들이 다른 부분들과 어떻게 연결되어서 앞서 언급한 결과를 만들어 내는지를 탐구하고자 한다. 문제는 차량, 기차, 스쿠터처럼 구체적이고 물질적인 것들이 여기에 포함될 뿐만 아니라 거의 모든 것이 교통 시스템의 부분이 될 수 있다는 점이다. 여기에는 교통법규나 도시 조례, 건축 규정처럼 추상적인 부분들도 있다. 의미 있는 분석을 위해서는 앞서 언급한 부분들을 연구하여 이것들이 어떻게 상호작용하는지 집중해 봐야 한다.

교통 시스템 전체를 생각해 보면 더 큰 부분을 구성하는 개별 부분들이 존재함을 알 수 있다. 예를 들어 열차 차량, 선로, 전차선은 교통 운영의 일부이다. 이런 요소들이 결합하면 더 큰 부분인 철도 네트워크를 구성한다. 자전거도로, 자전거 및 기타 관련 부분들도 같은 패턴으로 설명할 수 있다. 교통 시스템과 페달 구동 장치도 하나의 전체로서의 더 큰 교통 시스템의 일부이다.

철학에서 부분과 부분의 관계를 다루는 학문 영역을 **부분전체론**mereology이라고 한다. 부분전체론은 어떤 부분이 다른 부분과 어떻게 관계 맺는지, 부분이 어떻게 더 큰 부분의 일부가 되는지, 부분이 어떻게 전체의 일부가 되는지의 문제를 주로 다룬다. 하지만 이 분야를 연구하는 대부분의 철학자들은 부분전체론적 주제들을 고도로 추상적인 용어로 다루는 데에 비해, 나는 가장 관대하고 좋은 의미로 '응용'할 것이다. 또한, 교통 시스템과 그 구성에 관해 전술한 개념들을 염두에 둘 때, 부분전체론은 도시 모빌리티의 구조에 대해 이야기할 수 있도록 만들어 준다.

이 주제를 소개하는 것은 부분전체론의 근본적 사고방식을 차용하여 교통 시스템에 적용하는 방법을 보여 주기 위해서다. 이런 방식으로 사고하면 몇 가지 장점이 있다. 이를 설명하기 위해 다음 절에서는 교통 시스템의 맥락에서 부분전체론을 (매우 느슨하게) 차용하는 방법에 대한 아이디어를 제시하려 한다. 이 과정을 통해 도시 모빌리티와 관련한 여러 문제를 이해할 때 부분전체론이 어떤 도움이 되는지 살펴볼 수 있다.

부분전체론적 사고방식과 교통 시스템

본질적으로 부분전체론을 전공하는 연구자들은 부분과 부분의 관계, 부분과 전체의 관계를 연구하는 데에 관심이 있다.[14] 가령 분석 철학 분야에서 이런 주제를 연구한다. 하지만 부분과 부분, 부분과 전체 관계를 분석하는 데에 도움이 되는 다른 문제들에도 이를 적용해 볼 수 있다.

현실적으로 교통 시스템은 수많은 부분들이 있어야만 작동하기 때문에, 교통 시스템 연구자들이나 전문가들은 부분전체론적 사고방식의 기본 구조를 차용함으로써 여러 이점을 얻을 수 있다. 다른 분야 학자들도 여러 연구 분야에 이 방법을 활용하고 있다. 예컨대 프레데리크 드 비네몽Frederique de Vignemont의 연구는 사람들이 신체의 일부를 경험하는 방식과 신체를 전체적으로 경험하는 방식을 이해하고자 부분전체론적 사고를 활용한 바 있다.[15] 피터 사이먼스 Peter Simons의 연구도 부분전체론의 도움으로 공학에 대한 새로운 관점을 부여하는 깊이 있는 탐구를 보여 준다.[16]

이러한 선행 연구들은 우리가 견고한 기반 위에서 교통 문제를 새롭게 사유하기 위해 부분전체론적 통찰을 활용해 볼 수 있음을 시사한다. 물론 이어질 존재론적 주장을 뒷받침하고 가치 평가를 이끌어 내는 질서 정연한 추론의 생성에 도움이 될 수 있어야 한다. 이런 이유 때문에 제한 없는 부분전체론적 구성을 택하려는 것이다.[17]● 이러한 관점에서는 무엇이든 교통 시스템의 부분으로 간주될 수 있다. 교통 시스템의 부분이 무엇인지를 개념화하는 필요조건과 충분조건을 엄격하게 정의할 수도 있지만, 이 개념은 물리적인 또는 개념적인 모든 개체가 다 부분이 될 수 있다는 점을 고려하여 개념적인 방향성을 제시하는 것일 뿐이다.

● 제한 없는 부분전체론적 구성과 관련된 다른 문제들도 있지만 이 장에서는 도시 모빌리티의 맥락에 한해서만 적용할 것이다.

교통 시스템의 구성에 제한을 두지 않고 생각할 것이기 때문에, 여기에서 부분들이나 관계, 혹은 전체 교통 시스템의 필요조건이나 충분조건을 제시하지는 않을 것이다. 그 대신 부분, 부분과 부분의 관계, 부분과 전체의 관계 및 전체 교통 시스템을 검토할 것이다. 이를 위해 어떤 부분은 그 자체로 독립된 부분인 동시에 더 큰 전체의 부분이 되기도 하는데, 이때 더 큰 전체라는 것 역시 전체 교통 시스템의 부분이다. 이 목록은 중복되지 않는 여러 범주의 부분들로 세분화될 수 있는데, 이는 교통 시스템 문제를 생각할 때 하나의 부분을 두 번 이상 계산할 수 없다는 의미다.[18] 이런 예를 생각해 보자. 기차, 선로, 철도 정책, 열차 플랫폼 같은 것은 그 자체로 부분들이다. 그런데 이것들은 환승노선을 구성하는 데에 도움을 주며, 환승노선은 다시 교통 시스템의 일부가 된다. 이런 구조 때문에 교통 시스템을 설명하는 방식에는 엄밀하고 은유적인 부분이 포함된다.[19]

일정한 지역 내 교통 시스템의 부분에 관한 한, 사람들이 도시를 이동하는 데에 도움을 주는 모든 것이 부분에 해당한다. 하지만 이런 부분들에 대한 통제는 다 다를 수 있다. 예컨대 주 또는 연방기관은 일부 도로에 대한 권한을 가질 수 있지만, 그 위를 달리는 차량을 조작하는 것은 운전자 개인이다. 지자체 당국이나 지역조합에서는 대중교통 서비스를 감독할 수 있고, 도시는 인도를 제공할 수 있다. 민간기업은 도로 위 혹은 대학 캠퍼스 안에 자사 스쿠터를 비치할 수 있다. 앞서 기차의 예를 들었던 것과 마찬가지로, 이때 개인은 철도 기관사처럼 이 시스템의 부분이 될 수 있다. 다른 부분으로 취급

되지 않도록 특별한 주의를 기울여야 한다.

이러한 부분들의 동기는 다 다를 수 있다. 예를 들어, 도시는 사람들이 도시를 돌아다닐 수 있도록 산책로와 교통 서비스를 제공함으로써 사람들의 경제활동을 돕는다. 또는 계몽적 이유로 인류의 번영을 돕는 것이라 말할 수도 있다. 어떤 도시에서는 지자체나 민간기업이 철도 혹은 버스 서비스를 동시에 감독할 수 있다. 주 또는 연방기관은 공급망 관리를 통해 산업을 지원하고 상품 유통을 촉진하기 위해 대도시 혹은 그 근처에 고속도로나 철도노선을 건설할 수 있다. 마이크로-모빌리티 스타트업에서는 높은 수익을 올리기 위해 사람이 많이 모이는 지역에 자동차, 자전거, 스쿠터를 비치할 수 있다.

이 목록은 불완전하지만 도시환경 목록을 작성할 때 발견할 수 있는 부분들의 종류를 보여 준다. 이 부분들의 다양성이 다양한 장소에서 발생할 수 있는 고유한 문제들로 이어질 것임을 합리적으로 예상해 볼 수 있다. 어떤 도시들에는 수많은 부분들이 있어 이 부분들의 상호작용을 최대한 잘 관리해야 한다. 반면에 어떤 지자체나 지역에는 주로 개별 운전자가 제어할 수 있는 부분이 거의 없을 수 있다. 이는 도시에는 다양한 규모와 종류의 문제가 있을 수 있음을 시사한다. 즉, 교통 시스템에는 모든 사용자에게 영향을 미치는 문제들이 있을 것이다. 이것들은 거시적 수준의 문제들이다.●

● 이 장에서는 거시적 수준의 문제로 단일기술포화를 검토하지만, 확인되지 않은 다른 문제가 있을 수 있다. 또한, 미래에도 단일기술포화 패턴을 따르는 비슷한 문제가 나타날 수 있다.

앞서 언급했다시피 이것들은 모빌리티 어려움을 감당하고 있는 사용자에게 영향을 미치는 방식으로 광범위하게 교통 시스템을 형성하는 것들이기 때문에 주의가 필요하다. 이런 문제는 다른 모든 이해관계자, 인간과 비인간 생명체, 미래 세대에까지 영향을 미친다. 이해관계가 있거나 이해관계를 갖게 될 가능성이 있는 모든 당사자에게 막대한 영향을 미치기 때문에 거시적 수준의 문제들은 초기부터 주의와 조치가 필요하다. 모빌리티 문제를 해결하려는 완화 노력, 체계적 변화, 재배치, 분배 등을 통해 일부 문제를 줄이거나 없앨 수 있다.

이런 종류의 문제 중 익숙한 것으로는 여러 교통 연구자들과 전문가들이 입을 모아 이야기하는 점, 바로 고속도로 차선을 넓히면 교통량 문제를 해결할 수 있다고 생각하는 접근 방식이다.[20] 부분전체론적 용어로 말하자면, 이는 부분들의 집중적 배치에 관한 것으로 연구가 필요한 구체적 난제를 불러온다.

바로 아메리카와 아시아 전역의 여러 도시에 퍼져 있는 '단일기술포화mono-technical saturation' 관련 문제이다. 단일기술포화란 교통에서 어느 한 부분이 극단적으로 과잉되어 어떤 문제를 일으키고 있는데 이러한 문제를 경감시킬 대안적 부분은 부족한 상태일 때 벌어지는 결과를 설명하는 용어다. 즉, 정체된 도로에 너무 많은 수의 자동차가 있는데 효과적인 대안이 없는 상태를 설명해 주는 개념이라 하겠다.

부분전체론에서 영감을 받아 구체화하려고 하는 두 번째 조건은

'다중기술분산poly-technical dispersion'이다. 다중기술분산은 다양한 모빌리티 양식이 더 큰 교통 시스템의 일부가 될 수 있는 부분의 종류를 차지하는 상황이다. 혹자는 이를 앞서 언급한 문제에 대한 '해독제'라고 주장할 수도 있다. 이 용어들은 이 문제들이 왜 발생하는지 고민하는 사람들과 전문가들에게 이미 알려져 있는 조건을 단순히 개념적 장치로 요약한 것에 불과하지만, 이는 이러한 배치가 낳는 문제를 완화시키고자 하는 사고방식에 도움이 되는 논의를 불러올 수 있다. 과거를 돌아보고 미래를 내다보는 태도를 갖게 하는 것이다.

후자와 관련해 예를 들자면, 도시 모빌리티 네트워크를 설계 및 재설계하는 동시대 전문가들과 교통 문제 연구자들은 다중 교통수단multi-modal transportation이라는 기술적 용어에서 이 같은 부분들의 배열을 암묵적으로 옹호한다. 이들이 채택한 전문용어는 마치 자연스러운 논증 과정을 거친 것처럼 보이지만, 도시 모빌리티의 포괄적인 철학인 존재론에서 윤리학까지 오늘날의 과제를 수행하는 데에 필요한 철학적 생명력은 부족하다. 이 책에서 부분전체론적 영감을 받은 접근 방식을 고수하는 까닭은, 이 방식이 교통 시스템의 구조에 주목하게 할 뿐만 아니라 다음에 나올 윤리적·사회적·정치적 논의에도 도움이 되기 때문이다.

이 문제는 다음 절에서 자세히 살펴보겠다. 비록 우리가 이 거시적 수준의 상황을 검토하여 얻을 수 있는 통찰력은 미미할지라도, 중요한 것은 부분전체론적 영감을 받은 사고를 교통 시스템 문제의 통찰에 어떻게 활용해야 할지 이해하는 것이다. 이제부터 살펴볼 사례는 거시적 수준의 모빌리티 문제와 관련된 특성을 개괄적으로 설명해 준다. 이 문제들을 적절히 해결한다면 도시교통의 조건을 개선하는 데에 도움이 될 수 있다.

도시 모빌리티와 단일기술포화

이 절의 구성은 다소 수사적이다. 이어지는 장에 이론적 일관성을 부여하고자 부분전체론에서 영감을 받은 표현과 호환 가능한 개념을 만들어 갈 것이다. 일단 교통과 관련해 부분들 간 관계에 대한 몇 가지 시급한 문제와 연결된 상황부터 보여 주려 한다. 대부분의 중소 도시 및 대도시 교통 시스템은 자전거전용도로와 넓은 인도, 기차, 경전철, 버스 등 대중교통의 부분들을 편리하게 제공하고 있지만, 교통 시스템 내에서 이러한 부분들의 구성을 갖추지 못한 지역도 많다. 아직도 기존 대중교통 시스템의 어떤 요소들은 승객 혹은 잠재적 승객들의 이동을 가로막거나 심각한 어려움에 빠뜨리는 경우가 있다. 이 문제에 대한 연구에는 접근성, 비용, 이동시간과 같은 제약에 따른 일반적 실행가능성, 그리고 신변 안전 같은 사항이 포함될 수 있다.

이를 탐구하려면 외재적 부분들이 교통 시스템에 미치는 영향을 고려할 수 있도록 탐구 범위를 넓혀야 한다. 이러한 요인들은 도시 교통 시스템의 조건을 형성한다. 미국에서 흔히 볼 수 있는 단독주

택구역 조례, 아파트나 기업의 주차 공간 요건과 같은 측면이 교통 시스템에 포함되기 때문이다. 이 같은 요인들의 영향력은 도시교통 계획이 작동해야 하는 조건으로서 일정하게 유지되는 강력한 강제력을 갖는다.

유럽의 일부 도시와 국가는 자동차중심 사회가 되지 않도록 노력하고 있다.[21] 전 세계적으로 같은 노력이 일게 하려면 상당한 시간과 관심이 필요할 것이다. 단일기술포화에서 벗어나도록 교통 시스템을 구조조정할 때 현상 유지를 주장하는 저항을 극복하고 도시 모빌리티를 위한 싸움에서 가장 큰 경쟁자인 자동차를 몰아내는 일은 쉽지 않을 것이다. 대중교통이 차량과 광활한 도로를 광범위하게 활용하는 유비쿼터스 부분으로서 깊이 뿌리내린 도시와 지역의 경우, 온전하게 최적화된 다중 교통수단이 어떻게 모두를 위한 도시 모빌리티를 향상시키는지를 보여 줄 기회가 결코 없을 것이다.

이 점은 자동차중심 부분의 단일기술포화가 단순히 같은 종류의 부분이 너무 많은 상태만이 아니라는 것을 보여 준다. 이는 교통 시스템 내에서 유의미한 위치를 차지하여 최적으로 운영할 수 있는 다른 부분의 능력으로 확장된다. 이런 부분들은 복합 모빌리티를 지원하는 다른 부분들을 지원하는 방식으로 작동하는 대신에, 도시 중심부가 아니라면 교외 지역에서 단일기술포화를 지원하도록 배치되어야 한다. 예컨대, 운전자가 차량을 두고 열차로 출퇴근할 수 있게 하는 역 내 대규모 '환승 주차장park-and-ride'을 들 수 있다. 이런 주차장은 도로의 차량 수를 줄이려는 노력이 결국은 도로의 차량 수를 줄이는 게 아니라 피크 시간대에 운행되는 차량 수를 줄이는 것임을 시사한다. 결과적으로 이러한 대중교통 부분들은 단일기술포화의 수명을 강화하기 위한 것일 뿐이다.

이런 문제들은 대체로 사람들의 존재 조건을 형성하므로 깊은 관심을 기울여야 한다. 예를 들어, 효율적인 대중교통수단을 확보할 수 없어 개인이 구입하고 유지 및 관리해야 하는 개인 차량을 주요 이동 수단으로 삼아 사용자가 요금을 지불해야 하는 도로를 달려야 한다고 생각해 보자. 이를테면, 사적 소유 부분으로서의 자동차를 제어하고 있는 각 개인은 차량을 '공동의' 방식으로 '조작한다'. 운전자는 대개 유사한 교육을 받고 동일한 시험을 통과해야 하고, 운전할 때에는 학습된 행동 패턴과 성향, 습관, 태도가 작동하기 때문이다. 도로 이용자들은 통근, 휴양, 용무를 이유로 이동하기도 하지만, 장거리 트럭 운전사나 교통망 회사 운전사, 택시 운전사, 배달원 등 직업적인 이유로 이동하는 경우도 있다. 이런 시나리오는 약간 조직적인 부조리에 지나지 않는다고 주장할 수도 있다. 이런 종류의 배치로 인해 교통 시스템의 부분으로서의 차량 수는 교통 시스템에 속한 다른 종류의 부분들보다 훨씬 더 많다. 이 때문에 이러한 부분들에 대한 운전자의 경험을 표현하는 몇 가지 전문용어가 생겼다. 각각은 이런 맥락 밖에서는 별 의미가 없는 어떤 상황에 대한 개념적 속기 역할을 한다.

예컨대 교통 시스템을 '작동'시키기 위해 개별적으로 행동하는 동시에 함께 행동하는 수많은 운전자들이 있기 때문에, 제대로 의사소통하지 못하거나 예측 가능한 방식으로 행동하지 못하는 경우가 자주 발생한다. 이런 상황은 분노를 표출하는 '난폭운전'으로 이어질 수 있다.[22] 어떤 경우에는 주먹질, 흉기 사용, 신체 폭행 및 사망사고로까지 이어질 수 있다. 이런 다툼을 구체적으로 보여 주는 사법적 기소도 뒤따른다.[23]

앞서 이 용어가 수사적이라고 언급했는데, 이는 자동차 및 자동차 관련 도로가 교통 시스템의 필수 부분으로 포함되어야 한다는 개념을 전제로 한 기존의 도시 모빌리티 용어들이 이미 있다는 뜻이기도 하다. 다른 용어들 역시 단일기술포화의 구체적 사례인 자동차 중심 도심에 우선순위를 두는 사고방식을 파악하는 데에 중요한 역할을 한다.

예컨대 또 다른 익숙한 용어로 정체gridlock가 있다. 주요 도로나 고속도로에서 차량이 어떤 이유로 이동 혹은 가속을 급속히 멈추게 됨을 의미한다. 이는 단일기술포화로부터 비롯된 일이라고 볼 수 있다. 주요 교통 연구들은 꾸준히 이런 시나리오의 변형을 다루는데, 이 연구들은 불가능한 상황을 더 잘 견딜 수 있게 하는 데에 관심을 기울이는 관점을 정상화한다.[24]

이들은 과잉이 발생한 주요한 부분으로서의 자동차 문제에 초점을 맞추고 있지만, 이런 종류의 부분들은 단일기술포화에 필요하지 않다. 개인 차량을 사용하는 사람들을 비방하려는 것이 아니다. 자동차가 본질적으로 나쁜 것도 아니고 잘못한 것도 없다. 이런 상황이 여러 곳에서 발생하는 것이 현실이라는 점은 이 문제가 널리 퍼져 있다는 것을 말해 줄 뿐이다. 유일하게 이용 가능한 교통 시스템의 부분이 사람이 꽉꽉 들어찬 열차뿐인 지역에서도 동일한 상황이 있을 수 있다. 마찬가지로 자전거만 사용하는 교통 시스템에 대한 시나리오도 상상해 볼 수 있다. 이 경우에는 자전거 교통체증이 발생할 것이다.[25]

같은 종류의 부분이 너무 많아지면 단일기술포화로 이어질 수 있음을 보여 주는 예는 많지만, 이런 상황이야말로 사람들이 정말 두려워하는 도시 모빌리티 경험을 만든다는 점이 중요하다. 예컨대 사람들이 종종 교통과 '씨름했다fight'고 말한다는 점을 기억하자. 이런 어법은 도시 거주자들이 피크 시간에 운전할 때 일상화된 스트레스를 경험한다는 점을 의미한다. 따라서 이런 부분들을 주요 모빌리티 수단으로 삼는 사람들은 자동차 통근과 관련된 불리한 조건을 해결하기 위해 운전 중 수많은 다른 활동을 하려고 한다.[26] 몇몇 연구에 따르면, 운전하며 통근하는 사람들은 운전 중 다른 일을 하려고 하지만 대체로 시간 낭비인 경우가 많다.[27] 이 때문에 단일기술포화로부터 촉발된다고 할 수 있는 부작용을 연구하는 공공보건 연구가 굉장히 많다.[28]

흔하게 일어나는 일이긴 해도 전술한 상황은 불리한 조건들인데, 많은 사람들이 또 다른 도시 모빌리티 세계가 가능하다는 점을 알지 못한 채 이를 영구적인 현실로서 수동적으로 받아들이고 있음을 짐작할 수 있다. 그러나 많은 사람들이 경험하는 스트레스를 줄이고 그들의 삶을 개선하는 대안을 찾을 수 있다. 이 장의 앞부분에서 이런 조건을 변화시킬 수 있으며 부분들의 관계 및 부분과 전체의 관계에 대한 연구가 더 나은 결과를 만들어 나갈 것이라고 언급한 바 있다. 차례로 이러한 방향으로 나아가 보자.

도시 모빌리티와 다중기술분산

단일기술포화 문제를 해결하는 데에 주요한 걸림돌은 이를 뒷받침하고 있는 도로나 다리 같은 인프라를 철거하거나 재건설하는 것이 어렵고 비용도 많이 들며, 이렇게 과감한 대응은 논란을 일으킨다는 점이다. 하지만 고속도로 철거 프로젝트는 주민들에게 보통 이득이 된다.[29] 선례가 드물긴 하지만 이런 작업들은 기존 교통 시스템에 변화가 필요함을 시사한다. 실현 가능한 대안을 위해 다양한 모빌리티 선택지를 늘리는 것이 과제이다. 이 조건이 충족되지 않는 한 단일기술포화를 뒤집을 만한 실질적 진전은 보기 어려울 것이다.

여러 교통 연구자들에 따르면, 여기서 단일기술포화로 설명한 것과 관련된 질병에 대한 해결책도 다중 교통수단 시스템으로 도시를 재편하는 것이다.[30] 기본 아이디어는 개인 차량 같은 지배적 형태의 모빌리티 대신에 경전철과 버스, 자전거, 넓은 인도와 같은 다양한 형태의 모빌리티가 도시 공간에 포함되어야 한다는 것이다. 자동차 키를 내려놓고 도시를 이동하는 다양한 방법을 탐색하는 단계를 거치도록, 사람들이 쉽게 접근할 수 있는 대체 모빌리티 수단을 제공해야 한다는 점이 핵심이다.

이런 통찰을 부분전체론적 맥락에 넣어 보자면, 이는 교통 시스템을 하나의 전체 단위로 구성하는 데에 도움이 되는 부분들의 종류를 늘릴 필요가 있음을 시사한다고 말할 수 있다. 완화 노력으로든 설계적 특징으로든 이 과정을 달성하는 것은 다중기술분산으로 간주된다. 즉, 몇몇 종류의 부분들을 실현 가능한 대안으로 사용할 수 있게 하는 것은, 앞서 언급한 해로운 그리고/또는 원치 않는 조건들을 없애는 데에 필요한 대응 유형을 말해 준다. 예컨대, 도시 모빌리티의 주요 수단이 개인 자동차와 도로였기 때문에 일상적인 교통정체와 같은 상황이 발생한 것이라면, 다른 선택지를 늘리는 것이 과제다.

이런 점을 생각했을 때, 단일기술포화는 전 세계 여러 교통 시스템 내의 긴장을 보여 준다. 결국 다중기술분산은 단일기술포화를 완화하기 위한 전문가들의 노력이 어떤 방식이어야 하는지를 설명한다. 추가적인 모빌리티 수단을 위한 공간을 만드는 것은 도시 모빌리티로 인한 스트레스를 덜어 줄 뿐만 아니라, 어쩌면 즐겁게 만들어 줄 수도 있는 밸브 역할을 한다. 교통 시스템으로 인한 수많은 피해를 고려할 때, 이것이 즐거움의 원천이 될 수도 있다는 생각은 억지스럽게 들릴 수 있다. 하지만 여기에 해당하지 않는 사람도 많다. 자전거로 출퇴근하는 사람들은 높은 만족도를 보인다.[31] 미국 오리건주 포틀랜드는 자전거 라이더에게 늘상 불편한 곳이었지만, 1973년에 시작된 지역사회 참여정책을 통해 낙원이 되었다.[32] 오늘날 사방에 깔려 있는 자전거도로로 유명한 이 도시는 운전하기보다 페달을 밟고 싶어 하는 주민들을 끌어들인다.

게다가 어떤 사람들은 필요성 혹은 효율성이 아닌 다른 이유로 버스나 경전철처럼 전문가가 대신 운전해 주는 대중교통수단을 선호한다. 이들은 '비정기적' '통근자' 및 '다목적' 탑승자 범주에 속한다.[33] 또, 일부 버스 승객들은 같은 버스 노선을 이용하면서 공동체의식을 느낀다고 보고한다.[34] 사람들은 버스 기사를 신뢰하고 감사를 표한다.

앞서 언급한 두 사례에서 핵심은, 대중교통수단을 물신화하려는 게 아니라는 점이다. 오히려 이 사례들은 모빌리티 선택지가 본질적으로 사람들의 삶의 질을 높이는 반면에 다른 방식은 그 반대 방향으로 갈 수 있음을 보여 준다. 이러한 점은 모빌리티 선택지가 (자동차 중심의 계획을 '유일한 선택지'라고 생각하여) 단일기술포화를 지지하는 경우, 이러한 사고방식을 벗어나는 모험이야말로 도시 모빌리티를 확보하는 수단의 다중기술분산을 개발하는 데에 도움이 될수 있음을 보여 준다. 혹자는 사람들이 운전을 즐긴다고 반박할 수도 있다. 예컨대 사람들은 출퇴근하거나 도시 안을 이동하면서 음악이나 팟캐스트, 오디오북을 듣는다. 이런 활동은 그들의 삶을 풍요롭게 할 수 있다. 결국 도시에서 운전하며 이런 즐거움을 추구할수 있는 능력을 갖는다는 것은 도시경관을 돌아다니는 다른 방법들과 기본적으로 동일하다. 심지어 어떤 사람들은 운전하는 것 자체를 즐긴다.

이러한 반박은 중요하다. 하지만 여기에는 근본적인 차이가 있다. 전자의 경우 교통수단을 선택하는 것이 본질적으로 즐겁지만,

후자의 경우 이런 활동은 운전자가 특정 상황에서의 운전을 더 즐겁게 만들기 위해 추구하는 활동들이다. 운전할 상황에 놓이지 않았다면 운전을 견디기 위한 혹은 즐겁게 만들기 위한 활동을 굳이 찾을 필요가 없을 것이다. 이런 상황에서도 운전하며 뭔가를 듣는 행위가 버스나 자전거를 탈 수 있는 선택지를 갖는 것과 같거나 혹은 그 이상이라고 생각할 수 있다.

그럴 만도 하다. 그럴 가능성이 있다는 것을 얼마든지 인정한다. 하지만 선호하는 모빌리티 양식이 사용자에게 더 자유로운 선택을 가져다준다는 사실을 잊어서는 안 된다. 사용자들은 교통수단 선택지를 갖고 있다. 게다가 자동차 중심의 현 상태를 유지하려는 것은 단일기술포화를 줄이거나 없애는 수단으로 다중기술분산을 장려하는 것과 아무런 관련이 없다.

단일기술포화를 해결할 방법을 다루기에 앞서 풀어야만 하는 추가적인 문제들이 있다. 이는 도시 모빌리티를 종합적으로 파악하기 위해 반드시 고려해야 하는 교통수단의 총체적인 영향을 드러내는 데에 도움이 될 것이다. 또한, 문제들은 전술했던 여러 문제를 완화하는 방법에 도덕적 '제안'을 제시할 수도 있다. 예를 들어 이 책에서 제안하는 중요한 요점 중 하나는, 이런 논의에 영향을 받는 이해관계자의 우선순위를 따져 볼 필요가 있다는 점이다. 이 점을 계속 생각할 때 비로소 '교통 시스템이란 무엇인가?'라는 질문에 대한 답을 이어 갈 수 있다.

이런 문제들을 먼저 살펴야 하는 까닭은, 누가 배려받아야 하는

지를 결정하고 실행하는 방식이 그 자체로 논쟁거리이기 때문이다. 이 탐구의 후반부에서 이 같은 논의 뒤에 있는 동력을 살펴본다. 4장에서 이 문제를 다루기 시작한다. 이 주제는 이어지는 몇 장에 걸쳐 계속된다. 이러한 접근 방식의 궤적은, 도시 모빌리티라는 문제에 주의를 기울일 때 필요한 필수 요소에 대한 통찰을 제공한다.

4장

이동, 부분, 도덕성

도시교통은 사람들을 도시 곳곳으로 이동시키는 동시에 풍요로운 삶을 살아가도록 돕는다. 도시 모빌리티 시스템은 사람들을 목적지로부터 혹은 목적지를 향해 이동시키는 것에서 시작하여 여러 겹의 층위들을 관통하며 기능한다. 이런 목적 외에도 도시의 다른 사회적·물질적 부분들과 함께 만들어 내는 결과에서 도덕적 역할을 수행한다. 즉, 모든 도시는 무대이고 거주자들은 자유로운 도덕 행위자들이다. 이 점이야말로 가장 큰 내재적 가치를 가진 중요한 부분이다. 이 때문에 사람들을 부분이라고 지칭하는 것이 약간 이상하게 들릴지라도, 사람들이야말로 교통 시스템 속 '능동적인' 부분들이라 하겠다.

한편, 어떤 사람이 하나의 '부품part'으로 간주되는 것은 원치 않더라도, 그들 도시의 '일원part'으로 간주되는 것은 받아들이기도 한다. '부분part'이라는 단어의 이 두 가지 의미를 같다고 말할 수는 없지만, 두 의미 모두 결국 도시가 존재하기 위해서는 부분으로서의 사람들이 필요하다는 점을 시사한다. 사람들을 '부분'이라고 말하는 것은 단지 언어적 상황일 뿐이다. 이 책에서는 부분전체론적 용어로서 사람들을 부분이라고 표현하는 것이다.

사람들은 도시를 돌아다니고, 다른 부분들을 직·간접적으로 타고 사용하고 작동하고 조종하고 움직이기 때문에 '능동적인' 부분이다. 이 때문에 다른 부분들을 '수동적인' 부분이라고 말하는 것이다.[1] 사람들은 도시의 배경을 형성하는 부분이며, 도시 모빌리티의 맥락에서 열차를 정시에 오게 하는 역할을 담당한 부분이고, 또한 열차 안에 포함된 부분이기도 하다.

이 중에서도 교통 전문가들은 대체 불가능한 전문성을 가지고 능동적인 역할을 주도한다. 도시 생활자의 일상에서 기본이 되는 활동을 수행한다는 점에서 중요하다 하겠다. 수많은 사람들의 필수적 요구를 채워 준다는 것은, 사람들이 도시경관을 둘러보는 데에 필요한 수단을 제공한다는 의미뿐만 아니라 도시환경 안에서의 생활을 가능케 하는 기회를 최대한 활용할 수단을 제공한다는 의미도 갖는다.[2]

이 장에서는 이러한 개념을 염두에 두면서 다음 단계로 나아간다. 원하는 결과를 위해 함께 작동하는 부분들로 교통 시스템의 요소들을 구성하는 단계이다. 요나스의 생각에 따라 도시를 사회적으로 정의롭고 지속 가능한 미래를 만드는 데에 도움이 될 수 있는 전체로서의 모빌리티 시스템이 무엇인지 살펴보겠다.

이어지는 장에서 우리는 교통이 도시 생활에 필수적일 뿐만 아니라 기후변화, 정치적 혼란, 권력 강화, 막대한 경제 불평등, 세계 보건과 같은 어려운 조건들 속에서 사람들이 살아가는 데에 어떻게 도움이 되는지를 알아볼 것이다. 여기에서 힘주어 강조해야 할 것은, 모빌리티 시스템이 도시에서 발생하는 윤리적 장애물을 해결하기 위해서는 적응력이 굉장히 뛰어나야만 한다는 점이다. 이런 상황은 계약 위반이나 절도 같은 현대의 도덕적 문제를 훨씬 뛰어넘는 중요한 문제를 불러온다.

도시는 끊임없이 빠르게 변화한다. 이런 현실은 변화에 수반되는 상황들이 다른 종류의 문제보다 훨씬 자주 발생할 것임을 의미한다. 이 점을 염두에 두고, 변화하는 일련의 조건들에서 발생하는 문제를 처리하는 방법, 즉 빠르게 적응하는 방식을 개발하는 데에 주목해 본다. 사람을 제외하면, 교통 시스템의 각 부분들은 상호교환이 가능하다. 우리는 이 부분들을 이동시키거나 추가하거나 제거할 수 있다. 이런 상황은 중요한 가능성을 열어 준다. 이는 교통 시스템의 완고한 특성 및 이와 관련된 무수한 문제를 이해하려면 이 문제를 여러 방식으로 해결해야 한다는 신호이기도 하다.

메타적 차원에서 모빌리티 문제를 둘러싼 조건이 계속 변하고 있다면, 문제를 해결하려는 노력과 관련된 조건들도 함께 변해야 한다. 이 개념은 일종의 역학 관계를 나타내는 것으로, 관련된 모든 부분들을 설명할 수 있는 교통 시스템 이면의 패턴에 주목할 때 마주할 수 있다. 이는 교통 시스템이 국가, 주정부, 지자체 및/또는 민간 기관이 통제하는 부분을 넘어선다는 것을 의미한다. 또한 여기에는 운전자 같은 보조적 (능동적) 부분과 도시 모빌리티 기능에서 역할을 할 수 있는 주택소유자협회 같은 (수동적) 부분도 포함된다.

이런 측면을 시야에 넣어 생각해 보자. 이 모든 부분들을 간단히 추적한다는 건 거의 불가능하다는 현실을 고려할 때, 우리가 냉정하게 깨닫게 되는 것은 당면한 문제들의 배경이 믿을 수 없을 만큼 유동적이라는 사실이다. 이 점이 넘을 수 없는 산처럼 보일 수도 있겠지만, 도시 모빌리티 문제가 늘 보편적인 것을 지향하며 견고하고 안정적인 토대 위에 놓여 있다고 가정하지 않고 현실 세계를 따져 묻고 배우고 행동하는 것에서 출발한다면 더 나은 결과를 더 빨리 얻을 수 있다.

여기서 핵심은 절대적인 원칙을 찾는 것이 중요한 게 아니란 점이다. 쉽게 해결할 수 있는 역동적이고 구체적인 문제보다 추상적인 문제에 집중하는 관행에 참여하는 것은, 문제 해결을 위한 우선순위에 대해 무언가를 말해 주는 것이며, 그 자체로 도덕적인 문제다.• 3장에서 열거한 수많은 문제들은 이 점의 근본적인 중요성을 말해 준다. 더 큰 추상적인 문제들이 관심을 받을 때까지 기존의 문제들을 해결하려 하지 않으면 고통과 부정의가 이어질 수 있다. 이 점에서 우리는 마틴 루터 킹이 저 유명한 〈버밍엄 감옥으로부터의 편지〉에서 사용한 어구를 기억해야 한다. "정의 실현을 오랫동안 지연시키는 것은 정의 실현을 거부하는 것이다(Justice too long delayed is justice denied)."[3]

• 윤리에 기반한 문제를 우선시하는 것이 내가 제시한 관점에 실제로 도전할 수 있는 입장임은 알고 있다. 즉, 내가 교통 문제에 초점을 맞추고 있으며 윤리학 이론가들의 관심을 증대시킬 필요가 있다는 점에 주목하고 있음에도 불구하고, 누군가는 이 관점에 이의를 제기할 수 있다. 구체적 문제의 양과 관계없이 우선순위를 정할 수 있다고 주장할 수 있다. 이런 문제 제기는 간과할 수 없다. 하지만 이 논의에 참여한다고 해서 모빌리티 문제 자체가 처한 현실, 즉 중심적이고 본질적인 우선순위 문제가 결부되었다는 현실에서 벗어나는 것은 아니다. 메타적 차원에 대한 우려는 지금의 작업과는 거리가 있는 문제이므로 추후에 논의하기로 한다.

이 통찰로부터 생각을 이어 나가 보자. 우리는 현실 세계의 문제를 철학적으로 다루는 것에 익숙한데, 이 방식에는 우리가 정보를 얻는 원칙들을 관념적으로 돌아보는 것도 포함된다. 우리는 관심사와 우선순위가 충돌할 때 대체로 현실 문제에 순위를 양보하는데, 두 가지 사고방식 사이에서 균형을 잡아야 한다. 문제를 분석하는 것도 하나의 쟁점이지만, 행동하는 것은 또 다른 쟁점이다. 교통 문제는 인간의 삶을 다루는 문제인 만큼 우리는 마틴 루터 킹의 통찰에 따라야 한다. 실수가 발생했고 돌이킬 수 없이 치명적인 게 아니라면, 최소한 뭔가 고칠 것이 있다는 것이다. 그러니 가만히 있을 수는 없다. 고칠 점을 발견하는 것은 이에 대한 관심을 드러내는 반면, 아무것도 하지 않는 것은 아무것도 드러내지 못한다. 내가 그 누구를 대변할 수는 없지만, 적어도 고칠 점을 발견해 보려는 태도는 어느 정도의 위안과 희망까지도 가져올 수 있다. 더욱이 문제를 완화시키려는 노력은 사람들의 행복을 지향하는 태도이다. 경우에 따라 조정 및/또는 재개념화가 필요할 수는 있더라도 말이다.

이러한 방향과 특징을 가진 접근 방식을 발전시킴으로써 교통 문제로 어려움을 겪고 있는 수십억 명의 삶을 개선할 입지를 확보할 수 있다. 이런 노력을 최우선으로 삼는 것은 사람들의 삶과 생계가 학문적 발견이나 논쟁보다 더 중요하다는 사회적·정치적·도덕적 성명이 된다. 이런 방식으로 도시 모빌리티를 생각하면 비인간 생명체의 번영을 위한 조건까지도 되살릴 수 있다.

또한, 교통 전문가들은 도시를 곤경에 빠뜨리는 오늘날의 조건들이 끊임없이 변화하고 있는 가운데 미래 세대를 위한 모빌리티 및 질 좋은 삶을 위한 계획을 수립해야만 한다. 이러한 시나리오는 도시의 현재와 미래라는 두 가지 모두에 변화가 내재되어 있음을 시사한다. 미래의 수요를 예상해 교통계획을 세우는 것이 일반적이지만, '내일'이라는 개념은 단순히 우리가 즉각적인 도시 모빌리티 수요에 대한 계획을 세우거나 다음 세대를 위해 일부 자원을 따로 마련해야 한다는 신호만은 아니다. 오히려 이같이 좁은 범위를 넘어선 것이다. 수많은 도시가 수백 수천 년의 역사를 가졌다는 점을 생각하면, 적어도 그런 조건들이 여전히 적용될 수 있다는 점을 개념화할 수 있다. 전 지구적 기후변화로 생존 조건이 완전히 변하지 않는 한 말이다.

하지만 이렇게 단기적 시간 틀 안에서만 조망하면 우리의 지평을 확장하는 데에 도움이 되지 않는다. 우리의 모빌리티 문제가 완벽하게 영구적으로 해결될 수 있는 종류의 문제라면 이런 개념은 고려할 필요도 없었을 것이다. 이 문제의 명백한 특성에 대해 생각하는 하나의 길은, 이 문제에 접근하면 접근할수록 그 끝이 멀어진다는 것인데, 이는 사실상 우리의 상상력을 넘어서는 것이다. 즉, 도시에 인구가 줄거나 늘고, 새로운 주거와 산업용 부지가 신설되고, 경기장이나 공원 및 레저 장소가 개장할 때마다 교통 문제는 이 변화들과 연동되어야만 한다. 한 산업의 성공이나 실패가 지자체의 모빌리티 수요를 창출하거나 파괴할 수 있다는 복잡한 현실을 생각하면, 교통 시스템을 고정된 것으로만 생각할 수 없다는 걸 알 수 있다. 수많은 지표가 도시의 변화를 예고하지만 그런 변화를 예상하는 것은 최선의 경우에도 여전히 어려운 일이고, 최악의 경우에는 불가능한 일이다. 더구나 여러 사람들 간의 관계도 본질적으로 현재 혹은 가까운 미래로만 한정된 주어진 기간 내에 존재하는 것이라고 생각할 수 있다. 이 점은 '미래'를 극도로 먼 것으로 생각하는 것이 여러 상황에서 현실적으로 불가능하다는 것을 시사한다.

예를 들어, 미래의 모빌리티에 대해 생각하는 일조차 우리 세대 혹은 다음 다다음 후손 세대를 넘어서는 시간 개념 속에서 이뤄져야 한다는 걸 생각해야 한다. 우리는 어쩌면 지금으로부터 500년 후에 벌어질 일에 대해 생각하는 방법조차 모른다는 생각이 든다. 이런 생각을 해 보는 것은 앞으로 펼쳐질 도시 모빌리티 수단이 우리의 제한된 사고를 벗어날 수 있다는 점을 인식해야 한다는 말이다. 도시 모빌리티에는 특히 교통과 관련되지 않은 다른 많은 요소들도 영향을 미친다는 점을 고려할 때, 도시 모빌리티를 둘러싼 입지 조건을 그려 보는 일은 상당히 까다롭다. 기타 '외부 요인'라고 부를 수 있는 여러 조건들 역시 도시 모빌리티와 관련되어 있으면서도 우리가 예상할 수 없는 것들이다.

미래의 도시 모빌리티 세계가 어떤 모습일지 정확히 예측할 수는 없지만, 한스 요나스가 말한 것처럼, 우리가 받아들여야만 하는 조건은 미래의 사람들이 완전하게 존재할 수 있는 현재의 조건을 파괴해서는 안 된다는 점이다.[4] 그래서 사람들이 살고 싶어 하는 장소를 계속 만들어 나가면서 합리적으로 이동할 수 있는 능력을 개발해야 한다. 수단이 목적의 가능성을 파괴하는 일은 없도록 해야 한다.

이런 생각은, 도시에 산다는 것이 무엇을 의미하는지를 고민하는 동안에도 사람들이 도시에 사는 것을 좋아하게 만드는 가치 있는 목표를 끊임없이 추구해야 한다는 것을 의미한다. 이런 방식의 생각을 확장해 보면, 우리가 집이라고 부르는 장소에 정체성을 부여하는 구체적인 특징에 대해 생각해 볼 필요가 있다. 특히 교통 시스템 전체가 우리가 실현하고자 하는 세상을 만드는 데에 어떻게 도움이 될 지를 살펴야 한다. 기술철학 문헌에서 두 가지 교훈을 발견할 수 있다.

하나는 다양한 규모와 맥락에서 기술적인 부분에 집중해 외부 사회 및 정치 시스템, 생태 시스템을 비롯한 주변 부분들에 어떻게 영향을 미치고 영향받는지를 배울 수 있다는 점이다. 교통 시스템은 생태적·사회적·역사적 현실에 놓여 있으므로 여러 겹의 요소를 고려해야 한다. 이런 요소들을 종합적으로 헤아려 보면 요나스의 우려에서 발견되는 여러 문제들을 파악할 수 있다. 이런 문제는 몇몇 지역에서만 즉각적으로 집중해야 하는 당장의 현실이지만, 다른 지역에서도 도시화와 기후변화로 인해 조만간 맞닥뜨릴 문제라고 보는 게 합당하다.

예컨대 도시 스프롤 현상,• 사막화, 야생동물 이동 등은 환경문제의 대표적 사례들이다. 과거 고속도로 건설을 위해 소외계층이 살

● (옮긴이주) 도시 스프롤 현상urban sprawl은 도시계획과 관리가 제대로 이루어지지 않은 채 도로, 전기, 주택 등 도시기반시설이 충분하지 못한 상태로 도시가 무질서하게 외곽으로 확산되는 현상을 가리킨다.

던 변두리 지역을 철거해 버렸음을 잊지 말고 상기해 보면, 앞서 말한 사례들을 다룰 때에도 부상하는 새로운 문제들과 함께 기존의 조건들도 고려해야 한다는 점을 알 수 있다. 앞으로 나아간다고 해서 기존의 문제들을 차치해 버릴 수 있을까? 이 점을 함께 생각하면서 생각을 발전시켜 나가야 한다. 물론 쉬운 일은 아니다. 이처럼 복잡한 문제는 고도의 철학적 연구로부터 교훈을 얻어서 해결해야 한다. 기술적 진보에는 도덕적 진보가 함께 따라야 한다는 점을 명심하면서 말이다.

기술철학의 발전을 검토하는 것은, 부분들의 배치가 여러 그룹에 미칠 수 있는 긍정적·부정적 기술적 영향력의 범위를 파악하는 출발점이 될 수 있다. 이는 소외된 취약 인구, 공중, 비인간, 미래의 인류, 인위적 도시 인공물 같은 여러 이해관계자에 영향을 미치며 다양한 방식으로 나타날 수 있다. 즉각적으로 눈에 보이는 영향력으로는 대기오염, 수자원 안전, 자원 부족, 환경오염 등의 문제가 있다.

하지만 모빌리티 네트워크는 주택, 사무실, 상업지구, 산업지구, 레저와 외식 및 오락 공간 등 기타 도시 인공물들과 얽혀 있기 때문에 교통 서비스만을 분리하여 장기적인 환경파괴 문제를 파악하기가 매우 어렵다. 이는 특정 교통기술에 내재된 도덕적 특성을 파악하는 것도 어려울 수 있음을 시사한다. 즉, 교통기술의 누적된 역사를 포함하여 **현재의** 도시적 맥락에서 나타나는 그대로를 연구해야 한다는 뜻이다.

이 같은 차원이 모든 사람에게 즉각적으로 나타나는 것은 아닐지라도 체감되는 영향은 상당한데, 일부 집단은 이 점을 분명히 문제 삼고 있다.[5] 이 문제는 의도성이 사람들의 삶의 질을 결정하는 결과와 대체로 무관하다는 생각을 강조한다. 추가적인 도로 건설 때문에 파괴된 지역사회에서부터 오염 문제에 맞서 싸워야 하는 사람들에 이르기까지, 모두 그 의도와 동떨어진 결과들이다. 현실적으로 교통 시스템의 한 부분만이 중대한 결과를 낳는 것이 아니다. 나쁜 결과를 초래하는 조건을 만드는 여러 부분들의 배열이 모든 결과를 만들어 내는 것이다. 도로가 충분하지 않고, 적절한 대안이 부족하며, 나쁜 결과를 초래하는 시나리오에서 뭔가 '역할'을 하는 다른 요소들이 있었기 때문에 자동차 중심의 단일기술포화 상태가 된 것이다.•

예컨대 만약 누군가 과거로 돌아가 카를 벤츠를 만날 수 있다고 해도, 당신이 만든 가솔린 자동차가 지구 기후를 변화시키고 도시와 수십억 명의 삶에 중요한 악영향을 미칠 것이라고 설득하기란 어려울 것이다. 이런 생각은 자동차가 본질적으로 유해한 부분은 아니지만 뭔가 추가적인 탐구가 필요하다는 것을 시사한다. 즉, 가솔린 자동차는 기후변화와 같은 현재 진행 중인 사태와 긴밀하게 연결되어 있다. 자동차가 온난화로 인한 전 지구적 문제 상황에 전적인 책임이 있는 것은 아니지만, 그 어떤 과학자도 자동차 배기가스와 기후변화 사이에 아무런 관련이 없다고 말할 수 없다.

• 여기에서 한 가지 말해 둘 점은, 부분들의 실제 배치에 대한 철학적 해설은 철학자의 수준 이상의 관심사를 읽어 낼 수 있는 훈련을 받은 전문가에 의해 제시 혹은 수반되어야 가장 좋다는 점이다. 가능성과 안전성을 포함하되 여기에만 국한되지 않는 시야가 필요하다.

이 점을 진지하게 받아들인다는 것은, 가솔린 (개인용) 차량과 다른 교통수단을 비교할 때 기후변화 이외의 다양한 측면을 포함하여 한 세기 이상에 걸쳐 진행된 모든 영향을 전부 고려해야 한다는 걸 의미한다. 예컨대 자동차가 지배적인 모빌리티 수단으로 자리 잡으면 인근의 보행로 조성이 줄어 공중보건에 영향을 미치게 된다.[6] 단일기술포화의 영향은 3장에서 살펴본 것처럼 교통체증을 훨씬 뛰어넘어 사람들에게 다양한 영향을 미친다.

우선, 고속도로 근처에 거주하는 사람의 호흡기질환 발병률은 평균보다 높게 나타나는 경우가 많다.[7] 차량을 구입하기 위해 감수해야 하는 경제적 부담 문제도 있다. 일부 사례에 따르면, 많은 사람들이 기본적인 생활과 관련된 일들을 수행하기 위해 '어쩔 수 없이' 차를 구입해야 하는 것으로 나타났다.[8] 결국 전 세계적 유가 변동이 소비자들에게 큰 타격을 주어도 대다수 사람들에게는 자가용이나 대중교통을 대신할 만한 현실적인 대안이 부족하다. 이는 우리가 주목해야 하는 우려 사항 중 일부에 불과하다. 이런 문제들은 시간이 흐를수록 자주 발생하고 복합적으로 발생하게 된다. 따라서 교통수단이 인간과 비인간 전체에 어떤 영향을 미치는지 시급히 탐구해야 한다. 이를 위해서는 모든 부분들과 필수적 고려 사항 및 예외 사항을 개념적으로 매핑할 필요가 있다.

기술철학이나 환경윤리학 같은 철학의 하위 분과의 대표적 입장을 검토해 보는 일은 지침이 될 수 있지만 몇 가지 한계도 있다. 이런 분야에서 얻은 통찰은 우리가 어떤 것을 더 알아봐야 하는지를 알려 줄 수 있지만, 도시 모빌리티 문제 사고에 필요한 효율성과 일관성을 발전시키려면 특정한 학문적 논쟁 영역을 직시해야 한다. 간학문적 사고의 교직물에 존재하는 몇몇 개념적 주름을 해결하는 것이 처음에는 구체적인 교통 문제 해결을 방해만 하는 행보처럼 보일 수 있지만, 결국 바람직한 결과로 나아가는 데에 필요한 토대를 견고하게 구축하게 한다.

이런 차원의 작업은 미지의 영역에 도전하는 것이나 다름없으므로 몇 가지 불가피한 실수를 할 수도 있다. 이는 왜 복잡한 차원의 예외들이 계속 존재할 수밖에 없는지를 확실히 보여 준다. 이 복잡한 차원은 다양한 이해관계자를 고려할 때 생기는 복잡한 문제에 접근하는 새로운 방식에 속한다. 이는 이론적이든 구체적이든 취약점을 낳는 문제를 해결하는 방법과 각 사례별 조정 기회를 제공한다. 다음 절에서는 복잡한 교통 문제에 내재된 불가피한 복잡성에 주목하면서 이러한 문제를 탐색해 본다.

구조윤리학과 교통기술: 도덕적 순서를 향하여

교통 시스템을 수많은 작은 부분들로 이루어진 한 덩어리의 기술로 생각하면 많은 이점을 얻을 수 있다. 교통이 기술이라는 개념을 강조할 때 얻을 수 있는 가장 큰 장점은, 교통의 효과라는 것을 이해하기 쉽고 관리 가능한 작업으로 만들어 준다는 점이다. 최근의 기술철학 연구는 모빌리티 기술이 도시의 도덕성 형성에 어떻게 도움이 되는지 살필 수 있는 훌륭한 배경을 제공한다. 특히 최근 등장한 구조윤리학의 접근법은 인간과 기술의 관계를 도덕적 차원으로 다루는 데에 도움을 줄 수 있다.[9] 이러한 접근 방식은 기술도 인간과 동등하거나 비슷한 정도의 대리자라고 보는 견해에 의지한다고 할 수 있다.

잘 알려진 두 가지 사례가 있다. 이러한 입장의 대중화된 사례의 뿌리에는 브루노 라투르Bruno Latour의 연구가 있다. 그는 기술이란 사라진 대중, 즉 인간과의 네트워크를 통해 우리를 대변하는 것이라고 보았다.[10] 라투르는 인상적인 예를 든다. 그는 우스갯소리로, 명석한 엔지니어와 당국의 음모가 만들어 낸 자동 안전벨트 장치야말로 자신을 도덕적으로 행동하도록 만든다고 말한다. 비양심적인 정비공에게 별도의 수리를 맡기지 않는 한 안전벨트 착용을 피할 수 없기 때문이다.[11] 라투르의 입장은 기계가 어떤 의미에서 사회에서 사라진 도덕적 대중의 역할을 할 수 있다는 견해와 일치한다. 우리는 종종 공적 영역에서 도덕이 사라졌다고 말하지만, 도덕은 우리를 대신하는 장치의 형태로 존재한다.

라투르의 뒤를 이어 기술철학에서는 비인간적 행위성agency에 대한 덜 강렬한 관점을 제시하는 대안적 입장이 등장했다.[12] 라투르처

● (옮긴이주) 행위성agency은 행위 능력 혹은 행위 능력의 발현을 의미한다. 주로 의도적인 행위의 수행을 나타내는 의미로 쓰여 '행위자성'으로 번역되기도 한다. 이 책에서는 문맥에 따라 행위, 혹은 행위성으로 번역한다.

럼 완전한 행위자성agency을 지향하는 사상과 어느 정도 거리를 두는 입장으로, 피터 폴 페르베이크Peter-Paul Verbeek의 **기술적 매개** 개념이다.[13] 페르베이크의 접근법의 핵심은 라투르와 유사하지만, 그는 대리행위agency가 인간과 장치(비인간) 네트워크의 속성으로 남아 있다고 보고, 기술이 우리의 행위에 미치는 실질적 영향을 강조한다. 결국 기술은 우리의 정신적·육체적 삶을 '매개'하여 우리 존재와 우리 결정의 형성을 돕는다. 우리의 행위를 본질적으로 불완전한 것으로 보는 이런 관점은 행위가 장치와 함께 작동하는 것으로 설명해야 함을 의미한다. 페르베이크는 다음과 같이 말한다.

> 도덕적 행위를 인간만의 전유물로 여겨서는 안 된다. 이는 인간과 비인간 존재들 사이에 분배되어 있다. 도덕적 행동은 인간과 비인간이 통합적으로 연결되어 도덕적 질문을 만들고 그에 대한 답을 찾는 데에 도움을 준다. … 예컨대 도로에 과속 방지턱이 있기 때문에 학교 근처에서 속도를 줄이는 운전자의 행위는 도덕적이고 책임감 있는 행동이 아니라 조종된 행동이다. … 여기에서 기술은 도덕성을 해치는 것이 아니라 오히려 도덕성을 구성한다.[14]

이 인용문은 페르베이크과 라투르 간의 거리를 보여 주면서 페르베이크의 관점을 요약한다. 그의 관점은 여전히 라투르와 가깝다. 비록 라투르가 사라진 대중에 관한 작업에서 행위자의 언어를 명시적으로 사용하지는 않았지만, 그럼에도 불구하고 인간과 비인간이 상호교환 가능한 존재라는 그의 주장을 염두에 두었을 때 행위자의 언어가 수반된다. 하지만 페르베이크는 적어도 어떤 능력에서는 라투르와 본질적으로 다른 형태로 비인간적 행위성에 대한 호소나 설명에 매달린다. 예컨대 페르베이크는 "내가 제시한 입장은 … 기술의 도덕적 의미는 어떤 형태의 독립적 행위가 아니라 행동과 결정의 기술적 **매개**에서 발견되어야 한다는 점에 기초하며, 이는 행위 자체의 한 형태로 간주되어야 한다."[15]는 말로 이 점을 간결하게 드러낸다.

페르베이크의 관점은 라투르의 입장처럼 기술이 우리 삶을 정의할 수 있는 중요한 방식에 주목하기 때문에 이해하기 어렵지 않다. 이러한 연구는 인간과 기술 사이의 무수히 복잡한 관계 및 그와 관련된 복잡한 문제를 탐구할 때 철학 (그리고 학제간) 연구의 하위 분야인 기술철학에 큰 도움이 되었다. 학자들은 오늘날에도 이와 유사한 문제를 다룰 때 이러한 사고방식을 계속 사용하며, 기술적 행위가 이런 논의에 어떻게 유용하게 쓰이는지를 보여 준다.

페르베이크의 접근법이 유용함에도 불구하고, 인간과 기술의 관계에 대한 통찰을 주는 다른 방법을 계속 모색해야 하는 이유는 적어도 두 가지가 있다. 첫째는, 그의 입장의 구조와 관련된 내재적 문제에서 비롯한다. 예컨대 브레이Philip Brey는 앞서 언급한 형태의 기술적 매개에 대해 상당한 문제를 제기한다.

인간의 행위가 종종 인공물의 영향을 받는다는 페르베이크의 주장에 동의하고, 심지어 행위라는 것이 인간과 인공물 조합에 기여할 수 있다는 것에도 동의하지만, 페르베이크가 주장하는 것처럼 인공물이 어떤 형태의 행위성agency을 갖는다는 것에는 동의할 수 없다. 이는 마치 소금물이 액체이고 이 액체가 소금을 포함하고 있기 때문에 소금이 액체의 성질을 가지고 있다고 말하는 것과 같다. 소금물 속의 소금은 그 자체로 액체의 성질을 가진 게 아니라 물의 액체성을 매개하거나 변형시킨다고 말하는 게 더 정확할 것이다.[16]

페르베이크에 대한 브레이의 논평을 통해 우리는 기술의 행위성 문제의 정확한 본질을 통찰할 수 있다. 즉, 브레이는 본질적으로 페르베이크의 추론이 인간과 기술의 관계가 매개 여부와 상관없이 행위성을 포함한다고 말할 수 있지만, 그 관계의 비인간적인 '부분'에도 행위성이 있다고 주장하는 것은 구성의 오류에 해당된다고 말하는 것이다. 그는 한 부분이 전체의 특성을 갖는다고 가정하고 있는데, 이런 개념을 본질적으로 확실히 증명하거나 설득력 있게 주장하기 어렵다. 이런 방향으로 생각을 이어 가면서 브레이는 다음과 같이 주장한다.

페르베이크는 인간의 행위가 인공물과 독립적으로 존재할 수 없기 때문에 인간이 자기가 사용하는 인공물과 독립된 (도덕적) 행위자로 생각할 수 없다는 것을 증명해 내지 못했다. 물론 아무런 인공물 없이도 인간은 여전히 숙고하고, 의도하고, 행동할 수 있는 것처럼 보일 수 있다. 인간은 도덕적 행위자로서 자신의 행위성을 함께 구성하는 인공물을 끊임없이 결합하고 분리한다. 따라서 페르베이크의 견해는 인공물에게 행위성을 부여할 때에는 인공물을 과대평가하고, 인간에게 인공물과 무관한 행위성 여부를 판단할 때에는 인간을 과소평가한다.[17]

이런 이유만으로도 행위성에 대한 논의를 다루는 입장으로부터 기술적 매개라는 개념을 구해 내야 한다는 주장이 제기될 수 있다. 여기에서 목표는 인간 주도적이면서도 확실한 책임감을 인식한 상태에서 기술이 인류에게 어떤 영향을 미치는지를 설명하는 것이다. 아래에서 살펴볼 브레이의 연구는 바로 이런 목표를 달성한다. 그러나 브레이와 페르베이크의 대립은, 행위성과 인간-기계 관계가 이런 난해한 논쟁 외에는 별 관심의 대상이 되지 않기 때문에 그리 중요하지 않다. 결과 중심적으로 봤을 때, 이는 이러한 관계의 결과를 이해하는 데에 기여하기보다는 오히려 잡음이 될 위험이 있다.

더 구체적인 용어로 설명하자면, 방대한 물리적·정치적·사회적·환경적 요소들을 포함하는 교통 문제를 다룰 때 행위성과 의도성과 같은 주제는 모빌리티 문제를 통해 사회에 '더 나은' 상황을 제공하려는 사람들보다는 해당 주제에 전념하는 학자들에게 지엽적인 문제이다. 결과가 중요하다.

그렇다고 교통계획 및 엔지니어링에서의 인종차별을 폭로한 바 있는 도시 사상가나 역사학자들의 연구 성과(어떤 형태, 형식 혹은 방식)를 무시하려는 것이 아니다. 결과에 초점을 맞추는 게 '중요'하다는 보편적 원칙을 향하는 것이다. 이때 '중요'하다는 말은 이런 조정들로 피해를 입거나 피해를 입을 수 있는 사람들에 대한 존중을 담아 정의되어야 한다. 이런 조치가 필요한 것은 이런 것이 시스템의 본질적 산물이기 때문이다. 교통과 같은 사회적·물질적 시스템의 기술적 조정은 의도나 동기와 무관하게 좋은 결과와 나쁜 결과를 쉽게 불러올 수 있다.

더 나은 결과를 내고 싶다면, 우리의 삶과 일에서 기술이 사람들에게 어떤 영향을 미치는지 이해하기 위해 기술의 '행위성agency'을 굳이 문제 삼을 필요는 없다. 쉽게 말해, 이에 대해 논의할 필요가 없다. 진지하게 고려하는 건 결과중심적 탐구의 범위를 벗어나는 일이다. 기술철학의 주요 연구 분야 바깥에서 말해 보자면, 기술의 행위성 문제는 앞서 설명한 것처럼 인간과 기술의 대화를 발전시키는 데에 도움이 되지 않는 불필요한 측면이라고 보는 게 제일 좋겠다.

이런 시각의 중대한 난점은, 주류 철학계과 학계에 '엄밀함'에 대한 논의가 지배적인 경향이 있다는 것이다. 즉, 인간과 장치의 상호작용을 엄밀하게 탐구하기 위해서는 기술의 행위성을 조사하는 것이 필요하다고 주장하면서 이 입장에 반대할 수 있다. 그렇다면 이런 연구에서 어느 정도의 엄밀함이 지나치지 않은 것일까?

적어도 두 가지 답이 있다. 첫째, 엄밀함의 '황금률'을 찾아야 한다면, 지엽적인 문제보다는 중요한 요소들을 진지하게 다루는 접근 방식을 개발하는 데에 집중하는 것이 합리적이라는 생각이다. 이런 생각은 결과물을 분석할 때에도 엄밀해야 하며, 결과물을 만드는 데에 중요한 역할을 하는 (모빌리티) 기술의 배치에 대해서도 엄밀해야 함을 시사한다. 혹은, 우리가 제한 없이 엄밀함에 집중하는 입장을 고수한다고 가정해 볼 수 있다. 이 경우 연구 주제에 집중하기 위해 교통기술의 '행위성'과 이와 관련된 결과를 분리하는 것이 도움이 된다고 말할 수 있다. 이런 입장을 취하면 연구자들이 당장 관심이 없는 주제에는 주의를 기울이지 않음으로써 두 연구 분야를 모두 발전시킬 수 있기 때문이다. 고도로 전문화된 주제에 대한 연구자들의 편향된 성향과 별개로, 다른 실제적인 고려 사항들에 대해서는 추가적으로 생각해 볼 필요가 있다.

예를 들어 결과만 다루는 작업에만 계속 머물 때, 나는 교통 시스템과 같이 기존의 무시된 기술의 윤리적 상황을 해결하기 위해 개발된 접근 방식에 관해서는 (적어도 철학자 카렐 마텐스의 주장처럼) 기술의 '행위성'이라는 주장을 없애자는 쪽을 지지한다.[18] 나는 서론에서 교통 문제의 다면적 차원을 이해하는 데에 도움이 되지 않고 우리의 사고 속도를 늦추는 이론들은 일부를 제거하거나 '잘라 내야' 한다고 언급한 바 있다. 지금 이 경우, 기술의 행위성은 잘라 내야 할 이론적 측면에 해당한다.

서론의 요점을 다시 상기해 보면, 대부분의 사람들이 타는 일반적 오토바이와 커스텀 바이크의 차이점은 두 가지 주요 아이디어에 있다. 첫째, 일반 오토바이는 평균적인 라이더를 염두에 두고 제작되었다. 이런 종류의 기술은 원활하고 효율적으로 작동하여 즐거운 라이딩 경험을 제공하기 위한 여러 부품들을 만들어 낸다. 오토바이를 사고자 하는 거의 모든 사람들을 위해 설계되는 것이다. 반면에 커스텀 바이크는 이런 광범위한 매력과는 완전히 다르다. 더 빠른 속도로 안전하게 주행할 수 있도록 불필요한 부품을 '잘라 내어' 제거하고 성능을 향상시키기 위해 맞춤화된다.[19] 특별한 한 명의 라이더를 위해 미학적으로 맞춤화된 바이크이다.

이와 비슷한 방식으로, 실제 도시에서 교통 문제를 다룰 때 맞춤화customization라는 개념이 이 문제에 대한 우리 사고의 중심 원칙으로 확고히 유지되어야 한다. 이 문제에 속한 고유한 특성으로서 말이다. 이런 측면 때문에 교통 문제를 도덕적으로 이해하려면 유연하고 적용 가능한 반-프레임워크 구조가 필요한 것이다. 도시 모빌리티 문제에 접근하려면 공통의 도덕적 언어가 필요하다. 그러나 세상이 가만히 있기를 기대하는 경직된 도덕적 프레임워크는 도움이 되지 않는다.

이런 목표를 추구하려면 인간과 기술의 상호작용을 분석하는 시스템으로서 구조윤리학이 이러한 배열이 생성해 내는 결과에 초점을 맞추는 방식에서 상당한 이점을 얻을 수 있다. 이 방법의 큰 장점은, 기술을 다른 사회적·물리적 시스템의 다면적 배치 내 요소로 보아 사회에서 도덕적 역할을 '수행'하거나 '갖는' 것으로 간주한다는 점이다.[20] 이 방법은 기술을 본질적으로 긍정적이거나 부정적인 것으로 간주하지 않지만, 이 용어들을 더 큰 사회적·물질적 구조 내에서 기술이 만들어 내는 결과에 적용해 볼 수 있다. 현재 상황에 적용된 구조윤리학의 이러한 특징은, 우리가 다양한 사회정치적·생태적 환경에서 우리가 선호하는 결과로 나아갈 수 있다는 생각에 초점을 맞추는 방식으로 교통기술에 대해 생각한다는 것을 의미한다.

구조윤리학을 부분전체론적 용어로 표현하자면, 교통 부분들은 주어진 역량에서 도시 모빌리티를 개선하는 바람직한 (도덕적) 결과를 지원하는 맥락에 위치할 때 '도덕적 부분'이 된다.[21] 이렇게 사고함으로써 우리는 인간과 기술의 관계 내에서 기술에 대한 우리의 책임을 논의 대상으로 삼게 되고, 원하는 결과를 위해 기술을 사용하는 선택 문제에 주의를 기울일 수 있다. 결과적으로 이런 접근 방식은 특정 기술의 구현 방향을 제시하고, 유해한 기술을 제거하며, 사회적으로 정의로운 지속가능성 및 인류 번영 같은 가치 있는 목표를 촉진하는 인간-기술 관계를 향해 노력하는 방법을 제시한다.

이 접근법을 교통계획 및 공학에 적용한다고 가정해 보자. 이는 개발의 방향을 제시하고 지침을 제공할 수 있기 때문에 우리가 추진하는 목표를 달성할 가능성을 높인다. 이런 강점이 있지만, 구조윤리학은 기본적인 인간-기술 관계를 넘어선 결과를 위해 적용 범위를 다음과 같은 방식으로 확장해야 한다. 구체적으로, 특정 기술이 다양한 이해관계자들에게 어떤 영향을 미칠지 목록을 작성해야 한다. 앞서 언급했듯 이런 이해관계자는 소외된 사람들, 공중, 개별 종과 생태계를 포함한 비인간, 미래 세대, 건물이나 교량, 야구장 같은 도시 인공물 등 여러 범주에 속한다.[22]

구조윤리학을 이런 식으로 확장시킨다는 것은, 어떻게 특정 집단에 미치는 영향이 다른 집단에 미치는 영향보다 더 큰 도덕적 무게를 갖는지 논의할 필요가 있다는 뜻이다. 특히 취약계층을 다루는 것은 도시의 교량 같은 것을 다룰 때와는 다른 차원의 배려가 필요하다는 점을 생각해 볼 때 이는 중요한 문제다. 교통 문제의 경우, 주요 인프라 및 정책사업들은 앞서 언급한 모든 집단에 상당한 영향을 미친다. 이러한 이해관계, 특히 비인간의 이해관계와 현존하는 인간의 이해관계를 저울질하는 것은 매우 복잡한 문제다.

이렇게 복잡한 문제를 다루고 있음에도 불구하고, 실존주의에서부터 환경윤리학에 이르기까지 우리가 추적할 수 있는 철학의 역사는 철학 연구의 진보가 이 문제에 대한 우리의 생각을 어떻게 계속 발전시켜 나갈 수 있을지를 보여 준다. 5장에서는 이런 연구들을 살펴보고 앞으로 나아갈 방향을 제시하며, 도덕적 고려가 필요한 여러 집단과 관련된 주제를 어떻게 다룰지 모색한다. 이 탐구는 이러한 딜레마를 완전히 해결할 수 있는 구조를 갖춘 유일한 접근 방식이 약한 인간중심주의임을 보여 주면서 마무리된다. 이를 통해 우리는 구조윤리학의 기본 패턴을 어떻게 확장하여 그 효용을 극대화할 수 있는지 살펴보고, 이를 통해 교통수단의 영향력을 전체적으로 조망하는 능력을 키울 수 있다.

이런 생각을 따라가다 보면, 이런 방식으로 사고하는 것이 교통 시스템에서 시작하여 사회적으로 정의로운 도시의 지속가능성과 같은 가치 있는 목표를 향하는 우리의 노력을 어떻게 발전시키는지 알 수 있다. 다시 한 번 강조하지만, 요나스에 대한 비평에서 언급했듯이, 이런 문제에 관심을 기울이는 일은 그것을 가장 필요로 하는 사람들에게 도움이 될 것이다.

5장

도덕적 순서를 향한 길

모빌리티 문제는 현대 도시에서 거의 독점적으로 발생하는 새로운 문제이지만 이를 해결하려는 노력을 뒷받침하는 사고는 새로운 것이 아니다. 예로부터 철학은 도덕적 고려가 필요한 여러 범주와 관련된 문제를 다뤄 왔다. 이는 오래전부터 어떤 의사결정 시 특정한 범주가 다른 범주보다 도덕적으로 더 우선순위를 차지했고 앞으로도 계속 그럴 것임을 암시한다. 이런 결정이 영구적이거나 보편적인 것은 아닐지라도, 다른 학문 분야에 비해 철학 분야가 이 결정과 깊은 관련이 있음을 알 수 있다. 그럼에도 불구하고 이런 작업을 수행할 때 더 나은 결과에 기반하여 보편적 지침을 만들기 위해 노력하는 것이 합리적이다. 이런 생각은 보편적인 것을 지향하는 것처럼 보이지만, 1장의 요점을 다시 강조하자면, 이는 보편화 가능성에 부합하는 요소일 뿐이다. 분명히 해 둘 것은, 이 개념이 특정 세계관을 옹호하는 것이 아니라 수많은 요소들 가운데 '도덕적 균형'이 필요한 의사결정을 처리하기 위해 제안된 방법일 뿐이라는 점이다.

이런 시각의 타당성을 인정할 때 염두에 두어야 할 점은, 이러한 관점이 유연성이 요구되는 문제, 특히 도시 모빌리티 문제에 초점을 맞추고 있다는 점이다. 즉, 도시문제의 고유한 특성은 정전正典에서 나오는 (경시됐던) 철학적 통찰로부터 유의미한 조언을 받을 수 있다. 이는 일반적으로 도시적 특성이라 할 수 있는 유동적 조건들을 안정화시켜야 하는 문제를 다룰 때 유용하다. 앞의 설명을 발전시키면 보편성, 반복가능성, 예측가능성 같은 요소를 추구하는 윤리적 문제 해결을 위한 방법론적 사고방식을 얻을 수 있다. 또한, 각 사례에 맞는 조정 필요성도 열어 둔다. 늘 조정할 필요가 있는 건 아니더라도 교통 문제에서는 주의가 필요한 경우가 발생할 수밖에 없다. 이런 경우 도덕적 차원을 검토할 필요가 있다. 하나의 선택지를 다른 선택지보다 우위에 두는 것은 도덕적 결정이 된다. 나는 이런 상황을 도덕적 우선순위 결정의 문제라고 부른다.[1]

이런 방식으로 생각하면 여러 이해당사자가 얽힌 결정의 도덕적 핵심을 강조할 수 있다는 장점이 있다. 도덕적 우선순위 문제는 각 이해당자사를 조사할 쟁점 설정의 방법을 마련해 줌으로써 각 집단의 도덕적 비중을 따져 보게 한다. 이는 교통 전문가가 모두를 만족시킬 수 없는 어려운 결정을 할 때 사용할 수 있는 체계적 지침을 제공한다. 어떤 한 집단이 곤경에 처하는 동시에 다른 집단은 이익을 얻는 경우가 발생하여 왜 그렇게 되었는지를 솔직하게 설명할 필요가 있을 때 매우 유용한 장치가 될 것이다. 이런 상황이 발생했을 때에는 단순히 나쁜 결과를 받아들이기보다는 이를 개선할 수 있는 방법을 찾기 위해 노력해야 한다.

이런 결정을 내릴 때 가장 큰 문제는, 남용할 여지가 생긴다는 점과 특정 범주의 집단은 더 많은 배려를 받게 되는 반면에 더 배려받아야 하는 집단이 피해를 보는 결정을 내릴 수 있다는 점이다. 즉, 교통인프라와 관련된 결정에는 경우에 따라 수백만 혹은 수십억 달러의 비용이 발생한다. 누군가 자금을 활용해 교통인프라 관련 결정에 영향을 미치려 할 수도 있음을 간과해서는 안 된다. 이는 외면해서는 안 되는 안타까운 현실이지만, 그렇다고 이런 일이 늘 발생할 수밖에 없는 절대적인 상황인 것도 아니다. 하지만 의사결정 과정의 최전선에서는 이러한 가능성을 사전에 인지하고 있어야 한다. 이런 가능성을 염두에 두고 이를 논의 대상으로 삼는다면 이런 문제의 발생 가능성을 줄일 수 있다.

이런 방식으로 교통 문제에 접근하려면 도덕적 순서매김이 필요한 수많은 범주를 다 다뤄야 하는데, 이는 여러 층위의 이해당사자 참여라는 철학적 작업의 진전이기도 하다. 이런 역학 관계를 보여주는 유명한 예시 중 하나가 장 폴 사르트르의 실존주의에서 유래한 것으로, 병든 어머니를 돌보는 것과 제2차 세계대전 참전 중 하나를 선택해야만 했던 한 남성의 사례이다. 미국 철학자 베어드 캘리콧 Baird Callicott은 이 예시를 광범위하게 활용하여 다른 이해당사자 집단 간 의사결정 모델로 삼았다.

캘리콧이 이 예시에서 주목한 것은, 이 사람 자신이 어머니를 돌봐야 할 의무가 있다는 것을 인정하고 받아들이면서도 큰 전쟁 시기에는 조국을 지켜야 할 더 중요한 의무가 있다는 사실 또한 인지하고 있었다는 사실이다. 둘 사이에서 고민하던 남자는 어머니를 떠나 전쟁터로 향했다. 그는 조국에 대한 의무가 지금 바로 간병이 필요한 어머니를 돌봐야 할 의무보다 더 중요하다는 것을 알았기 때문에 어려운 선택을 한 것이다. 조국에 대한 의무 안에는 어머니를 적군으로부터 보호하는 것도 포함되어 있으니 말이다.

유사한 모든 경우에 이 같은 행동이 필요한 것은 아니지만, 우리는 이 사례를 통해 즉각 명확하게 선택하기 어려운 현실적 상황들을 생각해 볼 수 있다. 어려운 선택 앞에서는 얼핏 타당한 이해관계에 역행하는 것처럼 보이더라도 세심하고 신중하게 결정해야 한다. 우선순위를 변경해야 하는 타당한 이유가 밝혀진다면 왜 이런 결정을 했는지 분명해질 수 있다. 앞의 사례는 이해당사자인 어머니와 또 다른 이해당사자인 국가 중 하나를 선택해야 하는 상충되는 도덕적 의무를 보여 주는데, 이때의 도덕적 의무는 인간 대 인간의 문제 영역에만 머물러 있다. 하지만 우리는 이 패턴을 비인간 이해당사자와 관련된 다른 영역에서도 유용하게 활용할 수 있다.

예컨대 캘리콧은 인간과 비인간 사이에서 이해관계가 상충되고 명확한 해답이 없는 상황에서도 전술한 사르트르의 딜레마를 활용한다. 인간과 자연이 대립할 때 결국 누군가는 불합리한 방식으로 승리해야만 하는 상황이다. 이런 경우는 내재적 가치와 도구적 가치라는 두 가지 주요 가치가 작동하기 때문에 문제가 복잡해진다. 이런 생각이 캘리콧이나 홈스 랠스턴Holmes Ralston 같은 환경철학자들이 천명한 '생태중심주의ecocentrism', 즉 생태계를 도구로 보는 시각에서 생태 그 자체를 목적으로 보는 시각으로 전환해야 한다는 관점의 기반이다. 이러한 관점은 모든 사안을 단순히 경제적 계산으로

따지는 시각에서 벗어나 비인간을 위한 주장을 발전시킬 수 있게 해 준다는 장점이 있다.

캘리콧의 생태중심주의는 인간 및 인간 관련 문제에서부터 인간과 비인간의 문제로 논의를 진전시켰지만, 도시 모빌리티처럼 궁극적으로 인류와 관련된 문제를 해결하기에는 아직 개념적 문제와 한계를 안고 있다. 교통은 인간중심적인 문제다. 결과적으로, 인간에게 도덕적 초점을 맞추는 접근법이 필요하다. 그러면서도 인간 중심의 이익 경쟁을 잠깐 제쳐 놓고, 비인간의 세계도 도덕적으로 고려해야 한다는 생각까지 나아갔다.

이로써 도덕적 우선순위를 다루는 캘리콧의 접근 방식이 교통 문제에서 이해당사자의 다양성을 고려하는 방식으로 논의를 진전시켰음을 알 수 있다. 여기서 한 걸음 더 나아가기 전에, 그의 생태중심주의에 내재된 개념적 한계를 직시하고 극복해야 한다. 이를 위해 다음 절에서는 캘리콧과 다른 환경철학자들이 생태중심주의를 어떻게 정의하고 위치 짓는지 살펴본다. 이어서 생태중심주의의 여러 문제점을 짚어 보고, 인간을 중심으로 한 교통 문제에 생태중심주의를 적용하려는 희망을 포기해야 하는 이유를 설명한다. 이런 측면을 다층적 이해관계자 참여의 역사에 포함시킴으로써, 도덕적 순서 문제를 다루는 다음 장에서 복잡한 교통계획 및 공학 문제를 다루는 방법을 제시할 것이다. 뿐만 아니라 이렇게 생각하는 것이 다양한 유형의 이해당사자와 관련된 문제를 이해할 때 어떤 도움이 되는지 살펴보자.

생태중심주의와 교통 문제에 대한 적용

여기에서는 '이 프레임워크' 혹은 '저 프레임워크'가 왜 교통 문제를 다루기에 부적합한지 애써 논증하지 않는다. 철학 및 다른 학문 분과의 역사 속에는 너무나 많은 프레임워크가 존재하기 때문에 이것을 다 검토하려면 별도의 책을 써야 할 정도다. 이런 작업은 구매하고 싶지 않은 차량에 일단 다 시승해 보는 것과 다를 바 없으며, 특정한 차량이 특정한 일에 잘 맞는다는 것을 누군가에게 보여 줘야 할 때나 필요한 일이다. 이런 태도는 철학이 그 자체로 존재하는 것이 아니라 사상들의 시장에서 경쟁할 뿐이라는 전제를 뒷받침한다. 전자는 철학적 사상의 순수성을 강화하지만, 후자는 과열 경쟁에 의존한다. 이 (다소 낭만적인) 지점과 별개로, 유사한 업체에서 나오는 여러 비슷비슷한 제품들 중 하나의 특정 제품을 사려고 할 때를 생각해 보면, 일단 구매할 만한 것인지 요모조모 따져 보는 것이 합리적인 태도다. 생태중심주의를 그렇게 따져 보자.

생태중심주의는 인간과 비인간 사이의 내재적 가치문제를 다루는 연구에서 가장 선도적인 접근법으로 꾸준히 활용되고 있으며, 모든 범위의 가치문제를 다루고자 하는 우리의 현재 논의에서도 반드시 검토가 필요한 개념이다. 생태중심주의의 일반적인 원칙은, 생태계의 내재적 가치가 환경을 고려한 결정의 동기가 되어야 한다는 것이다.[2] 결국 생태중심주의는 다각적 도시문제를 해결할 준비가 잘 되어 있어야 하며, 교통 문제도 자연스럽게 이에 부합한다. 캘리콧이 생태중심주의의 매커니즘을 풀어내는 방식은 생태중심주의가 도덕적 우선순위 문제를 어떻게 발전시켰는지를 잘 보여 준다. 그의 논의는 사르트르에서 가져온 사례로부터 그가 구체화한 역학을 넘어설 때 발생하는 내재적 갈등을 잘 보여 준다. 캘리콧은 대규모 생태계 파괴를 수반하는 결과를 낳는 사고를 극복하기 위해서는 인간이 즉각적이고 협소한 이해관계를 넘어서는 새로운 사고방식을 가져야 한다는 것을 보여 주려 한다.[3]

이러한 관점의 배경에는 미국 환경주의자 알도 레오폴드의 중요한 저작인 《모래 군郡의 열두 달: 그리고 이곳 저곳의 스케치A Sand County Almanac: Sketches Here and There》가 자리하고 있는데, 핵심을 발췌하면 다음과 같다. "토지 윤리land ethic는 단순히 공동체의 경계를 넓혀 토양, 물, 동식물, 또는 총칭하여 토지를 포함시킨다. … 요컨대, 토지 윤리는 호모사피엔스의 역할을 토지 공동체의 정복자에서 평범한 구성원이자 시민으로 변화시킨다."[4] 레오폴드의 생각에서 영감을 받은 몇몇 환경철학자들은 세계 속에서 인류가 위치한 자리를 설명하는 정교한 체계를 개발했다.[5] 예컨대 캘리콧은 환경철학자들이 내재적 가치의 장소를 인류에서부터 생태계 전체로 이동시키고 서구 사상의 전면적 개편을 요구하면서 생태중심적 사고방식이 나타났다고 설명한다.[6] 그 목표는 세계를 바라보는 새로운 형이상학적·윤리적 패러다임을 구축하는 것이었다.[7]

인류가 더 큰 전체의 한 구성원으로서 생명의 연속체 안에 정위되는 방법을 재중심화하라는 요구는, 비인간중심적 내재적 가치에 의해 정당화되는 개념인 생태중심주의적 입장을 정의하는 핵심적 기준이다. 도구적 가치와 내재적 가치의 차이를 확립하는 것은 비인간 생명체가 우리에게 무엇을 줄 수 있는지를 확인하는 것보다 훨씬 더 넓은 범위의 문제를 사고하는 관점을 제공한다. 그러나 유진 하그로브Eugene Hargrove는 내재적 가치를 구체화하면서 이 문제에 주목해야 하는 철학적·실용적 이유를 충분히 설명한다. 그는 연구의 유형을 나누어 객관적 비인간중심적 가치와 주관적 비인간중심적 가치를 구분한다.[8] 전자의 문헌들은 비인간 생물들에게는 인간이 가치를 매기지 않아도 이미 존재하는 내재적 가치가 있다고 주장하는 반면, 후자에서는 인간의 가치 평가에 의존한다.

홈스 랠스턴은 내재적 가치에 대한 객관적 비인간중심적 관점을 지지한다.[9, 10] 그는 이런 접근 방식을 공식화하여 모든 비인간 생명체가 다 다른 특성이 있듯이 모두 각자의 내재적 가치를 갖는다고 주장한다.[11] 이 같은 종류의 내재적 가치는 생태계에 존재하는 각 생명체에 대한 생각을 통해 종합적으로 이해된다. 즉, 모든 생명체는 상호연결된 관계에 의존하지만, 각각의 유기체는 스스로를 유지하기 위해 노력한다.[12] 그리고 각 유기체는 연결망 안에서 신진대사를 위해 다른 유기체의 도구적 가치를 필요로 한다.[13] 이 같은 방식으로 자신의 생명을 지키기 때문에 이들은 각각 내재적 가치를 지니고 있는 것이다.[14] 이러한 집합으로 인해 생태계로 존재하는 각 유기체들은 시스템적인 가치를 지니게 된다.[15, 16] 이러한 가치를 지니고 있으니 도덕적 무게를 갖는 것이며, 우리는 이를 존중할 의무가 있다.[17]

객관적 관점과는 약간 다른 비인간중심적인 주관적 내재적 가치는 인간이 아닌 생명은 인류가 소중히 여기지 않는 한 내재적 가치가 없다고 주장한다.[18] 캘리콧은 이 입장을 선호하며, 이것이 인간과 비인간 문제 사이에서 벌어지는 환경적 이해관계 충돌에 어떻게 적용되는지 보여 준다.[19] 예를 들어, 그는 인간과 비인간의 이해 충돌을 처리하는 방법으로 차순위 원칙second-order principle(이하 SOP-1, SOP-2)을 제시한다. 캘리콧은 직접 관련된 가까운 공동체의 일원이 된 사람은 SOP-1 의무를 지게 된다고 말하는데, 이는 멀리 떨어진 공동체에 대한 관심보다 더 무거운 것이다.[20] 예컨대, 가족에 대한 SOP-1 의무가 이웃에 대한 책임보다 우선한다고 가정하는 것이다. SOP-2 의무는 한 개인이 이해관계가 더 강한 의무를 지는 경우를 말한다.[21] 가족과 함께 시간을 보내야 할 의무(SPO-1)가 있지만, 직장에서 돈을 벌지 않으면 가족이 노숙자가 된다고 가정해 보자. 이 경우에는 결과적으로 나의 SPO-2 의무가 나의 SPO-1 의무보다 더 중요해진다.[22]

SPO-1, SPO-2는 인간보다 비인간을 우선하는 결정을 해야 할 때 이를 정당화하는 방법에 대한 청사진을 제공한다. 이 입장의 강점은, 인간이 비인간보다 자신의 이익을 우선시하는 것을 허용한다는 점이다. 하지만 우선순위를 재조정해야 하는 더 강력한 비인간 쪽의 이해관계가 발생하면 어느 정도 유연성을 발휘할 수 있다. 캘리콧의 생태중심주의는 그 구조와 유연성 덕분에 도덕적 갈등 없이 환경을 고려한 결정을 내리는 방법을 제공한다. 생태중심주의자들은 이러한 특징이 문제를 해결하는 방법으로 적합하다고 주장할 수 있는데, 캘리콧은 이런 원칙이 어떻게 작동하는지를 다음과 같이 설명한다.

점박이올빼미는 예방 가능한 인위적 멸종 (한마디로 생명 파괴로 인한 멸종) 위기에 처해 있으며, 태평양 북서부의 오래된 산림 군락도 파괴 위협을 받고 있다. … 만약 우리가 400년 된 나무 수백만 그루를 자를지, 아니면 40세의 벌목꾼 수천 명을 자를지 선택해야 하는 거라면, 벌목꾼에 대한 우리의 의무는 SPO-1에 의해 우선되지도 않을 것이고, SOP-1이 SPO-2와 상충하지도 않을 것이다. 그러나 우리가 직면한 건 이런 문제가 아니다. 우리가 해야 하는 선택은, 400년 된 나무를 벌목하여 점박이올빼미를 멸종시키고 오래된 산림 군락과 숲 생물 공동체를 파괴할 것인지, 아니면 일본을 비롯한 해외시장으로의 원목 수출과 자동화를 통해 이미 산림 노동자가 대체되고 있는 경제 상황에서 이들을 대체할 것인지의 문제이다. 그리고 오래된 숲 벌목 문제는 어떤 경우에도 자멸할 수밖에 없다. 벌목 부츠를 신은 목재 귀족들이 계속해서 자신들의 생활 방식을 고수한다면 원시림 벌목 문제는 '최종 해결'로 끝나게 될 것이기 때문이다. SPO-1을 보완하는 SPO-2를 통해 토지 윤리의 지표가 명확해졌다.[23]

여기서 생태중심적 원칙을 실천하는 방법에 대한 가이드라인을 그려 볼 수 있다. 캘리콧은 야생지 보존 문제를 다루고 있지만, 그의 차순위 원칙을 도시에 적용하면 도시적 요소들이 생태계에 어떠한 영향을 미치거나 혹은 미치지 않아야 하는지에 대한 정보를 얻을 수 있다. 우리는 SPO-1과 SPO-2를 간단한 부분전체론적 용어로 표현할 수 있으며, 인간적인 것과 비인간적인 부분에 대한 우선순위를 어떻게 정해야 할지 분석할 수 있다. 이 개념은 다중의 이해당사자 참여 문제를 고려하는 방법을 설계하는 일이 생태중심주의에 쉽게 기대어 도시 모빌리티 및 비인간 세계와 관련된 문제를 처리하는 수단을 제공할 수 있음을 보여 준다.

예컨대, 고속도로와 대중교통을 대조해 보자. 경전철이나 버스 같은 대중교통은 비인간의 환경에 미치는 영향이 적은 반면, 고속도로와 자동차는 여러 종에 해를 끼치고 기후변화를 가속화한다고 주장할 수 있다. 모든 사람은 자신이나 타인이 적합하다고 생각하는 대로 안전하게 운전할 수 있는 '권리'를 가져야 하지만, 생태계에 대한 도덕적 의무가 더 중요하다. 따라서 도시의 대표자들은 도시 모빌리티에 대한 생태중심적 방어책인 대중교통을 옹호해야 한다.

이 예시는 레오폴드의 토지 윤리에 부합하는 방식으로 캘리콧의 방법을 적용한 것이다. 이는 도시 거주자들이 자원 소비와 탄소 배출을 최소화하는 인프라를 선택하여 환경발자국을 줄여 나갈 방법을 보여 준다. 그러나 고귀한 토대 위에 놓인 건전한 입장으로서 이 입장이 갖는 수많은 강점과 신뢰성에도 불구하고, 이 입장을 전적으로 옹호하기 어려운 몇 가지 장애물이 있다. 예를 들어, 생태중심주의는 특히 본질적으로 인간중심적인 것처럼 보이는 도시 모빌리티 같은 문제를 다룰 때 그 완전성과 적용가능성과 관련해 몇 가지 개념적 비판을 받는다. 다음 절에서 이 문제를 검토해 보고, 이 같은 단점으로 인한 우려를 해결할 대안을 모색해야 하는 이유를 알아보고자 한다.

교통 문제에서 생태중심주의의 문제점

생태중심주의는 기본 동기가 훌륭하고 신중하며 그 원칙을 적용하는 수단도 확보되어 있지만, (전술했듯) 두 가지 접근법 모두 문제가 있다. 객관적인 비인간중심주의적 접근법의 경우, 환경윤리 역사에서 제기된 혹독한 비판이 왜 이 접근법이 도시문제를 다루는 데에 적합하지 않은지를 잘 보여 준다. 물론 교통 문제의 전 범위에 적용할 때에도 마찬가지다. 예컨대, 유진 하그로브는 이 접근법이 인간중심주의를 요구한다고 지적한다. "어떤 것이 그 자체만으로 좋은 점을 갖고 있음이 확보된 뒤에야 인간은 그것에 내재적 가치를 부여하기로 결정해야 한다."[24]

하그로브는 이런 주장을 통해 객관적 비인간중심적인 내재적 가치가 존재한다고 해도, 가치를 평가할 수 있는 인간이 평가를 내려 주지 않는 한 그 가치가 작동할 수는 없음을 보여 준다. 여기에서 생태중심주의의 문제점은, 인간중심주의를 대체하여 인간을 단순히 생물 공동체의 일원으로만 보는 비인간 세계에 대한 우리의 관점을 재조정해야 한다는 것이다. 하지만 인간중심주의는 객관적인 비인간중심적 사고와 행동의 필수 구성 요소이며, 이는 문제가 있는 개념임을 시시한다.

이러한 비판은 객관적 비인간중심주의를 향한 것이지만, 주관적인 비인간중심주의적 내재적 가치의 문제도 지적한다. 예를 들어, 하그로브는 토머스 네이글Thomas Nagel의 "박쥐가 된다는 것은 무엇인가?"*를 언급하며, 우리는 인간의 관점에서 벗어날 수 없다고 주장한다. 그리고 비인간중심주의의 문제점은 박쥐(또는 다른 비인간 생명체)가 되는 경험을 완전히 경험하는 데에 필요한 지식에 접근할 수 없다는 점에 있다고 설명한다.[25, 26]

그런 경험이 불가능하다면 이와 관련된 설명은 추측에 의존할 수밖에 없다. '박쥐'를 '생태계'로 치환하면 인식론적으로 문제가 더 복잡해진다. 다른 종의 무의식적 체계가 어떤지 알 방법이 없기 때문이다. 하그로브의 생각을 이어받아 프레데릭 페레Frederick Ferré는 이 조건을 인간중심주의라고 공식화하는 반면, 다른 철학자들은 이 관점을 개념적 인간중심주의conceptual anthropocentrism라고 부른다.[27, 28] 목적론적 이해관계에 호소한다고 해도 모든 종에 대해 이런 고려가 필요하므로, 우리는 언제나 이해관계를 비교해야만 한다. 결국 이 주장은 매우 빈약하며, 앞서 언급한 인식론적 도전에서 벗어나지 못

---

* (옮긴이주) 미국의 철학자 토머스 네이글은 〈박쥐가 된다는 것은 무엇인가?What is it like to be a bat?〉(1974)라는 논문에서 우리는 초음파로 지각하는 박쥐의 감각경험을 결코 알 수 없다고 지적한다. 우리가 의식하는 감각경험은 주관적이므로 객관적으로 관찰 가능한 물질과 다르다는 것이다.

한다. 이런 비판과는 별개로, 생태중심주의가 교통과 같은 도시문제를 다루는 데에 적합하지 않다는 보는 현실적인 비판도 있다.

예를 들어, 홈스 랜스턴의 생태중심주의는 (하그로브적인 의미에서) 비생물 공동체의 내재적 가치를 고려 대상으로 삼을 여지가 크지 않다.[29] 결국 그의 접근법은 가령 동굴과 같은 환경문제를 크게 다룰 수 없다. 인간이 아닌 무생물을 제대로 다룰 수 없다면 대도시의 내재적 가치에 무게를 두는 것도 별 소용이 없을 것이다. 예컨대 건축물의 역사적 보존을 위해 고속도로 확장공사 여부를 결정할 때, 객관적 비인간중심적인 내재적 가치는 여기에 적용될 수 없다. 건축과 같은 주제에 대해 생각할 때 하그로브가 지지하는 내재적 가치에 호소하고자 한다면, 우리는 결국 길을 잃고 만다.

적용가능성과 관련해 캘리콧의 생태중심주의는 실용성에 대한 우려를 불러일으키는데, 이는 실제 교통 문제에 대한 해결책을 발전시킬 때 매우 중요한 부분이다. 예컨대, 도시 생태 문제 해결에 SOP-1, SOP-2를 적용하는 경우, 심각한 결과가 나타나지 않는 한 인류가 자신의 이익에 반하는 행동을 하거나 할 가능성이 있다고 보기 어렵다. 특히 하그로브의 비판은 단순한 가능성만을 다룬 것이었음을 생각해 보면 그렇다. 가령 인간과 비인간의 이해관계 간의 균형을 따져야 하는 복잡한 의사결정을 내릴 때, 자연 그 자체가 필수적인 생물학적 안녕과 번영 이상의 것에 관심을 가질 수 있다고 말하는 건 이치에 맞지 않는다. 이런 개념은 인간중심적 상황에서 벗어날 수 없다.

생태계는 교통인프라에 대해 뭐라고 말해야 할까? 어느 정도 확실히 답할 수 있는 유일한 방법은, 무엇이 인류의 직적접 혹은 간접적 (장기적인 환경적) 이익에 부합하는지를 파악하는 것이다. SOP-1과 SOP-2에 전제된 사고방식은 여전히 인간중심적이며 인간에게 유리한 결과를 낳는다. 결국 생태중심주의는 제 원칙에 충실한 수행 방식을 제공하지 못한다. 이는 인식론적 혹은 실용적 근거로 비인간 세계에 대한 우리의 생각을 도시와 일치하는 방식으로 재조정할 수 없음을 시사한다.

이런 비판 외에도 생태중심주의는 그 내재적 구조로부터 나오는 문제를 피할 때에도 다른 문제에 봉착하게 되는데, 이는 서양 학계의 환경적 윤리에도 모두 적용되는 것이다. 문제는 이 모든 접근 방식이 비인간보다 인간을 명시적으로 우선순위에 두지 못한다는 점이다. 이런 방향성은 인간과 인간 사이의 사회적 정의 문제가 비인간과의 문제와 겹쳐질 때 강력하게 작동하지 못한다는 걸 시사한다. 공정하게 말하자면, 캘리콧이나 랠스턴은 자신들이 사회정의나 교통정의 또는 생태학적 범위를 넘어서는 가치문제를 다루고 있다고 말하지 않았다. 생태중심주의는 모든 서구 학계의 환경윤리와 더불어 여전히 도덕 이론이기도 하므로 치밀한 도덕적 검토가 필요하다. 이는 생태주의자나 환경철학자들이 어떠한 형태나 형식 혹은 방식으로 사회정의에 반한다는 의미가 아니다. 비인간 세계의 안녕을 중요하게 생각한다는 것은 분명 존경받을 만한 고귀한 태도이다.

그러나 환경철학 및 사상 분야는 비판의 대상이 되어 왔다. 일부

미세 조정은 어떤 의미에서 글로벌 가치를 바라보는 파노라마적 관점에 도움이 될 수 있으며, 핸드헬드 렌즈로 다른 사례들을 조사하면 친환경적 사고가 다음의 비판과 어떻게 양립할 수 있는지 알아보기 위해 넘어야 하는 내재적 한계를 드러낼 수 있다는 것이다. 이런 생각들을 언급하는 것은 생태중심주의를 비난하기 위한 것이 아니라, 환경철학이 서구의 학문적 사고의 많은 부분과 함께 재검토해볼 필요가 있음을 드러내기 위함이다.

글로벌 차원의 예를 들자면, 라마찬드라 구하Ramachandra Guha는 환경윤리(특히 미국에서 발전한 심층생태학을 언급하며)에 비판적이며, 전통적 문헌의 논의들은 제국주의를 지지한다고 주장한다.[30] 빌 로슨Bill Lawson은 도시를 다룬 환경윤리의 일부 초기 문헌이 도시빈민들을 고려하지 못했다고 지적한다.[31] 찰스 밀스Charles W. Mills는 환경적 탐구가 인종과 장소의 정치적 현실을 고려하지 않는다고 주장한다.[32] 1979년에 학술 저널《환경윤리학Environmental Ethics》편집장을 역임한 하그로브는 환경윤리학이 대부분 환경인종주의를 소홀히 해왔다고 주장하며, 대부분의 철학자들이 생태계와 동물 보호와 같은 주제만을 주로 다룬다고 지적한다.[33] 이런 비판을 종합적으로 생각했을 때, 환경사상가 및 환경철학자들이 일부 문제에만 집중함으로써 의도치 않게 다른 문제를 소홀히 다룬다고도 볼 수 있다. 이상의 요점은 생태중심주의가 환경철학이나 사상 내에서 이런 논쟁을 감당해야 하는 유일한 접근 방식이 아님을 암시하는 것은 아니다.

앞으로 나아갈 길은 분명해야 한다. 우리의 행동이 도덕적 우선순위에 따라 수행되는 것을 목표로 해야 한다. 약한 인간중심주의는 교통인프라 및 교통정책과 같은 복잡한 도시문제를 해결할 수 있는 일관되고 도덕적인 방법을 제공할 수 있다. 이 점은 약한 인간중심주의가 구조적으로 반인종주의, 반계급주의, 반성차별주의, 반장애인차별주의, 반노인차별주의라는 것을 의미하지 않는다. 지금까지의 논의를 보면 앞에서 언급한 접근 방식에 대한 비판을 염두에 두지 않을 이유가 없다. 서구의 주류 환경철학의 한 입장으로서 약한 인간중심주의는 이 모든 비판의 대상이 된다. 그러나 그 구조는 다른 환경 이론과 상당한 거리를 둘 수 있게 해 준다. 이 주장이 어떤 근거를 가지고 있는지 살펴봄으로써 우리가 왜 이 접근법을 옹호하는지 설명하려 한다.

또한, 이 프로젝트가 나아가는 방향을 유지하기 위해 약한 인간중심주의의 고유한 특성이 구조윤리학과 어떻게 양립할 수 있는지 살펴볼 것이다. 이 프로젝트는 수많은 작은 부분들로 이루어진 전체로서의 교통 시스템을 어떻게 다룰지 보여 주는 것에서 시작했다. 이제는 부분들을 특정한 방식으로 배치하는 일의 도덕성을 검토하는 단계로 나아가 해당 사안의 맥락을 따져 보고 있다. 여기에서의 목표는 도시 모빌리티의 현실적 문제에 내재된 민감성을 다룰 수 있는 여건을 마련하는 것이다.

이런 논의에서 도덕적 차원을 무시하지 않으면서도 내재적 가치를 지닌 비인간적 부분들을 어떻게 논의에 포함시킬 수 있을지가 중요하다. 앞서 언급했듯이 이런 문제를 다루기에 적합한 도적적 순서에 초점을 맞춘 사고방식을 개발하여 사회적으로 정의로운 도시 지속 가능성 같은 가치 있는 목표를 지지하는 교통 시스템을 제공해야 한다는 생각을 공고히 하고자 한다. 6장에서는 이런 생각들을 검토하여 여러 고려 사항 간의 도덕적 균형을 맞출 방법을 모색해 보자.

6장

도시 모빌리티에서의
도덕적 우선순위

앞 장의 핵심 내용을 다시 짚어 보자면, 교통계획 결정은 취약계층, 공중, 비인간, 미래 세대, 역사적으로나 문화적으로 중요한 유적 등에 영향을 미친다. 이 범주들 모두 고려할 가치가 있지만 동등하게 고려할 필요는 없다. 즉, 누구 또는 무엇을 먼저 고려할지 순서를 정하는 일은 도덕적 검토와 토론의 대상이 된다. 교통 시스템의 부분들을 어떻게 배치, 추가, 수정 또는 제거하느냐에 따라 결과가 달라질 수 있으므로 그런 조치가 적절한지 확인해야 한다.

예컨대, 권리를 박탈당한 집단들이 한쪽에서 고통받고 있는데 비인간에 지나치게 유리한 입장을 고수한다면 환경차별이라는 비난을 받을 수 있다. 이런 입장은 흑인, 유색인종, 장애인, 노인의 삶보다 친환경 녹색의 삶이 더 중요하다고 말하는 것과 같다. 이런 말도 안 되는 실수를 범해서는 안 된다. 앞의 범주들과 관련된 도덕적 의무를 설명하는 데에 도움이 되는 '도덕적 순서moral ordering'라는 개념적 장치를 활용하면 차별적인 방식으로 행동할 가능성을 줄일 수 있다.

이번 장의 목적은 다층적인 모빌리티 문제를 다룰 때 왜 이러한 측정이 필요한지 보여 주는 것이다. 이를 위해 내재적 가치라는 개념을 사용하는 약한 인간중심주의를 살펴본다. 이런 특성은 전 지구적이고 전 세대적인 맥락에서 교통 문제의 도덕적 차원을 구체화하기 위해 필요하다. 이 책에서는 약한 인간중심주의 입장을 옹호하지만, 이 입장 역시 비판으로부터 자유롭지 않다. 전술했던 차별적 혐의를 피할 수 있는 방법을 이해하기 위해 구조적 조건을 명시함으로써 의도치 않은 편견을 피하는 방법을 다루겠다. 즉, 이론적 프레임워크로서의 약한 인간중심주의는 특정 상황에 따라 맞춤 적용이 가능하다. 엄격한 운영 구조가 없다는 점에서 앞 장에서 살펴본 '반–프레임워크'에 대한 설명과도 일치한다. '약한'이라는 수식어는 통합적인 힘이 부족하다는 인상을 줄 수도 있겠지만, 약한 인간중심주의의 자산 중 하나는, 요나스의 용어를 빌리자면 '탈인간$_{extra-human}$'을 위한 자리를 비워 둔다는 것이다. 약한 인간중심주의는 비인간 개체의 내재적 가치를 도덕적으로 고려하는 방법을 제공함으로써 본질적으로 경쟁하는 것처럼 보이는 이해관계의 균형을 잡아줄 수 있다.

이것이 이번 장의 방향이다. 이 장에서는 부분전체론에서 영감을 받은 개념들과 구조윤리학을 바탕으로, 부분과 부분들의 관계에서 시작된 이론적 개념이 부분들의 배열을 통해 도덕적 결과를 도출하는 방법을 살펴볼 것이다. 이렇게 정리하면 간단해 보이지만, 서로 다른 이해관계를 가진 최소 다섯 집단을 다루는 것은 개념적으로나 실제적으로나 어려운 과정이다. 약한 인간중심주의는 개념과 실제를 다 다루며 작동한다는 점을 보여 주려 한다.

여기에서 강조할 점은, 인간과 비인간 등 서로 다른 범주의 개체들 사이에 존재하는 이해관계가 실제로는 경쟁하지 않는 관계라는 점이다. 하그로브의 통찰을 다시 떠올려 보면, 이 모든 이해관계와 관련된 가치 평가와 그 평가를 가능케 하는 지식의 생산은 부인할 수 없는 인간중심주의에 인식론적 뿌리를 두고 있다. 이런 현실 때문에 '경쟁'하는 유일한 이해관계는 우리가 우선순위를 정해야만 하는 인간의 이해관계이다. 결국 우리는 인류에게 영향을 미치는 교통 시스템의 부분들과 그 배치에서 나오는 결과물을 다루지만, 그렇다고 인간 외 자연이 무자비한 파괴와 전적으로 무관하다는 의미는 아니다.

이러한 조건은 구조윤리학과 양립할 수 있을 뿐만 아니라 구조윤리학을 매우 훌륭하게 보완함으로써, 교통 시스템의 결과가 전술했던 각 범주에 어떤 영향을 미치는지 검토할 광범위한 방법을 제공한다. 약한 인간중심주의는 구조윤리학과 잘 연결되어 교통 결정을 돕는다. 먼저 약한 인간중심주의는 도덕적 우선순위를 세울 때 우선 대략적인 구분을 해야 하는 이유를 뒷받침한다. 즉, 도덕적 순서화를 진행할 때 인간을 우선시해야 하는데, 이는 하그로브에게서 물려받은 우리의 인식론적 조건과 일치한다. 문제는 다음이다. 원하는 결과를 얻기 위해 어떤 사람이 우선시되어야 하며, 그러한 판단을 내리기 위한 유의미한 기준은 어떻게 설정할 수 있을까? 이런 점을 설명한 뒤에, 비인간 존재의 내재적·도구적 가치들을 고려해야 할 텐데, 이 중 미래 세대와 도시 인공물 문제는 7장에서 다루는 것이 더 적합할 것 같다.

내재적 가치와 도시 모빌리티

인간과 비인간 쟁점이 얽혀 있는 도시의 교통 문제를 다룬 가장 적절한 연구는 로버트 커크먼Robert Kirkman의 《대도시 성장의 윤리: 건축 환경의 미래The Ethics of Metropolitan Growth: The Future of our Built Environment》일 것이다.[1] 이 책에서 커크먼은 도시 팽창이 교통은 물론이고, 교육 · 야생동물 · 지역공동체 등 다양한 삶의 영역에 영향을 미치는 연구 주제임을 보여 준다. 이 책은 도시 팽창에 대해 윤리적으로 생각할 때 반드시 검토해야 할 '거물' 항목, 즉 수백만 명의 사람들에게 영향을 미칠 문제들을 다룬다. 커크먼이 정확히 교통 문제에 초점을 맞추고 있지는 않지만, 대도시 지역이 비인간 세계와 어떻게 대립하고 있는지를 고민한다. 그런데 그는 내재적 가치 문제는 피하고 정책 문제에만 주의를 기울인다. 그의 실용적 접근 방식은 그 자체로 훌륭하지만, 내재적 가치를 무시하면 탐구 범위가 좁아지는 것도 사실이다. 결국 우리에게 필요한 것은 도시의 도덕적 차원과 교통과의 관계에 대한 완전한 설명이다.

이를 개념화하는 방법에는 여러 가지가 있겠지만, 여기서 다루고자 하는 것은 약한 인간중심주의적 내재적 가치에 대한 하그로브의 의견을 따르는 것이다. 그는 우리가 예술을 어떻게 이해하는지를 보면 이 주제를 이해할 수 있다고 말한 바 있다.[2] 예를 들어 우리에게 감동을 주는 어떤 위대한 그림은, 시대에 따라 변화하는 취향의 기준에 기대어 평가받는다. 이때 작품의 내재적 가치는 대중의 환호에 따라 달라지는 것이 아니라 적절한 사회적 평가를 내릴 수 있는 전문가의 판단에 근거한다.[3] 이런 사고방식을 비인간 세계에 적용해 보면, 이러한 가치관은 자연 '전문가'와 훈련된 애호가들에게 동기를 부여한다.[4]

하그로브가 내재적 가치와 도구적 가치를 혼동한다는 인상을 줄 수도 있지만, 둘 다 미학을 포함하기 때문에 이 둘은 단지 동등하게 공존하는 개념일 뿐이다. 도구적 가치는 아름다움을 수반하여 그것을 소중히 여기는 사람에게 쾌락을 준다. 그러나 내재적 가치는 단순한 미적 쾌락을 넘어서는 판단 행위가 필요한 대상에 대한 평가로 구성된다. 이런 평가를 위해서는 평가에 사용되는 기준과 이상에 대한 고민이 필요하다. 이때 위험한 것은, 착취를 정당화하는 수단으로서의 도구적 가치만 주장하며 어떤 대상을 폄하하는 것이다.[5]

내재적 가치에 대한 이런 관점은 예술과 환경문제에만 적용되지 않는다. 문헌학자들은 고문서는 디지털로 보존되더라도 그 자체로 내재적 가치가 있기 때문에 소중히 관리해야 한다고 주장해 왔다.[6] 고문서의 디지털 사본을 만들면 그 도구적 가치가 보존되는 것이지만, 원본 또한 그 자체로 여전히 소중할 수 있다는 것이다. 이러한 사고방식은 내재적 가치가 중요한 영역임을 보여 준다. 인간 및 비인간적 요소를 모두 포함하는 도시 모빌리티 문제에서는 내재적 가치를 다뤄 둘 필요가 있다. 다음 절에서는 약한 인간중심주의적 입장이 본질적으로 이런 문제를 생각하는 데에 어떤 도움을 주는지 살펴볼 것이다. 이는 우리의 논의에서 보조적 역할을 수행하는 구조윤리학에 부합하는 방식이기도 하다.

교통에서의 약한 인간중심주의

하그로브는 인간과 비인간 문제를 설명하기 위해 약한 인간중심주의를 완벽하게 발전시킨 철학자이지만, 이 접근법을 최초로 사용한 사람은 아니다. 예컨대, 내재적 가치에 호소하지는 않지만 브라이언 노튼Bryan Norton은 인간이 **느끼는** 우선순위의 만족도에 따라 모든 가치가 결정된다는 강한 인간중심주의에 반대하고자 약한 인간중심주의 입장을 발전시킨 바 있다.[7] 약한 인간중심주의는 인간이 **고려한** 우선순위가 모든 가치를 결정한다고 주장한다.[8] 이는 환경에 대한 우리의 합리적인 사고가 환경보호로 이어질 수 있음을 시사한다.[9] 가령 우리는 미래 세대를 위해 생태계에 관심을 갖고 환경보호에 힘쓸 수 있는데, 이런 것이 바로 지속가능성을 위한 움직임이다. 결국 노튼은 인류가 혐오에 빠지지 않으면서도 환경을 고려하는 접근 방식을 개발할 수 있음을 보여 주었다.

이는 인간이 비인간을 고려하는 방법을 제공한다는 점에서 환경 윤리에 도움이 되는 견해지만, 내재적 가치를 무시하고 미학과 같은 다른 차원의 문제는 배제한다는 점에서 비판을 받는다.[10] 노튼은 이후 이 입장을 포기하고 실용적인 접근 방식을 택했다.[11] 하그로브는 다른 버전의 약한 인간중심주의를 고수하는데, 이는 전술했듯 내재적 가치에 초점을 맞춘 입장이다. 그는 비인간중심주의를 해체하면서 이것이 어떻게 약한 인간중심주의의 다른 버전인지를 보여 준다.

5장에서 언급한 비인간중심적 내재적 가치에 대한 비판을 염두에 두면 하그로브 접근 방식의 근거를 이해할 수 있다. 예컨대 하그로브는 우리가 인간의 관점을 벗어날 수 없다고 주장하지만, 비인간(생물과 무생물) 존재의 내재적 아름다움에 호소하여 비인간 세계에 대한 도덕적 배려를 정당화하면 이를 방어할 수 있다.[12] 그는 약한 인간중심주의에 이를 포함시킴으로써 노튼이 말한 우선순위/고려의 틀을 뛰어넘는다. 이런 움직임은 또한 우리가 도시의 아름다움과 교통 시스템을 이해하는 방식에도 도움이 되는 내재적 가치에 기반한 도덕적 고려를 정당화한다.

예를 들어, 하그로브의 연구는 인간중심주의가 단순히 '인간–중심'을 의미한다는 점을 상기시킨다. '약한'이라는 접두어는 인간중심주의가 유연하다는 점을 시사한다. 우리는 우리의 즉각적 이해관계를 탈피한 실천에 참여할 수 있음을 보여 줌으로써 비인간 세계를 우리의 시야에 넣을 수 있다. 약한 인간중심주의는, 인간을 최우선으로 고려하면서도 비인간 존재의 내재적 가치를 살필 여지를 남겨 둠으로써 인간중심주의를 약하게 만드는 것이다. 인간을 무조건 비인간보다 우위에 두지는 않는 이런 양보를 통해, 약한 인간중심주의는 도덕적 우선순위 문제를 다룰 때 저지를 수 있는 실수를 피한다. 이런 기본 구조는 인간의 이익을 최우선으로 존중하면서도 비인간을 목적이 아닌 수단으로 간주하는 총체적 도구주의를 넘어서

기 때문에, 비인간이 여전히 우리의 시야에 남게 된다.

또한 캘리콧의 사르트르 연구를 되새겨 봤을 때, 인간은 비인간 존재를 돌보기 전에 인간 종을 돌봐야 할 도덕적 의무가 있다고도 말할 수 있다. 이것이 앞에서 언급한 도덕적 순서화의 궤적과 일치하기도 하지만, 뿐만 아니라 이러한 동기는 하그로브가 확립한 인식론적 근거와 결합되어 있음을 생각해야 한다. 이 개념은 우리가 인간 중심의 입장에서만 확신에 찬 행동을 할 수 있는 반면에, 생태계를 다룰 때 가장 어려운 부분인 비인간 존재들의 정신과 그들의 이해관계에 대한 검증이 필요한 주장에 대해서는 여전히 무능한 상태임을 의미한다. 이것이 도덕성 및 바람직한 결과물과 관련된 많은 주장을 뒷받침할 수 있는 것인데도 말이다. 결국 이러한 불확실성과 생태계를 대변할 수 없다는 불가능성 때문에 우리의 인식론적 상황이 도덕적 주장이나 도덕적 질서화의 형성 과정에서의 입장을 뒷받침할 수밖에 없다.

개념 자체는 간단하다. 우리는 인류의 이익이 무엇인지 알고, 집단과 개인의 이익이 무엇인지 안다. 문제는 이 개념을 달성하는 일이다. 우리는 우리의 이익에 유리한 결정을 내리기 위해 필요한 정보에 접근할 수 있고 검토할 수 있으므로 실현가능성도 높아진다. 모빌리티와 인간의 이익에 관한 어떤 결정을 내릴 수 있는 것이다. 이런 측면을 염두에 두면 교통 시스템의 부분들을 어떻게 배치할 것인지와 관련된 결정을 할 때에는 더 높은 수준의 확신이 필요하다. 하지만 우리가 이런 지식에 접근할 수 있다 해도, 누군가는 인류나 집단 혹은 특정 개인의 이익과 복지에 반하는 행동을 하거나 할 수 있다는 (혹은 하고 있다는) 사실을 없애진 못한다. 이 점은 우리가 행동할 수 있는 능력이 있다는 점을 강조하고 있지만, 비극적이게도 교통의 역사는 그렇지 않다는 점을 보여 준다.

예컨대 거의 100년 동안 미국의 공학자들은 효율성 같은 비정치적인 차원에 근거해 자가용 문제를 다루고 대중교통의 이점에 집중해 왔다. 1931년 미국 전기철도협회The American Electric Railway Association의 이사 찰스 고든은 사람들이 자가용을 갖기 시작하면서 뉴욕 같은 도시에서 끔찍한 교통혼잡이 발생했다고 지적했다.[13] 이는 교통 당국과 사람들이 오랜 기간 단일기술포화 상태에 대처해 왔음을 보여 준다. 일화일 뿐이지만, 이는 우리가 경우에 따라 우리의 이익과 복지를 위해 균형을 맞추거나 행동할 수 없음을 시사한다.

이로 인한 환경적 영향을 생각해 봤을 때에도 인간의 건강과 복지에 크게 도움이 되진 않았음을 알 수 있다. 전문가들이 있었음에도 말이다. 이런 관점에서 볼 때, 생태계나 비인간 생명체를 위해 절대적 확신을 가지고 행동할 수 없다는 주장은 유효할까? 그렇다. 많은 경우, 단순히 이와 같이 행동하지 못했다는 이유만으로 그것이 불가능하다고 단정 지을 순 없다. 최상의 경우라고 해도 이는 인식론적으로 매우 어려운 일이며, 하그로브적 의미에서 엄청나게 불가능한 일이지만, 우리는 비인간 존재의 이익에 대해 인간중심주의적 시각에서 행동할 수 있다.

한편, 앞에서 말한 핵심은 우리가 다른 존재보다 인간을 우선시할 수밖에 없다는 것을 보여 주지만, 요나스의 명령은 이 둘을 긴밀히 연결한다. 즉, 그는 진정한 인간 삶의 조건을 보존해야 한다고 주장하는데, 이는 인간이 인간답게 살 수 있게 하기 위해 자연이 존재해야 한다는 의미다.[14] 하지만 확실하게 알 수 있는 것에 근거한 입장에서만 그렇게 할 수 있음을 명심해야 한다. 이 경우는 우리가 인간의 이익에 대해 알 수 있는 것이 무엇인지에 달렸다. 앞서 이야기했듯 어려운 과제다. 이런 관점 말고도, 누군가는 비록 우리가 그들에게 우리의 이익을 투영하고 있더라도 비인간의 이익을 위해 행동하기를 원한다고 주장할 수도 있다. 이런 입장을 지지하려면 특히 이해관계가 충돌할 때 균형을 맞출 수 있는 방법을 제시해야만 한다.

약간 복잡한 주장이지만 요약하자면 이렇다. 우리가 인간에 대한 도덕적 의무를 갖고 있다는 주장은 적절한 지식으로 뒷받침되지만 그 지식에 완전히 근거하고 있는 것은 아니라는 것.* 따라서 생태계에 대한 주장은, 이런 소리 듣기 싫겠지만, 여전히 인간중심적일 수밖에 없다. 하그로브가 생태중심주의(비인간중심주의)의 불가능성을 말했던 것처럼, 우리는 항상 이런 시각에 사로잡혀 있는 것이다.

이런 점을 염두에 둘 때 모든 이해관계는 인간중심적이라는 걸 알 수 있으며, 어떤 이해관계를 먼저 고려해 조치할지를 결정하는 일이 과제가 된다. 결과적으로 인간의 이익이 기본적으로 우선시된다.

---

* 이 점은 이러한 시각을 지지하는 다른 이유, 가령 어떤 존재와 관련해 잘 논증된 의무 같은 것이 있을 수 있음을 시사한다.

이제 도시교통 시스템 문제는 어떤 사람들의 이익을 우선시해야 하는가의 문제가 된다. 다음 절에서는 이러한 약한 인간중심주의 요소를 조합하여 원하는 결과를 도출하기 위해 교통 시스템의 부분들을 배치할 때 숙고해야 하는 상황, 즉 소외된 취약 인구를 다뤄야 하는 상황에 대해 이야기할 것이다.

약한 인간중심주의와 도덕적 순서

인간과 비인간의 관계 문제에서 약한 인간중심주의는 적절한 조화를 이끌어 내지만, 그 내부 구조를 살펴보면 무시됐던 사회문제가 드러날 수 있다. 교통 관련 문제에 대해 생각할 때, 특히 도시 공간을 이동하는 능력의 향상 가능성 문제와 관련하여, 도덕적 순서에 우선권을 줄 필요가 있는 집단에 대해 추가 조치를 취할 여지가 있다. 결과적으로 우리는 구조윤리학에 완벽하게 부합하는 부분들의 배치에 대해 말할 수 있고, 전체 교통 시스템에 대해 우리가 원하는 종류의 결과를 창출하는 과정으로서의 유용성을 어떻게 확장하는지 보여 줄 수 있다.

예를 들어, 이 장의 서두에서 취약하고 소외된 집단을 비인간보다 우선시하지 않는 것이 문제가 될 수 있다고 언급한 것을 기억해 보자. 구조적으로, 약한 인간중심주의는 사회정의와 관련해 설계상 단점이 없다. 약간의 보완을 통해, 5장 말미에서 언급했던 협의를 피할 수 있는 정의로운 교통·환경문제 해결법을 개발할 기본 청사진을 마련해 보자.

일례로 사만다 놀Samantha Noll과 라시 허바드 매틱스Laci Hubbard-Mattix는 젠더 불평등과 건강 격차에 주의를 기울여 교차성의 렌즈로 구체적 문제들을 검토함으로써 교통 문제에 대한 생각을 발전시킬 수 있음을 보여 준다.[15] 이를 필요로 하는 특정 문제의 경우, 약한 인간중심주의적 관점에 이 렌즈를 추가하면 더 명확하게 볼 수 있다. 이런 방식으로 구체적인 문제들을 적절히 파악해 가면 모빌리티 계획 및 공학에서의 도덕적 순서를 결정하는 방식을 개선할 수 있다. 이는 교통 전문가들이 전략적으로 교통 시스템의 부분들을 배치함으로써, 그러한 렌즈가 드러내는 비판의 대상이 될 나쁜 결과를 피할 수 있음을 시사한다. 결과적으로 지역 전문가들은 문제를 정확히 파악함으로써 주의가 필요한 위험한 문제를 해결할 수 있다.

이 점은 매우 구체적인 동시에, 더 큰 패턴이 작동하고 있음을 보여 준다. 지금까지 쭉 설명한 과정은 복잡한 문제를 선형적인 방식으로 사고하게 도와주며, 대체 가능한 수단들을 동원해 잘 정돈된 방식으로 사고를 구조화하는 데에 도움이 된다. 이런 감각 속에서, 어느 정도 재현 가능하고 예상 가능한 기본적 패턴을 어떻게 준수해야 하는지 보여 주려 한다. 이 점을 설명하면 우리가 교통의 임의적 측면을 다루고 있을 뿐만 아니라 절대적인 존재의 가능성 측면도 다루고 있음을 알 수 있다. 어떤 패턴을 발견한다는 것은 보편적 원리를 찾았다는 의미일 수 있지만 이런 것이 크게 중요한 건 아니다. 이는 단순히 과정상의 특질일 뿐 우리가 독단적으로 옹호해야 할 속성은 아니다. 오히려 이런 식의 생각은 의도치 않게 더 넓은 철학적 논의와 연결된다.

약한 인간중심주의가 해결해야 할 과제는 어떻게 모든 요소를 고려해 우선순위를 결정할 것인가의 문제이므로 교차성의 렌즈를 통해 이 문제를 검토하는 것이 상당히 중요할 것이다. 누구를 혹은 무엇을 고려해야 하는지를 고려해 도덕적으로 우선순위를 결정하지 않는다면, 5장에서 논의했듯 약한 인간중심주의는 생태중심주의보다 나은 결과를 만들어 내지 못할 것이다. 이 과제를 완수한다는 것은, 도덕적 우선순위에 대한 적절하고 도덕적인 접근법을 이끌어 내는 도덕적 순서화에 약한 인간중심주의를 포함시키는 방법을 보여 주는 걸 의미한다.

다시 말해서, 이론적 장치로서의 도덕적 순서화는 소외되고 취약한 사람들, 공중公衆, 비인간(개별 동물들과 생태계), 미래 세대, 도시의 인공물에 영향을 미치는 행동 순서를 정할 때 도움이 될 수 있다. 각각의 범주들은 존중받아야 하지만, 모든 범주가 똑같이 존중받을 수는 없다. 엄격한 모델을 개발하는 것은 망설여진다. 왜냐하면 경직된 구조는 도덕적 혼란을 가져올 수 있으며, 우선순위가 억압의 장치로 기능할 수 있기 때문이다. 즉, 도덕적 우선순위를 장기적 유토피아적 목표로 생각해 버리면 단기적 잘못을 저지르는 것이 정당화될 수 있다. 이는 기술에 대한 유토피아적 비전을 버려야 한다고 했던 요나스의 주장을 다시 강조하는 것인데, 나는 여기에 '철학적 장치'가 포함된다는 점을 덧붙이고자 한다.

이런 방식으로 생각했을 때 도덕적 순수화를 하나의 목적이 아니라 도덕적으로 건강한 수단으로 여겨야 한다. 물론 도덕적 결과를 달성하는 것이 목표임을 부정할 수 없다. 이러한 현실을 성취하기 위해서는 다양한 상황에 적용할 수 있으면서도 신뢰할 수 있고 정의를 구현할 수 있는 사고방식이 필요하다. 이제부터 도시교통의 복잡한 문제를 처리할 때 도덕적 순서를 어떻게 설계하는지 보자.

이런 경우를 생각해 보자. 도시가 어떤 종류의 교통 시스템에 투자해야 하는지를 논의할 때 소외된 취약계층, 공중, 비인간, 미래 세대, 도시 인공물 등을 고려하고 행동해야 한다. 그럼 도덕적 순서를 매길 때 가장 높은 순위를 받아야 하는 집단은 어딜까? 나는 에마뉘엘 레비나스Emmanuel Levinas와 엔리케 두셀Enrique Dussel이 제시한 견해에 찬성하는 쪽인데, 이들은 가장 고통받는 사람들을 도와야 한다고 했다. 도덕적 순서는 이들의 견해를 뒷받침한다.[16] 고통받는 사람들이 왜 다른 집단보다 더 많은 고통을 받고 있는지 알고 싶다면, 두셀은 억압과 관련된 사회정치적 조건을 검토함으로써 도덕적 이유를 찾을 수 있다고 말한다.

그들은 거리에서, 시스템 바깥에서, 고통스럽고 처절한 얼굴을 보여주는 사람들이다. "우린 배고파요! 우리에게도 먹을 권리가 있습니다!" 시스템 바깥에 놓인 그 권리는 시스템의 법칙이나 투사로 정당화되는 권리가 아니다. 그들의 절대적인 권리는 신성하며 자유롭기 때문에, 그들의 고유한 외면성, 인간 존엄성의 실제 구성에 기초해 있다. 가난한 사람들이 세상에 나오면 그들은 그들을 착취하는 시스템의 기둥 자체를 흔들게 된다. … 억압받는 사람이 존재한다는 것 자체만으로도 억압자의 '선한 양심'은 끝난 것이다. 가난한 사람이 어디에 있는지 발견할 수 있는 능력을 가진 사람이라면, 이들로부터 국가의 병리를 진단할 수 있을 것이다.[17]

정치적으로 조직된 사회가 발전하기 위해 사용한 수단이 특정 집단의 사람들을 착취하는 것과 관련되어 있다면, 이 상황이 도덕적 질문을 제기한다는 점을 이 인용문은 보여 준다. 이 같은 역사에 비추어 보았을 때 고통받는 사람들을 어떻게 대해야 하는지에 대한 도덕적 질문 말이다. 역사적 과오로 인한 피해를 바로잡는 결정을 내릴 수 있는 도시계획가나 공학자는 그렇게 행동할 도덕적 근거가 있다. 역사적 과오에 대한 책임은 없지만, 그것을 바로잡는 방식으로 행동하지 않는다면 역사적으로 뿌리 깊은 억압은 영속될 것이다.

이런 상황들을 생각해 보았을 때, 희망찬 미래를 설계하기 전에 어두운 과거로부터 나온 간접적 피해를 바로잡는 것을 목표로 삼는 것이 공리적으로 바람직해 보인다. 두 가지 목표를 동시에 달성할 수 없다면 말이다. 그렇지 않으면 이런 행동들은 당연히 부정적인 도덕적 성명들이 되고 말 것이다. 최신의 고도 기술을 반영한 복잡한 교통 시스템 문제를 다룰 때, 이런 발전을 달성할 수 있다는 것이 '열차가 정시에 운행되도록' 하는 동시에 역사의 과오를 바로잡는 수단을 제공할 수 없다고 단정하긴 어려울 것 같다. 이 지점에 도달하지 못했다는 것이 기술에 대해 말해 주는 바는 거의 없지만, 부분들을 배치하는 사람들에 대해서는 많은 것을 말해 준다.

한편, 이런 역사에 대해 알아야 한다는 문제도 있다. 소외된 집단이 부당한 대우를 받게 된 구체적 방식을 파악하고자 환경정의 연구의 이론적 도구들을 활용할 수 있다. 예컨대 로버트 피게로아Robert M. Figueroa는 다양한 종류의 피해 상황을 정확히 파악하기 위해 환경정의 패러다임을 개발했다. 여기에는 신체적·정신적 상해, 문화 정체성에 대한 손상, 전통적 형태의 지식과 유산에 대한 침해, 그리고 자신에게 영향을 미치는 정책 결정에 소외 집단이 참여할 수 있게 하는 조항이 포함된다.[18]

피게로아의 패러다임은 포괄적 정책 수단의 여지를 주지만, 참여를 제한하지 말고 이런 관행을 넘어서야 한다고 생각한다. 다음과 같은 질문으로 앞 절에서 언급한 요점을 상기해 보자. 누가 도시 인공물의 내재적 가치를 평가할 자격이 있는가? 피게로아 접근 방식의 일관성을 유지하려면, 문화적 또는 역사적 연결을 통해 도시 인공물에 편히 접근할 수 있는 소외된 사람들을 여기에 필수적으로 포함시켜야 한다.•

• 모든 역사적 유물에 내재적 가치로 간주될 것이 있다는 의미는 아니다. 예컨대, 미국 남부의 남부동맹군 기념물에 대한 최근의 주장들을 생각해 보자. 지지자들은 이 기념물들에 내재적 가치가 있고 따라서 보호받아야 할 가치가 있다고 주장할 수 있다. 이런 견해는 이 기념물들이 아프리카계 미국인들에게는 다른 역사를 갖는다는 점을 인식하지 못한다는 점에서 문제다.

여기서 중요한 것은, 앞서 언급했던 놀과 허바드 매틱스의 접근 방식과 같은 교차성의 렌즈를 활용하거나 환경정의 원칙에 호소할 수 있다는 것이다.[19] 강조할 필요가 있는 중요한 개념은, 이 같은 특정 이론적 장치가 교통과 관련한 특수한 사례에 무엇보다 잘 적용될 수 있다는 점이다. 고통받고 있거나 특정한 조치가 필요한 사람들에게 더 나은 결과를 제공하기 위해, 우리의 사고와 행동 방향을 잡아 줄 수 있는 고도로 전문화된 개념 장치를 적용하지 않을 이유가 없다. 이런 문제를 해결하고 역사적으로 억압받고 소외됐던 사람들의 삶을 개선할 수 있다면, 이것이야말로 기술적으로 진보한 교통 시스템과 더불어 도덕적 진보로 받아들여야 한다.

이 점을 염두에 두면서, 이제 '교통 시스템이란 무엇인가?'라는 질문으로 돌아가 보자. 이에 대한 답의 첫 번째 부분에서 존재론적 구조를 살펴봤던 것을 상기하면, 나머지 부분에서는 부분들의 배열과 도덕적 혹은 비도덕적 결과와 관련된 수많은 문제들을 다루는 방법을 보여 줄 것임을 알 수 있다. 대략적으로 말하자면, 교통 시스템은 도시 모빌리티와 관련된 긍정적 및/또는 부정적 결과를 낳는다고 주장할 수 있다. 이런 방식으로 생각해 볼 때, 이 질문에 대한 답을 찾는 과정은 도시에서 발생하는 피해의 총체를 도덕적으로 순서화하는 출발점이 되며, 광범위한 사회적·경제적 불평등과 환경파괴 문제를 가시화할 수 있음을 보여 준다. 주목해야 하는 중요한 차원은, 당장 위험에 처해 있거나 권리를 박탈당한 사람들을 우리 사고의 최전방에 놓아야 한다는 점이다. 그런 다음에 도덕적 순서화 과정에 다른 요소들을 도입함으로써 도시 모빌리티의 도덕성에 전적으로 주의를 기울인다는 것이 무엇을 의미하는지 더 명확하게 제시할 수 있다.

　이는 취약하고 소외된 사람들을 먼저 고려한 다음, 그 결정이 공공에 어떤 손해나 이익을 가져오는지, 그리고 개인들에게 어떤 영향을 미치는지를 판단해야 한다는 것을 시사한다. 도덕적 순서 속에서 이 범주를 다룰 때 가장 문제가 되는 상황 중 하나는, 개인의 이익과 다수의 이익을 비교하는 것이다. 즉, 이 부분에 세심한 주의를 기울이는 교통 부분들의 배치 문제에 주목해야 한다. 7장에서는 이 시나리오가 언제 문제가 되는지, 다시 말해 일반적으로 이런 견해가 극단적인 형태로 나타나는 경우를 살펴보려고 한다. 개인과 집단 사이의 긴장과 관련한 생각을 발전시키도록 도와주는 멕시코 철학자 안토니오 카소의 교훈을 활용해 이를 검토하고, 문제를 완화시킬 방법을 찾고자 한다. 이어 비인간의 생명, 미래 세대, 도시 인공물 문제로 관심을 돌려 도시 모빌리티의 맥락에서 그 중요성을 검토해 보자.

7장

사랑, 존중,
그리고 도시 모빌리티

더 광범위한 사회적·물질적 맥락에서 모빌리티 기술을 검토하면 교통의 어떤 부분이나 부분들의 집합의 배치 문제가 주어진 상황에 좋은 혹은 나쁜 결과를 낳을 수 있다는 관점을 얻을 수 있다. 이 개념은 다양한 수단을 늘리는 것에서부터 특정 형태의 대중교통 및 개인 교통수단을 장려하고 공중 트램 같은 혁신적 기술을 도입하는 것에 이르기까지, 이 문제에 접근할 수 있는 다양한 방법이 있음을 시사한다. 교통 및 도시계획 분야의 미래지향적 전문가들을 통해 우리는 철학적 수준을 넘어서는 기술적 문제를 다루는 방법에 대한 여러 통찰을 얻을 수 있다. 이들이야말로 도시 모빌리티의 가치 있는 목표를 확보할 도덕적 순서화를 뒷받침하는 부분들을 구성할 수 있는 (혹은 구성할) 리더들이(될 것이)다.

교통 문제가 대중들에게 미치는 긍정적·부정적 영향을 생각했을 때, 여러 문화적이고 관습적인 요인들이 결과에 영향을 미치고 그런 결과가 실현되는 방식과 관련을 맺는다는 점을 알 수 있다. 이런 생각은 집단적인 사회와 개인주의적 국가 각자가 모빌리티 시스템 사고방식에서 긴장을 드러내는 구체적인 경향성을 보일 것임을 말해 준다. 이러한 현실은 앞 장에서 언급한 구체적인 사례를 해결하는 통찰을 제공하는 방법으로서 교통에 대해 추상적으로 논의하는 것을 어렵게 만든다. 그럼에도 불구하고, 도덕적 영역 내에서 모빌리티 문제를 수용 가능한 해결로 나아가게 하는 넓은 개념이 있다. 이런 생각을 염두에 두면서, 우리가 고려해야 하는 사항들의 뒤에 있는 패턴에 주목했던 앞선 논쟁들을 연구하는 것도 하나의 방법이 될 수 있다.

예컨대, 개인의 권리와 사회의 개선을 대립하는 것으로 보는 이론들 사이의 논쟁을 정리하는 방법은 여러 가지가 있다. 도덕철학에서 가장 잘 알려진 예시 중 하나는 (의무에 기반한) 의무론적 접근 방식과, 더 큰 집단의 편을 드는 공리주의 이론의 양립불가능성이다. 간단히 말해서 이때의 대립은 다음과 같다. 도덕적으로 모호한 상황에서, 사람들은 결과를 고려하지 않고 자신의 의무를 알림으로써 일반화 가능한 방식으로 행동해야 하는가? 아니면, 결과가 수단을 정당화할 수 있도록 최대한의 행복을 창출하기 위해 행동해야 하는가?

각각의 학설 모두 사람들이 살고 싶어 하는 도시를 만들어 낼 수 있겠지만, 두 학설 모두 큰 문제점을 안고 있어 광범위하게 적용하기가 망설여진다. 이런 입장은, 도덕적 의사결정 뒤에 있는 사고가 인간으로서의 우리를 어떻게 구성하는지를 고려해야 한다는 생각을 도입하지 않은 입장이라고 말할 수 있다. 교통인프라 및 정책과 관련된 선택에도 이런 개념이 포함되는데, 이는 교통인프라 및 정책도 조사의 대상이 된다는 걸 의미한다. 앞에서 말한 대립적 논쟁은 무한정 이어질 수 있지만, 거리의, 거리를 위한 철학은 현존하는 피해 및 임박한 피해를 완화(혹은 예방)하는 조치를 필요로 한다. 이 같은 과제에 도움을 얻기 위해 안토니오 카소Antonio Caso가 초-개인주의와 완강한 집단주의 간의 긴장을 어떻게 해석했는지를 살펴보자.

카소는 이러한 긴장을 다룸으로써 더 윤리적인 사람이 될 수 있는 기회를 얻을 수 있음을 드러낸다. 도덕적 순서의 한 형태로 부분들을 배열하여 교통 시스템을 만드는 것은 가치를 표현하는 기회인 것이다. 도덕과 윤리의 차이에 대해 전자는 행위의 상태만을 다루는 것이고, 후자는 그러한 개념(가령 특정한 직업윤리 강령 같은 것)을 바탕으로 더불어 사는 것을 수락하는 방식이라는 점에 동의한다면, 교통 문제의 윤리적 매개변수를 정의하기 위해서는 다른 사람들과 협력해야 한다. 이러한 이상은 우리 모두가 도덕성의 근거와 기준은 다를지라도 적어도 윤리에 대한 공통된 견해를 공유한다고 가정한다.

카소에 따르면, 우리는 타인이 나를 위해 해 주기를 기대하는 것보다 더 많은 것을 해 주기 위해 노력해야 한다.[1] 도시 모빌리티와 관련해 여기에서 얻을 수 있는 교훈은, 인간이 기본적으로 가지고 있는 동물적 본능, 다시 말해 상황의 경제적 차원에 집중하는 경향을 넘어서야 한다는 것이다.[2] 사람을 존중하는 데에 필요한 사고의 폭을 넓히지 않으면 이런 결과를 초래할 수 있다. 카소는 이러한 조건들이 왜 본질적으로 문제가 되는지를 보여 주고자 이 개념의 근거를 제시한다.

하나의 벌집은 그 속에 있는 각각의 개체를 벌떼의 법칙으로 환원시키는 하나의 개체이다. 개인주의의 오류와 사회주의의 오류는 상당히 유사한데, 왜냐하면 이 오류들의 극단적 형태에서 사회적 이론과 철학적 신조 모두 인간의 우월한 본성을 무시하고 그(혹은 그녀)의 정신적 실재의 특질을 무시하기 때문이다. 개인주의와 공산주의는 인간의 존엄성을 약화시킨다. 그러나 사람과 문화는 동시에 존재한다. 사람은 발전을 위해 사회를 필요로 하기 때문이다. 그리고 사회는 그 존재 자체를 위해 사람을 필요로 한다.[3]

인용문에서 카소가 말하는 정신성은 다른 사람들과 함께 해야만 하는 가치 창출을 포함한다. 카소의 생각을 교통체증 문제에 적용해 보면, 여기에서 개인으로서의 인간은 개미집으로 돌아가는 개미들과 같은 수준으로 간주되고 있음을 알 수 있다. 이는 행위자로서의 인간에 대한 존중이 부족함을 보여 준다. 혹자는 그러한 집단행동이 인간을 동물로 환원하여 합리적인 사람이라면 선택하지 않을 사회적 조건들로 사람들을 몰아넣는다고 주장할 수도 있다. 즉, 부분으로서의 인간은 내재적 가치가 제거된 채 수동적 부품의 지위로 전락하게 되며, 이는 본질적으로 그리고 도덕적으로 문제가 있는 일이다.

이러한 사회적·물질적 배치는 각각의 사람들이 견뎌야 하는 것이다. 이는 비극적인 의미에서의 고통은 아니지만, 다른 선택의 여지가 없기 때문에 견뎌야만 하는 불쾌한 경험인 '인내'를 만들어 낸다. 이는 오래 지속된다. 이들이 겪는 고통이 취약계층의 고통과 비슷한 규모는 아니다. 취약계층이나 억압받는 사람들은 가령 교통이

혼잡한 고속도로 근처에서 삶을 일궈야만 함으로써 비도덕적인 모빌리티 부분들의 배치가 불러오는 해악과 싸워야 한다. 여기에서의 문제는 동일한 패턴이긴 해도 억압적이지 않은 형태로 나타나지만, 다른 형태의 지역 이동을 어렵게 만들어 제한하고 억제한다는 점에서 억압적이며, 이는 부분적으로는 단일기술포화의 결과이다.

이러한 상황 때문에 우리는 도덕적 순서를 매길 때 취약하고 소외된 집단에 우선순위를 주는 이유를 되새겨 보게 된다. 그들은 일반 공중보다 더 큰 피해를 견디며 고통받고 있는 것이다.* 고속도로 시스템의 내재적 특징은 아니지만, 단일기술포화로서 자가용이 지배적인 모빌리티 수단인 대도시 지역에서는 예상할 수 있는 상황이다. 미국, 멕시코, 그리고 최근 중국과 같은 국가에서는 개인 차량과 같은 부분들이 과잉됨으로써 사람들이 매일 이런 상황을 견뎌야 한다.[4] 대부분의 사람들은 취약계층이 받는 고통과 같은 방식의 고통을 겪거나 그들보다 더 심각한 위험에 노출되지는 않지만, 이점이 거의 없는 상황에 직면할 수밖에 없다.

사람들은 더 잘 견딜 수 있는 방법을 찾는다. 음악, 팟캐스트, 오디오북을 듣는다. 이는 본질적으로나 도구적으로 가치 있는 경험이지만, 출퇴근 중의 교통체증을 견디기 위해서 하는 활동이라는 점에서 부차적이다. 오디오북을 즐기려는 사람이 교통체증이 일어나는

---

* 내가 이 지점을 강조하는 이유는 그런 입장이나 내 견해를 반성해서라기보다는, 우리가 심하게 고통받는 이들을 도와야만 하는 이유를 그보다는 덜 고통받는 이들보다는 더 긴급하게 대해야 한다는 점에서 찾는 일부 현대철학의 어떤 성격 때문이다.

곳을 일부러 찾아가서 다른 사람들의 배기가스를 들이마시면서 어떤 소설이나 회고록을 듣는다고 주장할 수는 없다. 이전 장의 내용을 다시 상기해 보라. 연구에 따르면, 대부분의 사람들은 통근을 시간 낭비라고 생각한다.[5]

교통체증의 심각성을 지나치게 강조하는 것처럼 보일 수 있겠지만, 교통체증을 암묵적으로 수용하는 것이 왜 걱정스러운지를 설명하는 비유가 있다. 교통체증은 흡사 깡패다. 매일 도시의 점심값을 갈취해 간다. 교통체증은 일상적인 것처럼 보이지만, 그렇게 받아들이지 말아야 한다. 어떤 도시가 교통체증을 피할 수 없는 설계의 결과로 받아들인 채 스스로 포기하고 굴복하는가? 교통이 우리의 삶에서 막대한 자리를 차지하고 있다는 점과 교통이 도시를 형성하는 방식을 생각했을 때, 이렇게 끔찍한 조건을 가진 도시가 어떻게 스스로를 정의롭다고 할 수 있을까? 괴롭힘에 맞서는 것은 변화의 순간이다. 도시의 삶을 위해 이러한 상황을 바로잡는 것은 다른 가치 있는 목표를 뒷받침하는 목표로서 꾸준하게 유지되어야 한다.

윤리적 고려가 필요한 대중교통 시스템 선택 문제에 앞의 렌즈를 적용하면, 다음과 같은 긴급한 질문에 마땅히 주목해야 함을 알 수 있다. 세계 여러 도시의 교통과 연결된 극단적 개인주의와 대중을 위한 전체주의에 저항하는 도시 모빌리티에 대해 생각하는 방법을 어떻게 찾을 수 있을까? 더 중요한 것은 이 질문을 활용하는 교통 전문가들이 던지는 질문이 다음과 같은 형태라는 점이다. 그러한 시스템은 어떤 모습일까? 그 시스템이 도덕적으로 존재하기 위해서는 어떤 조건을 조성해야 하는가?

우리는 이 질문들을 탐구해야 한다. 한편으로, 독재적으로 교통수단을 정해 주는 것은 민주주의에서 지지를 얻지 못할 가능성이 높기 때문에, 특히 대안적 교통수단이 발달하지 않은 지역의 사람들에게 버스나 경전철을 타라고 강요할 수는 없다. 이런 조치가 더 나은 생태학적 혹은 평등주의적 결과를 낳는다 하더라도, 사람들이 상당한 정도의 강압력 없이 이 선택지를 고르지 않는다면 저항 혹은 창의적인 해결책으로 이어지기 쉽다. 결국 이러한 조치가 더 나은 결과를 가져오는 조건은 아님을 알 수 있다.

다른 한편으로, 앞서 언급했듯 수많은 국가에서 사람들이 교통체증과 '싸워야' 한다는 점을 생각해 보면 단일기술포화 상태가 특정 사람들에게 고유한 문제임을 알 수 있다. 이는 운전자와 승객이 최대한 독립적으로 사용할 수 있는 교통 관련 부분들의 배열이 필요하다는 점에서 기인한다. 교통 문제에 대한 포괄적 해결책으로 하나의 모빌리티 수단을 규정하지 않는다면, 이 문제는 크게 걱정할 필요가 없다고 주장할 수도 있다.

도시 모빌리티의 주요 수단으로 자동차를 옹호하는 것은, 처음에는 지역 이동을 매우 효과적인 방식으로 촉진하기 위함이었지만, 교통체증이나 정체 같은 용어에서 알 수 있듯이 현재는 (전부는 아니지만) 많은 경우 이러한 목표를 달성하지 못하고 있는 상태다. 도시 모빌리티를 추구하는 과정에서 발생하는 상황을 설명하기 위해 체증이나 정체라는 용어를 사용한다는 것은 운전자들이 운전을 즐기지 않을 가능성이 높다는 걸 의미하며, 이런 상황에서 실질적 대안이 부족하다는 걸 의미한다. 교통 전체주의와 극단적 개인주의 사이에서 균형을 찾는 방법은 여러 가지가 있을 것이다. 그러한 균형을 이룰 수 있는 모빌리티 수단과 조합을 식별하는 것은 여전히 어려운 과제다. 이런 목적에 부합하는 특정 방법을 선택하는 것은, 도덕적 순서에서 그것이 차지하는 위치를 이야기하는 것인 만큼 교통수단에 대한 충성도에서 비롯되어서는 안 된다.

극도로 복잡한 현실 세계 문제에 대한 도덕적 해결책이 정확히 무엇일지는 알 수 없지만, 이 상황은 더불어 살아가는 선한 가치를 반영하는 모빌리티 시스템을 만들기 위해 우리가 무엇을 멀리해야 하는지를 보여 준다. 교통을 단순히 목적지까지 이동하는 수단이나 두 지점 사이를 왕복하는 수단이라고 생각하지 않고 인류 문화의 한 차원이라고 생각한다면, 도시 모빌리티에 대한 새로운 차원의 의미를 발견할 수 있다. 이런 생각은 단일기술포화로 귀결된 역사, 즉 경제적 차원에 집중하는 방식으로 교통을 바라보는 시각을 버려야 한다는 점을 시사한다.

도시 모빌리티의 맥락에서 경제적인 요소만을 고려할 때 생기는 문제점은, 앞서 언급한 카소의 입장에 비추어 볼 때, 더 집중해야만 하는 필수적 고려 사항(예컨대 가치 있는 목표를 향한 요소들)을 축소하거나 차단한다는 점이다. 우리는 훨씬 더 나은 교통 시스템과 도시를 만들 수 있지만, 이를 실현하는 것은 우리의 의지와 용기에 달려 있다. 그렇게 하지 못한다면, 이미 오래전에 모빌리티가 정점에

달한 것이고, 우리의 최선은 본질적으로 우리의 최악이 될 수밖에 없다. 이제 남은 건 예컨대 토요일의 교통체증 같은 것이다.

우리가 만들어 갈 수 있는 도시 모빌리티의 세계는 단일하고 낮은 수준의 동기에 호소하는 것보다 훨씬 더 나은 결과를 추구할 수 있다. 나는 이 개념이 항상 측정할 수 없지만 함께 만들어 가야 하는 것들을 포함한다고 생각한다.● 이런 것들을 합리적으로 무시할 수는 없다. 이러한 시각에는 도시를 위한, 그리고 서로에 대한 존중 혹은 사랑, 이웃과 동료에 대한 배려, 공동체의식, 인류의 발전, 잘 굴러가는 교통 시스템이 제공할 수 있는 도시의 미학 혹은 그 이상의 것들이 포함될 수 있다.

이 지점들을 염두에 두면서, 카소는 문화의 도덕적 차원이 개인적 특질과 교차하면서 어떤 형태의 반복을 보이기 때문에 훨씬 더 중요하다는 점을 설명한다. 즉, 문화는 인간 사회에서 계속 이어지고 있는 것이다.

하지만 문화는 가치의 종합을 의미하며, 가치는 사고와 행동에 반영되는 지속적인 관계이다. 더욱이 가치나 종교적 경험은 절대 미룰 수 없는 것이다. [인류의] 사회적 삶이 완전한 의미를 갖기 위해서는 가치가 인간의 의식에 지배적 영향을 미쳐야 한다. … 인류는 사랑을 잊었다. 더 이상 자선 활동을 하지 않고 이기적 활동만을 한다.[6]

● 물론 공공보건 결과나 유의미한 배출량 등 우리가 측정할 수 있는 요소들도 있다.

인용문의 앞부분은 특정 사회 내에서 공유되는 가치의 형성과 관련된 생각이라 큰 무리 없이 읽히지만, 뒷부분은 다소 저항이 있을 수도 있는 생각이다. '종교적 경험'과 '사랑' 같은 개념을 다루고 있어 잠시 멈칫하게 되는 사람도 있을 것이다. 하지만 이런 생각이 본질적으로 문제가 있어 보인다면, 이러한 생각으로 인해 고민하는 사회나 사람들에 대해 더 많은 것을 알려 줄 것이다. 그러한 이상이 다른 이상만큼 합리적이지 않은 의도적 이유가 있는가? 도시 모빌리티 논의에서 '종교적 경험'은 너무 큰 개념일 수 있지만, '사랑'은 그보다는 접근이 쉬울 수 있다.

학계의 전문가들이 특히 도시 모빌리티를 연구하는 철학적 담론에서의 사랑 개념에 대해 인내심이 부족하다고는 말할 수 있겠지만, 그렇다고 이 개념을 무시할 만한 이유는 없다. 이러한 현실은 이 개념들에 대해서보다는 이 제도들에 대해 더 많은 것을 말해 준다. 이 점은 차치하고, 카소의 생각을 진지하게 받아들여서 사람들을 사랑하는 마음으로 교통 시스템을 만든다는 것을 어떤 의미일까? 이것이야말로 인류를 위해 옳은 방향으로 나아가는 환상적인 행보다.

하지만 전문가의 입장에서 이런 생각이 터무니없게 여겨진다면, 사랑의 반대인 '혐오'에서 출발하여 그것이 교통계획에 어떻게 적용되는지 검토해 보는 방법도 있다. 그 어떤 전문가가 혐오를 바탕으로 도시 모빌리티를 계획하려고 할까? 당연히 그럴 리 없다. 그 누구라도 (적어도 합리적인 사람이라면) 혐오를 동기로 삼고 싶어 하지 않을 것이며, 이런 관점은 특별히 설득할 필요도 없다. 반면에 어떤 사람들에게는 사랑이 아주 강렬한 동기일 수 있다. 효율성을 위한 공정성, 즉 중간 지점 정도면 괜찮을까? 아니다. 이러한 용어는 교통 시스템을 계획·구축·관리하는 데에 필요한 사항들을 제공하지 않는다.

예컨대 안드레스 발데라마Andrés Valderrama는 전문가들이 문제를 해결할 수 있는 정보를 이미 가지고 있고 그들의 지식이 다른 형태의 지식보다 우월하다고 가정하는 것은 근시안적 생각이라고 주장한다.[7] 교통이 사람들에게 어떤 영향을 미칠지에 대한 이야기가 필요하다. 의미 있는 방식으로 이런 정보를 찾으려는 노력은 개선하고자 하는 현 상황의 일부이기 때문에 결코 간단한 일로 치부할 수 없다. 피상적인 관행에서 벗어나는 한 가지 방법은, 사람들을 대화에 참여시키는 것이다. 사람들의 의견이 계획의 일부가 될 수 있다는 점에서 의미 있는 일이다. 이런 실천이 사람들, 그들의 관심사, 걱정, 필요, 그리고 해당 지역을 연결하는 교통 시스템에 대한 희망을 깊이 있게 담아낼 수 있다면, 이는 사람들이 **존중**받고 있다는 신호가 될 것이다. 교통 전문가에게 사람들을 사랑하라고 말하는 것은 지나친 요구일 수 있고, 반대로 사람들을 혐오하라고 말하는 것은 명백한 잘못이겠지만, 사람들을 존중하라고 말하는 것은 가능할 것이다. 이 이상을 할 수 있다면 더없이 좋은 일이며, 여기에 미치지 못한다면 비판을 받을 수 있다.

같은 맥락에서 카소의 지혜를 엿볼 수 있다. "우리는 각자가 한 명의 사람이라는 존재 자체로 인정받기를 바란다. 사람이라는 개념에는 존중이 내포되어 있으므로, 우리는 사람을 존중해야 한다."[8] 즉, 카소에게 사람이 된다는 것은 가치를 창출하는 일이고, 이론적 논리에서부터 도시의 거리에 이르기까지 이 존중이 변함없이 유지되어야 하는 것이다.

이런 개념들은 타당해 보인다. 하지만 이를 실제로 활용하는 시스템은 어떤 모습일까? 교통 전문가들은 설계의 형태로 답을 제시해야 할 것이다. 앞에서 설명한 원칙을 구현한 설계로 말이다. 이러한 아이디어를 구현하는 방법으로, 세계적으로 유명한 버스전용차로 체계인 '트랜스밀레니오' BRT 시스템TransMilenio Bus Rapid Transit system을 도입한 콜롬비아 보고타의 시장 엔리크 페냐로사는 이렇게 말했다. "교통 선진 도시는 가난한 사람들도 자동차를 이용하는 도시가 아니라, 부유한 사람들도 대중교통이나 자전거를 이용하는 도시다."[9]

황당하게 들릴 수 있지만 지혜가 담긴 말이다. 교통수단의 설계는 사회시스템 및 기술 시스템과 맞물려 돌아가는 것이기 때문에, 사람들이 그 교통수단을 다른 사람들과 함께 타는 것을 받아들이도록 유도해야 한다. 이 점은 운전자를 승객으로 전환시키는 방법을 모색할 때 효율성과 경제성만으로는 충분하지 않을 수 있음을 의미한다.[10] 사람들이 버스나 자전거를 이용하는 **경험**을 쌓아 가며 자연스럽게 자기 자동차는 주차장에서 먼지가 내려앉게 둘 수 있어야 한다. 이런 것이 아니면 교통 독재로 해석될 수 있다.

이런 생각은 다음과 같은 질문을 낳는다. 이런 작업을 수행할 수 있는 시스템을 제공하기 위해 각 부분들을 관리하며 더 나은 결과를 창출하려면 어떻게 해야 할까? 이 물음은 작업 완수를 위해서 학제 간 자원을 통합해야 한다는 요나스의 통찰로 돌아가게 한다.[11] 결국 도덕적 순서화 작업은 일상 및 여가 활동에서 모빌리티를 사용하는 사람들과 함께 진행되어야 한다. 그러려면 현 상태를 근본적으로 흔들어야 하며 새로운 조치들을 개발해야 하지만, 공공을 위한 도시 모빌리티의 미래가 현재와 달라야 한다면 필요한 차원의 상호작용 부분을 중요하게 풀어 가야 한다. 도덕적 순서를 정하는 데에 필요한 약한 인간중심주의와 구조윤리학의 이점에 대해서는 이미 설명했으니, 이제 비인간 세계, 미래 세대, 도시 인공물 등 앞서 언급했던 것들을 차례로 다루며 도덕적 순서의 요소들을 다루는 방법을 살펴보자.

생태계 존재들을 다룰 때 당장의 지평 너머에 있는 인간중심적 문제로부터 생태계를 고립시키는 방식으로 접근해서는 안 된다. 또한 우리가 '박쥐처럼 생각'하거나 '산처럼 생각'할 수 있다고 가정하는 풍조에서 벗어나, 우리는 이들에 대한 우리의 관심사만을 볼 수 있는 인식론적 위치에 있음을 명심해야 한다. 이러한 현실은 약한 인간중심주의의 신조와 일치하지만, 그렇다고 해서 강한 인간중심주의의 오만한 장광설로 이들을 무시할 수 없음을 의미하기도 한다. 앞에서 살펴본 그룹에 작용하는 부분들의 배치는 비인간 동물들과 생태계에도 영향을 미치기 때문에 이들의 내재적 가치를 고려할 필요가 있다. 이 점은 그들이 능동적인 부분으로 작동하고 있음을 암시하지만, 도덕적 질서 전체 속에서 생각할 때 이 상황은 그들의 위치를 바꾸지는 못한다. 동물이 전체 속에서 능동적인 부분이 될 수 있지만, 그렇다고 해서 8장에서 살펴본 하그로브의 인식론적 문제 제기로부터 벗어날 수 있는 것은 아니다.

그럼에도 불구하고 인류의 편익에 중점을 둔 결과물을 얻고자 하더라도, 이런 문제들의 상호 연결된 본질을 파악하기 위해서는 위의 사항들을 함께 고려해야 한다. 그랬을 때 교통 시스템의 각 부분들의 상호작용과 그것이 도덕적 순서에 미치는 영향을 집중해 볼 수 있다. 다음 절에서는 현재에도 영향을 미치고 있으며 미래에도 영향을 미칠 고려 사항들을 이해하는 데에 필요한 생태학적 통찰을 통해 이 문제를 살펴보려 한다.

고속도로처럼 생각하기

공공성에 대한 고려에 이어, 이런 접근 방식을 과학으로 통합해야 한다. 환경영향평가EIA: Environmental Impact Assessment 같은 조치는 어떤 행동이 비인간 세계에 영향을 미치는지 결정하는 데에 도움이 될 수 있다.[12] 이런 측면을 논의에 포함시키는 것은 대규모 작업을 위해서는 여러 자원을 모아야 한다고 했던 요나스의 지적과 일맥상통한다. 필요한 배경지식을 갖춘 관련 전문가가 필요하다. 환경영향평가는 특정한 결정이 현재의 사람들에게 어떤 영향을 미치는지에 대한 정보를 제공하는 동시에, 그것이 미래 세대에게 어떤 영향을 미칠지에 대한 정보도 제공할 수 있다.

누군가는 EIA가 지나치게 경직되어 있어 유연성이 필요한 반-프레임워크 연구틀에는 맞지 않다고 지적할 수도 있다. 일리 있는 지적이지만, 이는 과학은 타협하지 않는다는 현실을 고려하지 않은 것이다. 결국 과학이 우리 주변에서 작동하기를 기대할 것이 아니라, 우리가 과학 주변에서 작동해야 한다. 유연한 프레임워크가 필요한 것이다. 세계는 변화하며 우리는 적응해야 한다. 이를 위해서는 세계가 새로운 결과를 만들어 내고자 어떻게 상호작용 방식을 바꾸는지를 보여 주는 부분들을 재검토해야 한다.

교통 시스템의 측면에서 기후 과학, 산림, 해양 생태, 산업 생태, 공중보건 같은 분야의 데이터를 활용하면 현재와 미래 인류 공동체에 영향을 미치는 결정을 내릴 때 주의해야 할 환경문제를 파악할 수 있다. 이는 교통 전문가가 당장의 관심사보다는 자연의 '이익' 관점을 우선시해야 함을 시사한다. 인간은 인간의 관점을 벗어날 수 없다는 하그로브의 교훈을 기억한다면, 이런 움직임 또한 여전히 인간중심적인 것이다. 이 경우 우리는 우리의 이익과, 우리가 생각했을 때 비인간 존재에게 이익이 된다고 생각하는 것을 고려해 행동하게 된다. 이는 단순하게 들릴 수 있지만, 각각의 고려 사항들과 관련된 고유한 조건들의 문제로서 아주 복잡한 사안이다.

가령 비인간의 세계는 감축주의적 조치나 획일적인 해결책으로 다룰 수 없음을 생각해 보라. 도시교통 시스템을 구축하려는 지역이 어디인지에 따라 생태계는 크게 달라질 수 있다. 특정한 부분들은 특정한 장소에서만 작동하기 때문에, 한 지역에 대한 해결책이 다음 도시에서도 작동하리라는 보장은 없다. 일부 지역에서는 도시 확장으로 인해 야생동물이 대도시 환경으로 밀려나는 문제가 발생할 수도 있다.

같은 맥락에서, 도로생태학road ecology은 도덕적 순서를 매길 때 고려해야 하는 영역인데도 상대적으로 덜 연구된 환경 및 동물 윤리 분야이다. 야생동물과 도시의 동물들을 위험에 빠뜨리지 않는 모빌리티 선택지가 많은 지역보다는, 자동차 단일기술포화 상태를 다루는 도시 지역과 더 관련이 깊은 분야이다.[13] 이는 도덕적 순서화 과정을 압도하는 주제일 수 있지만, 교통계획가들이 반드시 다루어야 하는 주제이다. 실제로 근본적 기반이 부족한 상태에서도 전문가들은 이를 도덕적 순서화의 특정 차원을 상징하는 사례로 활용해 왔다.

예컨대, 미국의 환경사학자 개리 크롤Gary Kroll은 이런 종류의 계획 조치의 역사와 진행 과정을 검토하며 이 개념을 명확하게 설명한 바 있다.

초기의 로드킬 대응 기술에서는 동물의 이동을 최대한 방해하지 않는 고속도로를 만들기 위해 고속도로를 경화시키는 것이 우선시되었다. 이러한 체제는 동물의 이동을 수용하고 서식지 파편화의 영향을 줄이는 인프라를 구축하는 투과성 고속도로라는 개념으로 대체되고 있다. 이러한 고속도로 개념의 변화는 프로젝트 설계 초기 단계에서 천연

자원 기관, 교통부 및 지역사회의 구성원이 함께 모였을 때 발생했다. 더 중요한 것은, 이러한 전환이 야생 이데올로기를 배제하고 고속도로 환경을 자연경제의 일부로(반대 개념이 아닌) 바라보는 사람들 사이에서만 일어났다는 것이다.[14]

인용문에서 크롤은 로드킬이라는 끔찍한 결과로 나타난 인간과 동물의 얽힘을 해결하고자 노력한 초기 전문가들의 접근법이 실패했음을 보여 준다. 이를 해결하기 위해 지금까지의 관행에 반하여 능동 부분과 수동 부분의 배치를 검토하는 동시에 이 시나리오에 직접 관여하는 사람들을 참여시키게 된 것이다. 이런 종류의 문제는, 전문 지식과 배경을 통합해 특정 상황에 대한 학제간 관점을 확보함으로써 직접적인 이점을 얻을 수 있다고 했던 요나스의 생각을 뒷받침한다. 실제로 그 결과는 우선순위를 정하는 도덕적 순서화 과정과도 잘 부합한다.

이는 우리가 이렇게 생각하는 과정에서 도덕적 순서가 구현된다고 주장할 수 있다는 걸 보여 준다. 이 과정이 결정에 사용되는 것은 아니지만, 이러한 사고방식에 참여하는 것이 진전을 가져올 수 있음을 알 수 있다. 이를 염두에 두면, 유연하고 잘 정돈된 추론을 늘려 도덕적 순서화 과정에 참여하는 것이 이런 문제를 해결하는 데에 도움이 된다고 말할 수 있다. 특히 전문가로서는 익숙하지 않은 도덕적 영역을 다뤄야 할 경우엔 말이다.

이 사례는 동물과 관련된 한 가지 특정 문제만을 다룬 것이지만,

이해관계의 균형을 포함한 다양한 문제를 논의할 때 발생할 수 있는 상황들을 보여 준다. 또한, 인간 외 능동적 부분들이 지닌 내재적 가치에 대한 인식을 바꿈으로써, 이들을 주목해야 할 문제적 '부분들'로만 간주했을 때보다 더 존중하는 태도를 갖게 해 준다. 교통인프라와 관련된 사안에서 우리가 본질적으로 인간중심적일 수밖에 없다고 하더라도 말이다. 사람의 생명을 지키는 것이 이런 문제를 해결하는 최초의 동기가 될 수 있지만, 그렇다고 해서 비인간 동물이 차량에 치여 사망하지 않도록 그들에게 유리하게 부분들을 추가·배치 혹은 재배치할 가능성이 사라지는 것은 아니다.

이런 접근 방식에서는 결과값에 집중해야 하기 때문에 동기부여는 부차적인 것으로 남는다. 하지만 도덕적 행위자인 우리에게 의문을 제기하기 때문에 무시할 수만은 없는 문제가 된다. 즉, 인간이 동물의 '이익'을 위해 행동해야 하는 이유에 대해 의문을 품기 시작하면 동물/환경윤리학의 초기 연구로 돌아가는 셈이 된다. 이는 해당 분야가 확립해 온 역사에 반하는 것이다. 하지만 인간과 비인간이 얽혀 있는 복잡한 교통 문제를 다룰 때에는, 인간을 이동시키기 위해 고안된 교통 시스템이라는 부정할 수 없는 인간중심주의에서 출발한 이 같은 '이해관계'의 균형을 바로잡을 접근 방식이 필요하다.

이런 종류의 문제는 약한 인간중심주의가 이 같은 문제를 해결하는 데에 적합한 이유를 상기시켜 준다. 교통계획 과정에서 이와 같은 상황이 발생할 때 도덕적 순서화 과정을 바꿀 수 있는 방법을 제공하기 때문이다. 이와 함께, 왜 비인간이 미래 세대인 인간보다 도덕적 순서화 과정에서 우위를 차지하게 되는지 궁금할 수 있다. 이 문제를 표면적으로만 보면, 미래 세대보다 비인간에 대한 고려를 우선시하는 것이 이 책이 주장하는 도덕적 순서에 위배되는 것처럼 보일 수 있지만 그렇지 않다.

이 배치에서 미래 세대의 인간은 비인간의 뒤에 나오지만, 존재하지 않는 인간을 기존 생태계보다 우선시하는 것은 근시안적 생각이다. 인간이 미래에도 존재하기 위해서는 환경을 필수적으로 고려해야 하며, 현재를 살아가는 인간에게도 해롭지 않은 환경이 필요하다.[15] 즉, 비인간 세계에 대한 배려를 보여 주고자 교통 시스템을 만들거나 수정하여 도구적 가치를 보존하는 동시에, 경외심을 불러일으키는 능력, 즉 그 내재적 가치를 보존할 수 있다. 결과적으로 이 접근 방식은 인간을 여전히 중심에 놓고 있으나, 비인간 환경을 순전히 도구적 존재로만 보지는 않기 때문에 앞서 살펴봤던 약한 인간 중심주의와 일맥상통한다.

이 점을 염두에 두면 미래 세대는 도덕적 순서화 과정에서 도덕적 고려를 '받는' 다음 '부분'이다. '부분'이라는 용어는 미래 세대에게는 없는 자질인 현존을 요구하기 때문에 적절하다. 일부 철학자들은 이 문제를 '비동일성 문제' 중 하나로 보기도 한다.[16] 요나스에 따르면, 미래 세대를 고려할 때의 문제는 미래 세대가 아직 존재하지 않기 때문에 우리가 그들에 대한 의무가 있다고 말하기 어렵다는 점이다.[17, 18] 그러나 사람들은 미래 세대를 위해 지구를 돌보는 것에 대해 뭔가 의미 있는 말을 할 수 있기를 바라는 것 같다.

예를 들어, 버락 오바마 전 미국 대통령이나 프란치스코 교황 같은 세계 지도자들은 이러한 이유로 우리에게 환경문제에 동참할 것을 촉구했다.[19] 이를 원만하게 해결하기 위해 요나스는 우리 자신의 의무보다 더 멀리 볼 필요는 없다고 주장한다. "우리는 엄밀히 말해서 미래의 인간 개인에 대한 책임이 아니라 [인류라는] 이념에 대한 책임이 있으며, 이 이념은 세계 속에서 그 구체로서의 현존을 요구하기 때문에 … 따라서 그것을 위태롭게 만들 수 있는 우리에게 의무가 된다."[20] 이 구절에서 요나스는 비동일성의 문제를 우회한다. 이는 미래 세대를 위한 의무에 관해 따로 논의할 필요조차 없다는 뜻이다.

요나스 시각의 규모를 생각해 보면, 미래 세대에 대한 생각이 시사하는 바는 이 문제가 우리 자신의 이익을 떠나 생각해 보지 않아도 이미 무게감 있는 중요한 주제라는 점이다. 미래 세대에 대한 생각에는 하그로브의 설명과 일치하는 일종의 내재적 가치가 있다고 주장할 수도 있다. 즉, 미래 세대에 대해 생각하는 것은 우리가 세상을 더 살기 좋은 곳으로 만들 수 있다는 점에서 도구적 가치를 지니는 것이다. 하지만 인류가 계속되길 바라는 것은 단순한 도구적 동기를 넘어서는 일이다. 이는 그 자체로 선한 것으로, 도덕적 순서화에서 고려될 수 있음을 시사한다. 이런 개념은 인류의 관심사 중 하나를 말해 준다는 점에서 약한 인간중심주의의 신조와도 일치한다. 우리는 인류를 영속화한다는 생각을 도덕적 순서 내의 다른 범주와 맞춰 보며, 이 범주들의 이익을 위해 배치된 부분들이 미래 인류의 능동적이고 내재적 가치를 지니는 부분이 될 수 있는 능력에 영향을 미치지 않도록 보장할 수 있다.

마지막으로, 건축 환경의 내재적 가치도 주목할 필요가 있다. 가령 각 도시마다 고유한 역사, 건축, 랜드마크, 대단지, 사회적 이슈가 있다. 이러한 요소와 관련된 문제가 발생했을 때 어느 한 도시의 해결책이 다른 곳에서도 효과가 있다고 보장할 수는 없다. 이외에도 도시 요소(건물, 교량, 인프라 등)의 내재적 가치를 도덕적 순서화 과정의 맨 끝에 두는 이유는, 이 요소들은 자주 바뀌고 대부분 대체 가능하기 때문이다. 반면에 사람은 다른 것으로 대체할 수 없고, 멸종된 종도 (원래 상태로) 되돌릴 수 없으며, 이것들을 파괴하면 미래에 진정한 인간 삶의 조건을 빠르게 복원할 수 없다.

앞서 언급했듯이 이것들은 아무것도 하지 않기 때문에 수동적인 부분들이다. 우리가 도시 생활에 적극적으로 참여하기 때문에 이것들이 도시의 부분들로, 많은 경우에 교통 시스템의 부분들로 존재하는 것이다. 그럼에도 불구하고, 지금 우리에게 필요한 것은 존재론적 지위가 요구하는 수준의 존중을 제공하는 도덕적 순서화 과정에서 이들을 위한 자리를 확보하는 것이다. 그래서 이들이 수동적 부분으로서 맨 마지막에 오는 것이다. 여기에서는 약한 인간중심주의적 사고 패턴을 여러 영역으로 확장시켜 모빌리티 문제와 관련된 도시의 내재적 가치를 다루는 것이 유리할 것이다. 예컨대 하그로브가 (생물 및 무생물) 자연의 아름다움과 동굴 같은 내재적 가치를 보여 줬던 편향성을 상기해 보면, 대부분의 도시 유물도 이런 가치를 가질 수 있다. 도시의 유물도 모나리자나 동굴처럼 미학적 가치를 지닌 것으로 간주될 수 있음을 염두에 두면, 도시의 거의 모든 것이 내재적 가치를 갖는다고 볼 수 있다.

하그로브적인 의미에서 약한 인간중심주의의 내재적 가치에 따르면, 고가 열차나 전차 노선, 역사적 거리 같은 도시 유물이 이에 해당할 수 있다. 고속도로 출구가 경외심을 불러일으키는 예술 작품이라는 데에 동의하지 않을 수 있지만, 전문 설계자와 공학자는 그럴 수 있다. 도시를 연결하는 교통인프라의 모든 부분에도 같은 개념이 적용된다. 주민들에게는 미적 매력이 크지 않을 수 있지만, 이러한 기술이 단순한 감상을 넘어서는 미적 매력을 가질 가능성이 있다.

단순한 미학적 가치를 뛰어넘을 만큼의 아름다움이 내재적 가치 논쟁에서의 근거가 될 수 있다면, 이와 비슷하게 역사적 및/또는 문화적 중요성과 같은 근거에 대해서도 탐구해야 할 것이다. 약한 인간중심주의의 내재적 가치 기준에 따라 인간, 비인간, 유물을 고려할 가치가 있다는 데에 동의한다고 가정해 보자. 이 경우, 그러한 가치를 지닌 모든 것을 항상 보존할 수는 없다는 점을 염두에 두고 우선순위를 어떻게 정할지 고민해야 한다. 이러한 현실을 부정하는 것은, 보도블록이 인간과 동등하게 고려될 자격이 있다는 것을 암묵적으로 (그리고 잘못) 암시하는 것이다.

결국 이런 생각은 '모든 도시 인공물이 고려 대상이 되어야 하는 가?'라는 질문을 하게 만든다. 짧게 답하자면 '그렇다'고 할 수 있지만, 그 고려의 정도와 주목도에 따라 한계가 있다. 속도 제한 표지판 같은 일부 경우에는 그 내재적 가치의 수명이 매우 짧을 수 있다. 이 개념은 하그로브가 생태학적 전문성에 대해 주장한 것처럼, 인공물이 그런 가치를 가졌는지 판단하기 위해서는 충분한 정보를 바탕으로 한 평가에 의존해야 한다는 생각에 기초한다. 속도 제한 표지판을 철거하는 사소한 사안의 경우, 누군가가 그 내재적 가치에 호소해 항의할까 봐 걱정할 필요는 거의 없다. 하지만 도시 모빌리티를 고려한 수많은 문제 등 삶의 질과 관련된 문제를 포함하는 심각한 사례도 있다.*

예컨대 고속도로 철거 사업을 생각해 보자. 이는 고속도로가 주민들에게 불이익을 주는 것으로 입증되어 철거되는 것이므로, 이 구조물은 도구적 가치가 부족하다는 걸 분명히 보여 준다. 고속도로 철거가 주민들에게 어느 정도 도움이 될 것이다.[21] 반대로 고속도로의 역사적 중요성 때문에 고속도로의 내재적 가치를 고려해야 한다고 주장할 수도 있다. 이런 사례는, 현재 일부 도시 거주자와 통근자에게 서비스를 제공하는 기존 고속도로 사업의 내재적 가치를 누가 평가하는 게 맞는지 논의해야 한다는 걸 보여 준다. 이 점은 쉽게 간과할 수 없으며 숙고가 필요한 작업이다. 이런 부분을 조사하는 것은, 앞서 언급한 과정을 통해 모빌리티 문제에 대한 우리의 생각을

---

* 일부 도시에서는 (예컨대 뉴델리) 쓰레기통이 없는 것이 삶의 질에 심각한 문제라는 점을 언급할 필요가 있다.

전환하는 기회가 되며, 도덕적 배려가 필요한 여러 집단, 즉 도덕적 순서화를 다루는 방법을 제공한다.

이 구성은 도덕적 우선순위 지정 문제를 해결하지만, 여기에 예외가 없다고 가정하지는 않는다. SOP-1 및 SOP-2와 비슷하게, 도덕적 우선순위가 실패할 것 같은 대응책을 수립할 때에는 갈등이 발생할 수 있다. 소외된 사람들을 위한 저렴한 주택공급을 위해 토지를 개발하기로 한 경우를 생각해 보자. 이때 환경영향평가EIA에서는 이 토지를 개발하면 인근 지역 생태계에 있는 중요한 습지가 파괴될 것이라고 판단한다. 앞서 설명한 도덕적 순서를 적용해 사업을 진행하면 습지, 홍수 조절, 수질 정화 및 폐수 처리 기능을 잃게 된다. 지역 주민들에게 소중한 여러 생물종에 해를 끼치게 되는 것이다.

이 경우 소외된 사람들이 아니라 비인간을 위해 행동하는 것이 지지를 받을 수 있어 보이지만, 앞서 설명한 것처럼 도덕적 순서에는 어긋나는 것처럼 보일 수 있다. 공사를 저지하는 것이 도덕적 순서에 어긋나 보일 수 있지만, 습지를 보존하여 소외된 집단 및 소외되지 않은 공중 모두가 비인간 및 미래 세대와 함께 엄청난 혜택을 누릴 수 있다는 점을 고려하면 실제로는 습지를 보존하는 것이 더 중요할 수 있다. 결과적으로, 이러한 노력은 도덕적 순서에 어긋나지 않는다. 이러한 상황은 도덕적 순서가 유연해야 할 필요를 잘 보여준다.

그러나 이러한 문제를 다룰 때 우리가 염두에 두어야 할 점은, 이런 결정이 쉽지 않다는 것이다. 습지를 보존하기로 한 결정보다 더 중요할 수 있는 대안이 충분히 고려되지 않는다면 이 결정은 저항에 직면할 수 있다. 이렇게 볼 때, 습지를 보존하기로 한 결정은 소외 계층을 포함하여 습지로부터 혜택을 받을 사람들에게는 이득이 되겠지만, 이런 노력은 거기서부터가 **시작**일 뿐이다. 도덕적으로 가장 적합한 부분들의 배치를 찾으려는 노력을 계속하는 것이 가장 중요하며, 여기에는 그룹 구성원의 의미 있는 참여가 (참여에 반대하지 않는 한) 명시적으로 수반되어야 한다. 이런 종류의 배치 문제는 모든 당사자, 특히 도덕적 질서에서 우선순위에 있는 사람들이 만족할 수 있는 결과를 도출해야 한다. 설득력 있는 강력한 이유가 있지 않은 한 사안별로 검토해야 한다. 어떤 경우에도 강력하고 설득력 있는 이유를 제시하지 못하면 안 된다.

다층적인 갈등을 다룰 때 모든 당사자를 만족시키는 해결책을 찾기란 쉽지 않다. 예컨대, 인류의 환경적 이익을 위해 행동하는 동시에 비인간의 내재적 가치까지 대변하여 문화적으로 유서 깊은 건물을 철거하고 저렴한 고층 친환경 주택을 개발해야 한다고 주장하기란 쉽지 않은 일이다. 누군가에는 이러한 건축물의 역사적 의미가 생태계 보존보다 더 중요할 수 있다. 문제의 해결이 쉽지는 않겠지만, 그렇다고 해서 도덕적 순서가 상대주의로 붕괴된다는 의미는 아니다.

오히려 이런 상황은 그러한 경우에 도덕적 정당성에 관한 어려운 질문에 직면해야 함을 뜻한다. 어렵긴 하지만 불가능한 질문은 아니다. 단순히 도덕적 해결책을 찾아내지 못했다고 해서 해결책이 존재하지 않는다거나 파멸만이 남았다고 결론 내릴 수는 없다. 다만, 이런 과제에는 기후변화 같은 문제를 비롯해 복잡한 생태계 속에서 일반적으로 살아가는 법을 배우는 것과 같은 문제가 수반된다.

본질적 통일성이 결여되어 있고 완전히 일관된 특성이란 없는 도시를 다루는 것은 어려운 일이지만, 지금까지 살펴본 방향은 도시 모빌리티 문제를 관리 가능한 방식으로 세분화할 수 있음을 보여 준다. 교통 시스템 전체와 각 부분들, 그리고 그 사이의 관계를 파악할 수 있는 방법을 제공하는 부분전체론적 접근 방식을 채택함으로써, 우리는 이러한 문제의 도덕적 차원을 우선시하는 방식으로 문제를 다룰 수 있게 되었다. 이 점을 염두에 두고, 이러한 교훈을 활용해 가치 있는 도시 모빌리티를 창출하는 더 큰 야망과 목표로 나아가는 길을 열 수 있다. 8장에서는 이러한 아이디어를 탐색한다.

8장

이동, 사고, 협력

사람들은 흔히 자신이 살고 있는 도시를 사랑한다고 말하지만, 다음의 질문은 여전히 묻고 답해야 할 문제다. 도시도 사람들을 사랑할까? 사람들은 문화, 노동, 비즈니스를 통해 도시를 멋지게 만드는 데에 참여하고 이와 비슷한 조치들로 도시를 지원한다. 상상력을 발휘해 보면 이런 행위들은 도시에 대한 애정을 표현하는 방법이라고 할 수 있다. 하지만 우리가 도시를 구성하는 방식이 사람들로 하여금 안전하다고, 환영받고 있다고, 사랑받는다고 느끼게 할까?

이 지점은 거주자와 장소 사이에 일종의 관계가 존재함을 나타낸다. 적어도 개인들이 어느 정도는 사회적·물질적 환경의 영향을 받는다는 것은 의심할 여지가 없다. 윈스턴 처칠의 유명한 말처럼 말이다. "사람이 건물을 만들지만, 건물은 사람을 만든다."[1] 그는 전통적인 디자인의 하원 회의장이 어떻게 토론을 이끌어 내고 양당제를 탄생시켰는지를 이야기했다.[2] 이런 생각은 건물이나 홀과 같은 기술적 부분들도 이러한 교류에 역할을 할 수 있다는 주장과 일맥상통한다.

도덕적 순서화의 과정은 이 같은 개념에 초점을 맞추고 (기술 그 자체로서) 우리가 원하는 결과를 만드는 데에 집중하게 한다. 몇 장 앞의 내용을 상기해 보면, 이는 우리가 해결책을 모색하도록 유도하는 방식으로 상황을 구성하고 교통 시스템 전체에 관한 도덕적 우선순위 문제를 해결하기 위해 여러 이해관계자 집단에 주의를 기울이게 해 주는 이론적 장치다.

도시와 지역이 사람들의 삶에 미치는 중대한 영향력을 고려할 때, 이러한 개념을 진지하게 받아들이려면 거주자와 그들이 집이라고 부르는 장소 사이에 작용하는 상호성을 검토해야 한다. 특히 이전 장에서 살펴본 교통 시스템이 사람들에게 미치는 영향력의 규모를 상기할 때 이 차원에 대한 세심한 주의가 필요하다. 우리는 앞서 도덕적 순서화를 통해, 교통 시스템이 모든 집단에 영향을 미치면서 중요한 도덕적 역할을 수행하는 방식을 살펴보았다.

우리가 영감을 얻을 수 있는 가장 눈에 띄는 분야 중 하나는 앙리 르페브르Henri Lefebvre가 도시에 대한 권리와 관련해 확립한 전통이다. 예를 들어, 르페브르의 연구에 영향을 받은 데이비드 하비David Harvey 같은 연구자들은 도시 거주자들이 도시를 통제하는 힘에 초점을 맞춰 도시를 형성할 권리가 있다고 주장한다.[3] 이러한 입장에서 나오는 통찰력과 함께 현실적인 조치, 즉 가시적인 효과가 있는 조치라는 측면에서 대화를 진전시키기 위해서는 여전히 구체적인 방향이 필요하다고 주장할 수 있다. 이러한 아이디어를 현실화할 수 있는 개념과 연결짓는 일은 향후 연구에서도 꾸준히 진행되어야 한다. 이 점은 분석의 중요성을 무시하는 것이 아니라, 이론적 차원의 작업과 실제 현장에서 발로 뛰는 작업의 균형을 맞추기 위함이다.

교통 시스템을 형성하는 사람들에 대해 생각한다는 것은 그들이 도시를 재형성하는 데에 도움을 주고, 주민들에게 삶의 여러 차원을 결정할 때 필요한 수단을 제공한다는 것을 의미한다. 그들은 단순히 도시를 형성하는 데에 그치지 않는다. 그들은 자신의 건강, 정신적 삶, 가족과 친구와의 시간, 행복, 사회경제적 발전 가능성 등을 형성하고 있는 것이다.• 주당 몇 시간을 절약할 수 있는 교통 시스템의 부분들을 추가하거나 재배치하면 사람들에게 필요한 시간을 돌려줄 수 있다. 그들은 힘든 한 주를 보낸 후 자기 힘으로 일어나거나 작업화를 벗고 휴식을 취할 수 있는 일종의 자기결정적 실천에 참여할 수 있다.⁴ 언젠가는 작업화를 옥스퍼드화로 바꿀 수 있기를 바라며, 자녀가 공장이나 창고 또는 들판 대신에 사무실에서 편안한 신발을 신고 더 나은 삶을 살기를 꿈꾸고 있을지도 모른다.

여기서 핵심은, 추가 시간을 확보함으로써 다른 목표 실현도 가능해진다는 것이다. 중요한 것은 이러한 능력을 활용함으로써 도시 경험을 결정하는 사회기술적 수단에 주민들이 영향을 미칠 수 있다는 점이다. 이 생각은 주민들이 도시와 삶을 진정으로 재설계하는 데에 어느 정도 영향력을 행사할 수 있음을 시사한다. 복잡하지 않게 들리지만, 이를 실현하려면 전문 기획자만이 식별할 수 있는 여러 단계와 관련 과제가 뒤따른다.

이 때문에 열차 관련 직군의 구성원들은 열차를 정시에 운행하는 것 이상의 일을 하고 있다고 말할 수 있다. 그들은 사람들이 빈곤에

• 이는 또한 도시, 주, 국가의 제도적·사회적 구조에서 몰아내야 하는 제도적 인종차별, 계급차별, 성차별과 같은 매우 중대한 측면을 고려해야 한다.

서 벗어나거나 더 나은 생활수준으로 나아가는 데에 필요한 기반을 확보할 수 있도록 돕는 능력을 갖고 있다. 사람들이 취약계층이 되는 데에는 여러 이유가 있어서, 적어도 여러 도시들에서는 대부분의 주민들이 직면하지 않는 불안정한 위치에 놓이게 되지만, 그런 조건의 특성은 바뀔 것이다. 이 아이디어는 이러한 상황들이 도시마다 다를 수 있음을 상기시키며, 각자의 맥락에서만 유의미한 독특한 역사와 참상, 승리 등의 요소를 도시 모빌리티 논의로 끌어온다.

그렇다고 일종의 '도시 상대주의'를 말하는 것은 아니지만, 교통 문제가 특성들을 공유하면서도 서로 다르다는 것을 보여 준다. 이러한 문제에 관심을 기울이면 주택, 식량안보, 여가 등 교통과 관련된 다른 분야도 성공적으로 만들 수 있기 때문에 중요하다. 앞서 언급했듯, 교통은 말 그대로 사람들을 이러한 필요들에 연결해 주는 역할을 한다. 도덕적 순서를 정하는 계획을 수립하는 것은 어렵게 들릴 수 있지만, 공중을 움직이기 위한 계획 내에서 우선순위에 따른 결과를 내놓는 조치를 만드는 것은 결코 쉬운 일이 아니다.

이러한 조치를 추구하는 것이 간단해 보일 수 있지만, 현실은 그렇지 않다. 교통 시스템에서 변경하거나 제거해야 하는 부분들은 사회적 수용과 포용 정도에 따라 다르지만 도시와 도시를 관리하는 사람들의 마음속에 깊이 뿌리내리고 있다고 말할 수 있기 때문이다. 이처럼 어려워 보이는 목표를 향해 업무를 수행하는 교통 전문가와 지자체 공무원들이 목표를 성공적으로 달성한다면 경우에 따라 도덕적 찬사를 받을 수 있다. 또한, 이러한 생각은 관련 직종에 종사하는 사람들이 매 순간 단순히 자신의 일만 하고 있다고 말하기 어렵게 만든다. 오히려 그들은 인간의 고통과 안녕, 번영의 문제에 관심을 기울이고 있다. 부분들의 배치가 중요하다. 또한, 정치적 차원을 과소평가하면 그것이 사람들에게 어떤 영향을 미칠지를 조망하는 포괄적인 관점을 얻지 못하게 된다.

앞 장에서 살펴본 사례는 교통기술이 소수의 집단에 어떤 피해를 줄 수 있는지를 보여 줬지만, 이러한 사례만으로는 개인이 이 같은 배치들로 인해 어느 정도 피해를 입을 수 있는지 통찰하기 어렵다. 교통의 불공정성에 대해 알고 있음에도 불구하고, 교통인프라가 나와 다른 상황에 처한 사람들에게 어떤 영향을 미치는지 적절하게 표현하기 힘들다. 단순히 출퇴근하거나 식료품을 구입하거나 심부름을 할 때 교통 시스템 때문에 힘든 상황에 처하는 사람들이 직면한 상황을 얘기한다면 전달이 수월해질 것 같다.

미국 오리건주 포틀랜드에 사는 이민자 아델라가 생존을 위해 끊임없이 노력하는 과정을 보여 주는 짧은 다큐멘터리 영상 〈아델라의 여정Adela's Journey〉을 예로 들어 보자.[5] 아델라에게 주어진 교통 시스템은 그녀에게 거의 적대적이다. 교통 부분들의 배치 때문에 그녀 삶의 대부분은 아르바이트를 오가는 일에 매달려 있다. 버스, 버스 기사, 제한적인 배차 시간표, 버스 정류장 등 관련된 여러 부분들의 배열은 아델라가 더 나은 일자리를 얻지 못하게 만들고, 안전하지 않다고 느끼게 만들며, 삶에 경제적 부담을 지우고, 가족과의 시간을 제한한다.

이 영상에서 아델라는 자신의 부담을 가중시키는 여러 이동 시설에 관해 설명한다. 영화제작자들이 어찌할 수 없는 현실에 놓인 아델라의 부담을 덜어 주고자 큰일을 했다. 포틀랜드의 비영리단체 OPAL 환경정의 오레곤OPAL Environmental Justice Oregon 같은 풀뿌리단체는 이러한 상황에 관심을 불러일으키고 지지를 모으기 위해 여러 캠페인을 진행하며 자기결정에 의한 리더십이 무엇인지를 보여 준다.[6]

이는 단지 일화일 뿐이지만 전 세계 수많은 사람들의 상황을 상징적으로 보여 준다. 각 사례에는 지리적 차이를 나타내는 고유한 특성이 있어 어느 하나만을 표본으로 삼기 어렵다. 현대철학적 분위기에 맞춰 추가하자면, 앞의 설명과는 다른 접근 방식을 보여 주는 가상의 '사고실험'을 해 보는 것이다. 다음에 설명된 동일한 상황의 두 가지 버전을 상상해 보라.

첫 번째 사례는 자신의 삶과 아이의 미래를 개선하고자 고군분투하는 어느 미혼모가 여름에 면접을 보러 가는 상황이다. 그녀는 전날부터 해당 직무에 대해 조사하고 친구와 함께 모의 면접 연습을 했다. 자신감을 높일 수 있는 최고의 복장도 갖추었다. 아이도 보육원에 맡겼다. 이제 그녀는 햇빛 가림막 없는 버스 정류장 표지판 옆 인도에서 있다. 버스를 기다린다. 버스가 오지 않는다. 이미 긴장한 그녀는 공황 상태에 빠진다. 작열하는 태양빛에 구슬땀이 맺히다 흐른다. 그녀는 마지막 긴급 상황에 대비해 가방에 챙겨 뒀던 여분의 블라우스와 물티슈를 기억하며 평정심을 잃지 않으려고 노력한다.

드디어 버스가 왔다. 예정보다 10분 정도 늦게 도착했다. 다행히 그녀는 이 노선을 자주 이용하기 때문에 이런 상황을 예상하고 애초에 더 앞의 버스를 기다리고 있었다. 그녀는 예상치 못한 일을 예상할 줄 안다. 버스에 탑승한 그녀는 신중하게 자리를 고른다. 이미 타 본 적이 있기 때문에 이전 승객이 두고 내린 음료수나 음식물, 물건 등이 없는지 확인하고 앉아야 한다는 것을 안다. 정류장에 도착해 내릴 때 기사는 한 마디도 하지 않았지만 그녀는 기사에게 감사 인사를 한다. 운전기사의 불친절한 태도에 신경이 쓰이지만, 그녀는 감사를 표한다. 부모님도 항상 기사에게 감사 인사를 하라고 가르쳤다. 그녀는 이 노선의 운전기사는 자주 바뀐다는 사실과 어떤 기사들은 승객을 잘 알지 못할 수도 있다는 걸 알고 있다.

선견지명 덕분에 그녀는 일찍 도착한다. 근처 식당에 들러 화장실을 찾은 그녀는 데오도란트를 바르고 다시 자신감을 되찾을 준비를 한다. 부스에 앉아 목을 축인다. 이제 준비가 다 됐다. 면접이 시작되면 모두가 에이스다. 오늘 그녀가 겪은 모든 일을 생각해 보면 이 면접은 거의 불가능한 장애물 코스의 마지막 단계였다. 하지만 그녀가 입사 지원을 하기 전부터 수많은 사회적·정치적·경제적 장애물, 즉 제도적 함정들이 그녀를 가로막고 있었다는 사실을 간과해서는 안 된다. 이렇게 고착화된 조건을 영속화시키는 현실을 뒤집어서, 이번에는 교통 전문가들의 도움을 받아 이 시나리오를 다시 상상해 보자.

한 미혼모가 앞에서 설명한 것과 같은 방식으로 면접을 준비한다. 하지만 이 경우 버스는 결코 지연되지 않기 때문에 그녀는 필요 이상으로 일찍 나와 앞 버스를 탈 필요가 없다. 그녀는 햇빛 가림막 아래에 놓인 벤치에 앉아 버스를 기다린다. 버스는 정시에 도착한다. 그녀가 탑승하자 그녀를 알아보며 미소 짓는 운전기사가 반갑게 이름을 부르며 인사하고 행운을 빌어 준다. 그는 여자의 근황을 알고 있고 그녀를 응원한다. 와이파이가 제공되는 깨끗한 버스에 탑승한 그녀는 면접 시 자신감 있는 몸짓에 대한 동영상을 보며 마지막 순간까지 마음을 다잡는다. 버스는 항상 깨끗하므로 그녀는 가장 마음에 드는 중간 좌석을 선택한다. 버스는 면접 시간에 맞춰 도착한다. 결국 합격은 그녀의 몫이다.

이 둘을 비교해 보자. 앞의 상황에서는 그녀의 여정에 수반되는 문제들에 지식 요소가 함께 작용한다. 그녀의 생존 기술을 자세히 살펴보면 알 수 있다. 예를 들어, 그녀는 귀납적으로 버스를 더 일찍 타야 한다는 것을 알고 있다. 이 상황은 일종의 편집증에서 비롯된 것이 아니라 경험에서 비롯된 것이며, 좌석 선택 시 도사리는 위험성이나 신규 운전자의 이직률에 대한 정보도 마찬가지다. 여벌 블라우스와 물티슈를 챙겨 갔던 것도, 안타깝게도 고려하지 않을 수 없는 요소들이 있었기 때문이다. 이러한 요소들은 이동 목적과 목적지에 따라 달라진다.

이와 대조적으로, 후자의 상황은 면접 스트레스는 있을지언정 대중교통을 이용할 때 불쾌한 일을 겪어야 한다는 압박감은 느끼지 않는 승객의 모습을 보여 준다. 이 경우 버스를 타면서 운전, 교통, 무례한 운전자, 주차 등에 대해 걱정할 필요가 없기 때문에 불안감이 줄어들 것이라 추측할 수 있다. 이는 교통 서비스의 두 가지 극단을 보여 주는 가상의 사례이지만, 도시 모빌리티의 현실에는 엄청난 차이가 있을 수 있음을 잘 보여 준다. 이 점은 도덕적 순서를 기준으로 계획을 세울 때, 버스 서비스가 개인이 마땅히 누려야 할 존중을 구현하는 동시에 이를 다수에 대한 고려와 조화시킬 수 있도록 후자의 예를 연구할 필요가 있음을 시사한다.

이러한 입장을 설명하고 뒷받침할 기술적 전문 지식이 부족하더라도, 두 번째 경우와 같은 버스 시스템을 개발하는 것이 더 적절하다는 판단은 할 수 있다. 이는 전체 교통 시스템의 큰 틀에서 우선순위를 정하고, 감당 가능한 일상적인 이동을 위해 전문가들이 부분들을 배치한 사례이다. 이는 해당 도시가 이미 단일기술포화 상태를 초래한 지배적 교통 시스템을 갖춘 상태라면 매우 설득력 있는 생각이다. 결국 바람직한 두 번째 사례에서 설명한 대로 버스 시스템을 구축하거나 재구축하면 승객은 물론이고 도로를 함께 사용하는 자가용 운전자들 모두에게 이익이 될 것이다. 이는 도덕적 순서에 부합하는 결과이다. 불완전하기 때문에 계속해서 더 나은 결과를 목표로 삼아 전진해야 하지만 말이다. 계속 진전해야 하며 완벽할 수는 없다.

이 사고실험은 단지 예시일 뿐이지만, 첫 번째 사례에서 여성의 경험이 그녀를 더 강하게 만든다고 말할 수도 있다. 많은 장애물이 그녀를 가로막았기 때문에 더 강하고 더 나은 사람이 되었다고, 심지어 면접에서 더 잘할 수 있도록 준비시켰다고 말이다. 게다가 사람들은 자신을 더 강하게 만들기 위해 이러한 장애물이 **필요하다**고 말할 수도 있다. 그녀는 그 장애물들에 감사해야 한다고 말이다.

그렇다면 다른 형태의 교통수단에도 동일한 사고 패턴을 적용해야 한다. 예컨대 고속도로에 구멍이 파이거나 차선이 희미해졌을 때, 이를 고치지 않고 방치하면 운전자들이 정신적으로 더 예민하고 빠르게 대처할 수 있게 되고 새로운 상황에 대처하는 방법을 배우게 된다고 말이다. 도로가 너무 혼잡해지면 도로에 있는 차량 수를 줄이는 방법을 찾을 것이 아니라, 운전자들이 동료 운전자들을 능가하는 경쟁력을 갖추도록 해야 한다. 도로에서 경쟁력을 갖추는 법을 배운다면 이러한 사고방식은 다른 삶의 영역으로 옮겨져 직장에서도 앞서 나가는 데에 도움이 될 수 있다. 이러한 모빌리티 문제에 관심을 기울이지 않는다면 그들은 스스로를 최고로 만들지 못할 것이다. 모두가 더 나은 사람이 될 수 있도록 대중교통을 개선하지 않을 거라면, 우리는 이러한 방식을 모든 도시교통수단으로 확대해야 한다.

물론 이는 우스꽝스러운 예시다. 하지만 이를 통해 전자의 사례도 비합리적이었다는 것을 알 수 있다. 교통수단이 한 사람의 인격과 끈기를 시험하는 적합한 장소가 아니라고 한다면, 인생의 출발선에서든 누군가와 행복한 운명을 만들어 나가는 길을 걸을 때든 간에 불리한 사람들은 교통수단을 이용하지 않는 편이 공정할 것이다. 존중에 대한 카소의 지적을 떠올려 보면, 두 가지 형태의 교통수단을 모두 더 즐겁게 만드는 것이 적절한 선택이 될 것이다. 한 걸음 더 나아가, 나 자신보다 다른 사람을 위해 더 많은 일을 하는 사람은 버스 정류장 햇빛 가림막에 태양열 선풍기를 추가하고 차량에 와이파이를 설치할 수도 있다. (현재 일부 버스에는 설치되어 있다.) 이런 종류의 사고를 도덕적 순서에 맞추면, 전문가들은 거대한 고속도로 프로젝트에 착수하기에 앞서 비바람으로부터 사람들을 보호하는 것과 같은 필수적인 문제에 관심을 기울 수 있다. 가장 도움이 필요한 사람들을 돕고 싶다면 말이다.

그러나 고속도로의 파인 구멍이 치명적이거나 비극적인 사건으로 이어진다면 고속도로 보수를 우선시했어야 한다는 설명이 타당할 수 있으며, 이는 도덕적 방어가 필요하지 않다는 것을 의미한다. 그렇다고 해서 버스 정류장 개선 작업을 포기해야 한다는 뜻은 아니다. 오히려 작업자는 도로 보수를 서둘러 시작하기 위해 버스 정류장 햇빛 가림막을 신속하게 설치할 수도 있다. 어떤 경우든 안전을 위해 도로 보수에 일시적 관심을 쏟을 수 있으며, 이는 일상생활에서 이 도로를 이용해야 하는 많은 사람들을 존중하는 움직임이다.[*] 단일기술포화가 일반적인 도시에서는 이런 사례가 흔하지만, 교통 문제의 특성은 다양하기 때문에 실질적인 수준에서 이를 처리하기 위해서는 맞춤형 연구가 필요하다.[**]

이 설명은 도덕적 순서의 **암시적인** 성격을 보여 주는데, 이는 완고한 구조가 없다는 것이 강점임을 의미한다. 확고한 보편성을 갖추지 못하더라도 어디든 맞출 수 있다는 것은 장점이다. 이와 더불어, 전

---

[*] 또한 긴급하게 처리할 일이 아닌 문제들도 있는데, 관련성이 적더라도 어떻게 관련성을 유지할 수 있을지는 검토해야 한다. 예컨대 손상된 도로는 공공안전에도 영향을 미칠 수 있다.

[**] 여기에서 기술 운영의 세부 사항에 대해 언급하는 것은 이 책의 관심사가 아니다. 전문가는 이런 실제 업무를 처리할 때 필요한 교육을 받아야 한다.

문가들이 문제적 사안에 관심을 기울이는 것만으로도 도덕적 순서를 바꿀 수 있다는 점을 다시 한 번 강조할 필요가 있다. 한 가지 주의할 점은 순서를 바꾸려는 동기를 면밀히 검토해야 한다는 것이다. 직설적으로 들릴 수 있지만, 이 문제를 탐구해 보면 경우에 따라 발생할 수 있는 복잡성과 본질적 문제를 직시해야 하는 긴장감이 드러난다.

가령 도시에 대한 거주자의 권리가 도시 모빌리티까지 확장된다고 생각했을 때, 이러한 관점의 장점과 과제는 무엇일까? 대체로 이런 문제를 탐구하는 것은 뿌리 깊은 신념과 기존 관행에 반하는 새로운 영역으로 우리를 이끈다. 이때 필요한 이론적 근거에 대한 조사 없이 단순히 바꾸고자 하는 욕망만 앞서면 오만해 보일 수 있다. 즉, 본질적으로 앞선 예를 다루는 것은 비전문가와 전문가 사이의 긴장을 드러내는 것이며, 이는 수많은 영역으로 확장되는 논쟁의 패턴과 관련된 문제다. 다음 절에서는 이러한 문제, 그리고 이것이 사회에 미치는 광범위한 영향을 면밀히 살펴보고자 한다. 이 긴장과 직면하는 일은 상당한 주의가 필요하지만, 이와 관련된 조건을 검토함으로써 도시 모빌리티의 현재를 진단하고 다른 미래를 향해 나아갈 방법의 단초를 얻을 수 있다.

비전문가와 교통 전문가 사이의 긴장

비전문가와 전문가 사이의 긴장은 공공영역에서 오래전부터 논쟁의 대상이 되었고 현재도 진행 중이다. 아일랜드 시인 조지 윌리엄 러셀George William Russell의 통찰은 이러한 논쟁의 한 측면을 상징하며 논쟁의 핵심을 요약한다.

관료 사회에서는 일을 엉망으로 만들고 간섭하려는 욕구가 강한데, 결국 더 지적이고 잘 교육받은 진정한 전문가인 새로운 세대의 관료들이 등장해 다시 전방위에 걸쳐 간섭을 시작한다. 우리가 늘 말했던 이론은 전문가가 꼭대기에 있는 것이 아니라 아래에 있어야 한다는 것이다.[7]

러셀의 통찰은 100년도 더 된 이야기지만, 도시 모빌리티에 대한 새로운 사고방식을 만드는 데에 여전히 적절하다. 우리는 러셀의 주장에 담긴 정서를 실현할 수 있는 조치가 필요하다. 거기에 더해, 교통 문제의 위험한 성격을 고려해 이에 대한 제한을 설정해야 하며, 모빌리티 사고의 즉각적인 '혁명'이 신중하게 시작되지 않으면 재앙을 초래할 수 있음을 명심해야 한다. 여기에는 **최소한** 교통 전문가와 그들이 서비스를 제공하는 사람들 사이의 긴장을 완화하거나 변화시킬 방법을 개발하는 것이 포함되어야 한다.

인용문에서 러셀은 전문가의 필요성을 부정하는 것이 아니다. 그들의 필요성을 인정한다는 것은, 그들이 통찰력을 필요로 하는 사람들을 위해 일해야 한다는 것을 의미한다. 이는 컨설팅의 한 형태로서 전문 지식으로 이익을 얻는 사업을 실제로 수행하는 사람들에게 적합한 태도이다. 이렇게 볼 때, 긴장을 풀어 주는 상호이해의 지점에 도달할 수 있다는 희망이야말로 이제 우리가 해결해야 할 주제이다.

이전 장에서 이해당사자 간의 상충되는 이해관계를 다뤘는데, 이러한 문제는 비전문가와 교통 전문가 사이의 긴장을 나타낸다고 할 수 있다. 이런 문제들에서 긴장이 계속되므로 전문가와 비전문가를 대립시키기보다는 긴장을 해소하는 것이 생산적인 방법일 것이다. 문제에 대한 구체적인 이해를 보여 주면 긴장은 사라지고 오해받는 상황만이 남게 된다. 다시 말해, 교통 시스템의 부분들이 서로 어떻게 맞물려 작동하는지 이해하기 위해 광범위한 교육을 받은 사람들이 그런 교육이 부족한 사람들의 조언에 의존할 이유가 무엇일까?

둘째로, 앞의 사고실험에 등장하는 여성과 같은 사람들이 이런 문제들을 수년째 붙잡고 연구하는 사람들에게 정보를 제공하여 일정을 복잡하게 만들고 싶어 할 이유가 뭘까? 또, 더 나은 삶을 위해 시간을 쓰고 있는 그녀에게 이와 관련된 대화에 참여할 시간이 과연 있을까? 그녀는 배열된 부분들의 특정 하위집합이 어떻게 신경질 나는 상황을 만드는지에 대한 통찰을 제공할 수 있겠지만, 다른 부분들이 어떻게 해서 그녀가 견뎌야 하는 암울한 상황들을 만드는지 설명할 필수 지식을 가지고 있다는 보장은 없다.

이 질문들을 종합해 보면, 일부 도시계획 전문가들이 대중에게 철저히 기대지 않는 이유와 그런 결정에 참여시키지 않는 이유를 알 수 있다. 대체로 대부분의 사람들이 기술 교육을 제대로 받지 않았다는 점, 주민 의견 수렴에 너무 많은 시간이 걸린다는 점, 사람들의 견해는 기껏해야 일부일 뿐이라는 점 등 때문이다. 이런 점을 염두에 두면 참여형 계획 방식이 원만하게 추진되기 어려운 것은 당연한 일이다.[8] 그럼에도 교통에 영향을 받는 사람들이 교통계획에 유의미하게 참여할 수 있도록 보장해야 할 필요성은 여전하며, 이는 긴장을 해소하기 위해 필요한 일이다. 사람들이 그런 능력을 가져야 한다고 주장한다면 말이다. 그러나 정치적 인식과 같은 개념과 함께, 이러한 관행이 그대로 유지되어야 한다는 뿌리 깊은 신념을 근본적으로 공격해야 하는 훨씬 더 강력한 이유가 있다. 이는 다음에서 살펴볼 도시에 대한 권리와도 일치한다.

이 개념의 밑바닥을 살펴보면, 중요한 긴장은 주민과 교통 전문가 사이에 있지 않다는 것을 알 수 있다. 양 당사자는 정의되지 않은 일련의 사회적 · 정치적 매개변수 내에서 작동하고 있으며, 특정 도시에서 자란 사람들은 항상 그들의 배경에 있었던 교통 시스템에 의문을 제기하지 않는 것이 관습 같은 것이라고 가정할 수 있다. 그 친숙함 때문에 사람들은 도시를 좋아하든 싫어하든 중립적이든 간에 단순히 도시경관을 돌아다니는 방법을 배운다고 주장할 수 있다.

전문가들은 자신이 태어나기 훨씬 전부터 존재했던 영역으로 들어가기 때문에 기존의 도시 구조와 인프라, 비인간의 세계, 사회적 · 정치적 · 경제적 · 종교적 영향에 맞서 싸워야 한다. 사람들이 이동하는 과정과 관련된 기본 요소 측면에서 특정 문제를 해결할 방법을 잘 안다고 해도, 사람들이 도시를 이동하는 수단을 통제하는 사람들의 마음을 움직일 수는 없다. 물론 도시마다 상황은 다르겠지만, 앞서 언급한 사항들을 고려하지 않고 도시계획자나 공학자가 사업을 추진하기란 현실적으로 어려운 일이다.

이러한 점을 고려하면, 도시 모빌리티 세계를 바라보는 주민과 전문가의 시각이 일치하지 않는 이유가 분명해 보일 수 있다. 하지만 그들은 도시 모빌리티에 대해 생각할 수 있는 여건을 조성하고 앞서 언급한 상황을 만든 요인들과 거리를 둠으로써 생산적이고 상호보완적이고 양립 가능한 전망을 만들 수도 있다. 이는, 교통 시스템이 단편적인 방식으로 세상에 도입된 현실도 같은 방식으로 다룰 수 있음을 의미한다.

즉, 자동차 단일기술포화 상태의 도시는 하룻밤 사이에 그렇게 된 것이 아니다. 결국 한 번에 한 부분씩 생각해 보면, 교통 전문가가 이동자의 삶을 더 편하게 만드는 데에 필요한 특별한 노력에 대해 근본적으로 스스로 생각해야 함을 의미한다. 이런 생각에는 직업적으로 가진 선입견을 버리는 것도 포함된다. 다중 모드 계획에 관한 최근 동향과 이를 장려하는 '모두를 위한 도로complete streets' 같은 개념은 일부 사고방식이 이미 지원 방향에 맞춰져 있음을 나타낸다.[9] 이러한 측면과 함께, 앞서 언급했던 수동적 수용과 친숙함 때문에 교통 문제를 스스로 생각하지 못하는 사람들의 문제에도 관심을 기울여야 한다.

이 같은 중요한 특징 때문에 이 문제를 해결할 수 있는 교통 전문가에게는 직업적으로 요구되는 것 이상이 요구된다. 이는 업무 이상의 능력이므로, 성공한다면 도덕적 찬사를 받을 자격이 충분하다고 할 수 있다. 그들은 사람들이 이 문제와 관련해 각자 자신의 추론을 활용케 하는 것으로부터 시작한다. 우리가 도시문제를 다루고 있으니, 이러한 목표를 도시 계몽이라고 부를 수 있을 것이다.

이 문제의 뿌리는 이마누엘 칸트의 책《계몽이란 무엇인가》에 대한 답변에서 찾을 수 있다.[10] 물론 이 책은 계몽주의와 관련된 주제를 다루지만, 칸트의 사고방식을 활용해 사람들이 도시문제에 대해 스스로 생각하도록 유도할 수 있다.• 예를 들어, 칸트는 우리가 스스로 생각하지 않는 이유는 우리를 대신하여 생각할 수 있는 사람들이 있기 때문이라고 주장했다.[11] 그리고 사람들이 스스로 생각하고 자신의 추론을 사용할 용기를 가져야 한다고 했다. 물론 그렇다고 해서 도시 거주자들이 그런 문제나 다른 문제에 대해 자신의 추론을 사용하거나 스스로 생각하지 못한다는 말은 절대 아니다.

또한, 앞의 사고실험 후반부에서 설명한 것처럼 사람들의 발목을 잡는 것은 용기 부족이 아니다. 시간 제약, 시 당국과 공무원에 대한 불신, 언어장벽, 생소함 등 다른 요소들도 참여에 대한 관심을 가로막을 수 있다. 이러한 측면이 있음에도 불구하고, 주민들이 계획 수립 과정에 참여함으로써 자신을 포함한 주민들이 혜택을 볼 조치에 직접 접근할 수 있다는 주장은 설득력이 있다. 이러한 개념의 비판적 성격을 설명하는 한 가지 방법은, 도시 거주들이 도시에서의 '좋은 삶'에 대해, 즉 교통과 같은 삶의 질과 경험을 형성하는 바로 그

• 이는 이 글이 칸트의 원래 맥락에서 벗어나고 있다는 의미이기도 하다.

문제에 대해 자신의 추론을 사용할 수 있는 능력을 갖추려면 무엇이 필요한지 묻는 것이다.

이 질문 전에 또 다른 질문에 대한 답변이 필요하다. '도시 계몽 urban enlightenment'이란 대체 무엇인가? 이를 위해서는 도시에 대한 뛰어난 지식과 이해가 있어야 한다. 교통은 지식의 한 영역이다. 다른 지식 분야로는 구역 설정, 법률, 역사, 건축, 인프라, 비즈니스, 사회적 관습과 전통 등이 포함될 수 있으며 이것이 전부도 아니다. 이는 완전한 목록은 아니지만 어떤 요소들이 포함되어야 하는지를 보여 준다. 도시에 대한 깨달음을 얻으려 노력한다는 것은 이러한 요소들이 어떻게 서로 맞물려 도시를 형성하고 함께 작용하는지, 왜 개인이 특정한 관점과 독특한 경험을 갖고 있는지, 왜 다른 사람들과 도시에 대한 입장이 크게 다를 수 있는지 등을 아는 것을 의미한다. 다른 사람의 주체성을 설명할 수 있다는 뜻은 아니지만, 그것을 형성하는 조건에 대해서는 알 수 있다는 의미다.

이렇듯 경험의 문제는 사람마다 다르고 이익이나 손해도 다 달라서 도덕성 문제와 관련되어 있기 때문에, 그러한 결과와 관련된 전제 조건 및 상황을 검토하게 만든다. 사람들이 그러한 결과에 영향을 미칠 수 있어야 한다는 생각도 해야 한다. 따라서 도시 계몽을 수행한다는 것은 사람들이 도시의 구성을 이해해야 할 뿐만 아니라, 도시의 구성이 부분의 배열로서 다양한 그룹의 사람들에게 각기 다른 도덕적 결과를 낳는다는 점, 즉 도덕적 순서 형성 과정의 전체 범주를 이해해야 하는 일이다. 이를 위해서는 '도시'가 취약하고 소외된 사람들, 공중, 비인간에 어떤 영향을 미치는지, 미래 세대 및 도시 인공물에 어떤 해악을 끼치는지 등을 알아야 한다.

이런 개념은 전문가에게도 적용된다. 즉, 교통과 도시를 **더 온전하게** 이해하는 데에 필요한 지식을 얻기 위해서는 교통 시스템의 각 부분들이 도덕적 순서에 따라 각 범주에 어떤 영향을 미치는지, 그리고 교통 시스템에 대한 지식을 부분과 전체로서 향상시킬 관점을 학습함으로써 도시 계몽을 위해 노력해야 한다는 것이다. 이러한 요소들에 대한 이해는 다양한 업무에 다 적용되지만, 특히 소외계층 및/또는 취약계층에 대한 관점이 부족했던 과거를 생각해 보면 이 관점을 더 강화해야 할 필요가 있다.

표준 관행에 따라 주민 의견을 수렴하면 된다고 이의를 제기하는 일부 전문가들이 있을 수 있다. 그렇다면 도시 모빌리티에 관한 회의에서 주민들이 공해로 인해 아이들에게 해를 끼치기로 결정했다는 견해를 옹호할 의향이 있는가? 주민들이 고속도로를 위해 동네가 파괴되는 것을 기꺼이 받아들일까? 주민들이 정말로 모래 날리는 버스 정류장에 보호 덮개가 필요하지 않다고 결정했을까? 만약 그런 곳이 있으면 그곳에서 열린 주민간담회 회의록을 직접 확인해 보고 싶다.

도시계획 직업을 비방하려는 게 아니다. 지금의 교통 전문가들이 앞 세대의 죄 값을 치러서는 안 된다. 그러나 미래를 계획하는 동안 과거를 청산하는 일이 흔들려서도 안 된다. 실수로부터 배워야 하며, 포용성 및 이와 관련된 지식을 받아들이는 조치로 나아가야 한다. 전문가들이 도시 계몽을 진지하게 받아들인다는 것은 이 지점에 동의한다는 의미다.

이러한 접근이 없다면 도시 모빌리티와 관련된 도시 상황에 대한 포괄적인 관점이 부족해질 것이다. 이것이 도덕적으로 업무를 수행하는 데에 필요한 관점임을 염두에 둔다면, 이러한 독점적인 형태의 지식을 확보할 여지를 두는 것은 업무에 필요한 법률적·정책적·기술적 방법 같은 다른 일반적 요소와 함께 계속 필요한 일이다. 이러한 지식을 확보할 방법을 마련한 전문가라면 이미 도시 계몽의 길에 들어섰다고 할 수 있다.

앞 장의 내용을 다시 떠올려 보면, 도시는 끊임없이 변화하는 상태이므로 도시에 대한 지식도 많은 경우 불완전할 수 있음을 기억해야 한다. 즉, 도시 계몽이란 도달해서 완성되는 어떤 상태로 상정하기 어렵다. 이는 다만 특정 도시 내의 변화 정도와 속도에 따라 지속적으로 수행해야 하는 여정이라고 말할 수 있다. 따라서 누군가 '도시 계몽'에 도달했다고 말한다면 오만한 것이고 의심스러운 것일 수 있다. 그럼에도 불구하고, 부분적인 지식만 제공하더라도, 원하는 사람들과 공유할 수 있는 충분한 지식을 가진 기획자 같은 사람들이 있을 수 있다. 이러한 방법을 통해 정보를 공유하면 사람들이 도시가 어떻게 조화를 이루는지 알게 되고, 도시가 만들어 내는 좋은 결과와 나쁜 결과를 이해하여 도시에서의 삶을 형성하는 데에 도움을 받을 수 있다.

예컨대, 교통 시스템이 만들어 내는 다양한 현실을 경험하고 성찰하는 사람들이 그러한 조건이 도시 생활의 다른 영역에 어떤 영향을 미치는지는 예리하게 인식하지 못할 수 있다. 이 점을 염두에 두고 전문가들이 해야 할 일은 이러한 추론을 표면화시켜 '도시'가 교통 시스템이 어떻게 그런 결과들을 낳는지에 대한 관점을 개선할 수 있게 하는 것이다. 지자체 담당자들은 이러한 상황을 어느 정도 파악하고 있을 수 있지만, 직접 경험담을 더 많이 들으면 그러한 경험을 견뎌 낸 사람들에 대한 존중을 표현할 수 있고, 관련 업무와 관련하여 기존 지식을 강화할 수 있다.

이전 장에서 살펴본 바와 같이 교통은 인간 및 다른 생물종을 포함한 모든 삶에 영향을 미친다. 특정 도시에 대한 배경지식을 포함하여 교통과 관련된 도덕적 순서, 그리고 각 부분들이 특정 상태로 존재하는 방식과 이유를 이해한다면, 자신이 사는 도시를 이해할 수 있다. 도시 거주자들은 대체로 교통 시스템을 평가할 때 필요한 대부분의 지식을 이미 갖고 있다고 봐야 한다. 물론 구체적 사례들은 매우 다양할 것이다. 특정 상황에 대한 인식, 분노, 불신 그리고/또는 희망은, 모빌리티와 같은 특정한 의미에서의 도시에 대한 권리를 실현시키는 이해관계에 대한 열망을 촉발할 수 있다.

이러한 통찰을 통해 주민들은 도덕적 순서에 따른 권력 역학과 상충되는 도덕적 문제, 그리고 그러한 제도와 관련된 도덕적 복합성이 도사리고 있는 교통 상황을 더 잘 이해할 수 있다. 그렇다고 해서 이들이 외부 상황에 대한 고려 없이 단순히 교통 시스템에서 취하고 싶은 것만 진술하는 것이 아니라, 도덕적 순서 내에 있는 다른 집단들의 입장을 검토하여 도시 내 모빌리티 문제의 총체적 현실을 수용하거나 이해하게 되는 것이다. 사람들이 교통 문제가 자신에게 어떤 영향을 미치는지 신경 쓰지 말아야 한다는 게 아니라, 자신의 모빌리티 선택이 도덕적 순서 내 다른 사람들에게 어떤 영향을 미치는지를 무시해서는 안 된다는 뜻이다. 도시 모빌리티 시스템이 다른 사람들과 공유하는 기술이라는 점을 생각하지 않고 자신의 이익만 생각해 불균형적인 입장을 취하는 것은, 경우에 따라 동물의 기본 본능과 같을 수 있으며, 이를 카소 식으로 말하자면 '경제성'이라는 개념으로도 설명할 수 있다.

즉, 도시에 사는 각자가 자신의 얄팍한 이기심에만 호소하며 도시 계몽을 위해 노력한다는 것은 합리적으로 들리지 않는다. 사람들이 자신의 편협한 이기심으로만 움직이는 곳을 과연 사회적 존재들이 집이라고 부르고 싶은 도시라고 말할 수 있을까? 지역 의사결정의 장인 지방자치단체를 주민들이 직접 참여하여 지정하고 승인한다는 사실은 적어도 가장 근본적인 수준에서 다른 사람들과의 협력이 존재한다는 의미가 아닐까? 도시에 거주하기로 선택한 주민들은 열차가 정시에 운행되도록 도시 전문가들에게 일정 부분의 권한을 위임하는 데에 동의했다고 주장할 수 있다. 느슨한 의미에서, 이러한 제한적 참여는 다른 사람들과 함께 '참여하는' 이상한 종류의 '비−행동non-acting'으로 간주된다.

도시 계몽적 차원은, 사람들이 자신에게 부족한 전문 지식이 필요하다고 인식하는 **선택적** 의사결정 능력을 자유롭게 전환하지 않고,

도덕적 순서 내에서 자신의 위치를 반영하는 방식으로 도시에 기여하는 정보에 입각한 지원을 제공함으로써 도시 생활에 적극적으로 참여하고자 할 때 작용한다. 예컨대, 일반 주민들은 교량 설계에서 콘크리트를 혼합할 때 '자신의 추론을 동원'할 필요는 없지만, 이 교량이 자신의 모빌리티를 제한하지 않을지는 고려할 필요가 있다. 물론 이런 조치를 취하려면 능력을 포기하는 것과 필요한 권한을 포기하는 것의 차이를 인식하고, 필요한 권한을 포기함으로써 자신의 행복과 전반적인 지위를 향상시킬 수 있다는 점을 인식해야 한다. 하지만 이는 허용 가능한 범위의 한계로, 도덕적 순서 내에 명확한 기준이 존재해야 한다는 것을 의미한다.

이 개념은 취약하거나 소외된 사람들이 더 나은 위치에 있는 다른 사람들 때문에 타협해서는 안 된다는 점을 말해 준다. 이런 명제는 공평하게 들리지 않을 수 있지만, 차 키를 집에 두고 나와 대중교통을 이용하거나 자전거를 타는 사람들은 자신만을 위하기보다는 도시를 위해 행동하고 있다. 이들은 편협하고 경제적인 선택에 저항하며, 도시환경과 다른 사람, 비인간의 세계, 그리고 그들 스스로를 강화하는 차원을 선택한다.

이러한 입장을 반박하기 위해 사람은 이기심으로만 행동하는 윤리적 이기주의자일 수 있다고 주장하거나, 더 높은 도덕적 순서를 위해 의무에 순종하는 것과 같은 행동만을 도덕적인 것으로 볼 수 있다고 주장할 수 있다. 우선, 현재의 (반)프레임워크로 이 점을 있는 그대로 검토해 보자. 본질적으로 결과주의적인 접근 방식에 따르면 부분들의 배열과 그 결과만 고려하게 되기 때문에 논쟁의 여지가 생긴다. 동기 같은 것은 항상 무관한 게 되어 버린다. 둘째로, 위의 주장의 후반부에서 드러나는바, 도덕적 행동으로 인정받기 위해서는 도덕적 동기가 있어야 한다는 견해는 고통받는 사람들 입장에서는 '사치스러운' 요구이다. 이런 입장은 사람들의 머릿속에서 올바른 생각이 일어나야만 고통받는 사람들의 고통이 즉각적으로 해소될 수 있다는 뜻이 된다. 물론 불운한 상황부터 혐오스러운 상황에 이르기까지 다양한 상황을 다루는 경우라면 '이상적인' 동기를 따르는 것이 더 바람직할 수 있다. 하지만 지극히 이기적인 사람들로 하여금 다른 사람들의 삶을 개선하는 실천에 참여하게끔 유도할 수 있다 해도, 그러한 동기보다 훨씬 큰 영향을 끼친다는 점을 간과해서는 안 된다.

이와 더불어, 정치적 또는 사회적 이데올로기에 호소하여 이러한 입장의 근거를 마련하는 것은 실수이며, 이는 수많은 주민들의 의지를 꺾을 수 있다. 이러한 호소 대신에 공중보건에 대한 검증 가능하고 측정 가능한 결과는 문화적·사회적·정치적 경계를 초월하며, 적어도 그래야 한다. 이러한 경험적 측정을 통해 우리는 카소가 동물적 본능에 가깝다고 표현한 것보다 훨씬 더 큰 선을 그어야 할 곳을 명확하게 제시하는 대화의 공통점을 얻을 수 있다.●

───────────

● 수많은 비인간 생물종은 인간이 저지르는 파괴적이고 무분별한 관행에 절대 관여하지 못한다는 점을 고려할 때, 동물을 하등한 존재로 묘사하는 것은 동물 애호가를 모욕하는 것일 수 있다.

예를 들어, 사회적 고립주의가 최근 공중보건의 복잡한 문제로 떠오르고 있음을 생각해 보자. 가령 이 문제를 다룬 최근의 '체계적 문헌 고찰'은 상황 개선을 위해서는 고도의 다학제적 노력이 필요함을 설득력 있게 보여 준다.[12] 이 연구자들은 광범위한 연구를 통해 다음과 같은 결론을 내린다.

이 체계적인 개괄은 사회적 고립과 외로움이 심혈관 및 정신 건강 악화와 관련이 있다는 일관된 증거가 있음을 강조한다. 사회적 고립 및 외로움과 다른 질환 간의 연결 관계나 이로 인한 사회경제적 결과는 덜 명확하다. 암과의 연관성, 건강 행동, 생애 전반에 걸친 영향과 더 광범위한 사회경제적 결과에 대한 더 많은 연구가 필요하다. 정신 건강의 영향력을 고려했을 때, 정책 입안자와 보건 및 지방정부 관련 위원들은 사회적 고립과 외로움을 발병률과 사망률에 영향을 미치는 중요한 상위 요인으로 고려해야 한다.[13]

도시계획가는 사람들이 자신의 도시에 대해 생각할 때 자신의 추론을 사용하도록 동기를 부여하는 도시교통 접근 방식을 개발함으로써 대도시권에서 이동하는 새로운 방법을 찾을 수 있을 뿐만 아니라, 사람들이 이기심의 경제학을 초월해 도시에 관심을 갖도록 유도하는 경로를 만들 수 있다. 이러한 조치들은 교통수단이 어떤 형태, 형식, 방식으로든 피해나 억압을 유발하거나 영속화할 때 이를 유지하려는 노력에 맞서야 하며, 여기에는 심각한 오산과 편협한 이기적 사고에 대한 도덕적 순서의 정당화도 포함되지만 이것이 전부는 아니다.

도덕적 순서 하에서 우리는 본성적 이기심에 반하는 방식으로 움직이고 있다. 이는 사고의 기술이기 때문에 실수가 발생하더라도 회복력이 있어야 한다. 제안한 대로 혹은 앞 장에서 논의한 내적 본성의 구조에서 크게 벗어나지 않는 방식으로 사용된다면, 그 운영 능력은 남용을 방지하는 동시에 도덕적 순서를 존중하는 방식으로 작동되어야 한다. 결국 주민들과 함께 일하기로 선택한 도시계획가는 도시적 가부장주의에서 벗어나 협력으로 전환할 수 있다. 이 과정을 협력적 도시계획, 즉 '공동계획co-planning'이라고 한다. 협력한다면, 양측이 같은 위치에 서서 사람들을 도시로 이동시키는 교통 시스템을 개발하기 때문에 긴장을 완화할 수 있는 발판을 마련할 수 있다.• 이러한 결과를 만들어 내는 데에 그 대상이 되는 사람들이 의미 있는 영향을 미칠 수 있다는 점을 고려하면 불공평한 결과를 초래할 가능성은 적다.

이런 관점은 교통 및 운송 관계자가 협력하여 모빌리티 시스템을 만들 때 전문가와 비전문가가 함께 가치관을 반영하는 결과물을 만

• 공동계획을 참여형 계획이라고 말할 수도 있을 텐데, 이렇게 보는 것도 큰 문제는 없다. 하지만 참여형 계획이라고 하면 사람들의 참여가 허락된다는 것을 암시하는 것처럼 들린다. 공동계획은 참여 허가를 받은 사람들의 범위 이상으로 간주되는 상호 존중의 태도를 구현한다. 이외에도 '공동계획'은 미학적으로도 조화로우며, 사람들로 하여금 교통 전문가와 협력하게 하는 동기를 부여한다고 할 수 있다. 그래서 이 용어를 사용하는 것이다.

들어 내고 일치된 결과를 제공한다는 점에서도 중요하다. 역사상 이런 사례가 없었던 것은 아니다. 오히려 이러한 사례들은 비슷한 결과를 얻기 위해 모방이 필요한 사례들을 보여 준다. 이를 통해 우리는 교통인프라와 관련해 다른 사람들과 협력해 가치를 창출한다는 카소의 개념에 부합하는 조치를 취할 수 있다. 결과적으로 특정 부분의 부족 또는 특정 종류의 부분들의 부족을 식별하는 것은, 도덕적 순서에 부합하는 방식으로 이러한 문제에 존중하는 태도로 접근하는 방법이 된다. 각 도시마다 취약계층과 소외계층, 공중, 생태계, 도시 인공물 등 고유한 특성이 있다는 점을 염두에 두면, 이러한 현실은 도덕적 순서에 내재된 유용성을 강화하는 개념인 맞춤형 전략이 필요함을 상기시킨다.

물론 만능 해결책은 없으므로 일부 협력적 도시계획 조치에서는 전문가와 함께 주민 참여를 위한 더 많은 노력이 필요할 것이다. 예를 들어, 특정 상황에서 불공정, 부패 또는 비윤리적 행동의 오랜 역사가 있는 경우라면 대화에 필요한 근거를 확보하는 추가 노력이 필요할 수 있다. 즉, 서로를 이해하고 그러한 현실에 대처할 수 있는 방법을 모색하기 위해 회복적 노력을 기울이는 것이 상호 이익에 부합할 수 있다.

주변 조건이 다른 경우, 이러한 시나리오와 관련된 역사적 상황에 부합하는 노력을 지원하는 공동계획 (하위) 접근 방식을 만드는 것이 목표이다. 이때 변함없이 유지되어야 할 공통된 주제는 관련 당사자들이 경로를 만드는 데에 개방적이고, 공유된 견해가 협력에 기반해야 한다는 것이다.• 이런 생각은 계획가와 주민들이 이러한 결과를 얻으려면 특정 실천(예컨대 관계를 회복할 수 있는 회복적 노력)에 참여해야 한다는 것을 시사한다.

도시계획가의 임무는 사람들이 이동할 수 있는 합리적이고 접근 가능한 수단을 만들고, **사람들이 그 수단에 관심을 갖도록 만드는 것**이다. 이는 상당히 까다로운 일이기 때문에 도덕적 보상이 필요한 직무 외 업무로 생각될 수도 있다. 이 과정에 주민들이 참여함으로써 도시 계몽을 향해 나아갈 수 있다. 일부 철학자들은 사람들을 어둠에서 끌어내어 이성의 빛으로 인도하기 위해 움직인다면, 도시계획가는 사람들이 이성을 사용하여 도시에 대해 생각하도록 안내하고, 그렇게 하는 데에 방해가 되는 장벽을 제거하기 위해 노력해야 한다. 사람들의 삶과 지구의 삶에 미치는 포괄적인 영향을 고려할 때, 도시 모빌리티 문제야말로 우리를 그곳으로 인도하는 첫 번째 단계가 될 수 있다. 자전거도로, 도로 생태, 지속 가능한 인프라와 같은 교통 문제를 포함하되 이에 국한되지 않는 도시에 대한 철학적 사유

• 협력적 도시계획cooperative urban planning은 단순히 참여 계획의 또 다른 방법이 아니라는 점을 언급할 필요가 있다. 적어도 두 가지의 핵심적 차이가 있다. 첫째, 협력적 계획은 단순히 참여한다는 개념을 넘어 상호 존중이 최소한의 수준에서라도 작동하고 있음을 보여 준다. 즉, 모든 협력적 계획에는 참여가 포함되지만 모든 참여가 협력을 포함하는 것은 아니다. 두 사람이 서로를 존중하지 않고서도 활동에 참여할 수 있다. 그러나 협력은 공동의 목표를 위한 상호 존중을 수반한다. 각 당사자는 도시, 주민, 전문가 모두에게 번영을 가져오는 태도로 상대방을 존중해야 한다. 둘째, 협력적 도시계획에는 특정한 종류가 있을 수 있는데, 이 장에서 언급된 것은 회복적 도시계획이다. 이는 특정 상황에 맞는 접근 방식을 만들 수 있음을 보여 준다. 앞으로의 연구는 특정 도시의 복잡한 문제를 해결할 수 있는 구체적인 방법을 개발하는 데에 초점을 맞춰야 한다.

방법인 이동에 대한 고민을 독려할 수 있다. 생각하고, 움직이고, 그것을 거리로 가지고 나가야 한다.

앞에서 말한 도시 계몽 개념은 도시 영역의 권력관계를 의미 있게 변화시키는 방식으로 도시를 건설하고 개선하는 데에 필요한 한 가지 관점일 뿐이다. 거창해 보이는 이 질서는 교통 시스템의 부분들을 올바르게 배치하고 처리하여 더 나은 결과를 도출하는 것 이상의 다른 목표를 달성하는 데에 도움이 될 수 있는 수단일 뿐이다.

이러한 개념을 염두에 두며 도덕적 순서를 수립하고 도시 계몽의 조건을 확보하기 위해 노력한다면, 사회적으로 정의로운 도시 번영과 지속가능성 같은 가치 있는 목표를 달성할 수 있다. 이는 사람들이 도시에 살면서 행복해질 수 있다는 것을 의미한다. 이 목표는 암시적이지만, 기후변화 시대라는 현실과 광범위한 사회적·경제적 불평등 문제를 고려할 때 합리적인 목표이다. 이는 언급됐던 더 큰 목표가 도덕적 순서와 도시 계몽에 달려 있다거나 그 반대의 경우도 마찬가지라는 것을 암시하지만 수반하지는 않는다. 그 대신, 이러한 역학 관계에 주목하면 이 목표를 위한 조치를 취할 도시에 그러한 가능성이나 다른 가능성을 제공할 수 있다는 게 핵심이다.

도덕적 순서에 따르는 미래를 만드는 것은, 도시에 사는 사람들이 도시 전문가들과 공동계획을 통해 도덕적 순서를 만드는 과정에 의미 있게 참여할 수 있다는 점이 중요하다. 그 막대한 영향력을 생각했을 때 도시 모빌리티로부터 시작하는 것이 합리적이다. 이외에도 교통 시스템의 미래를 위한 '전쟁'이 도시의 이면에서 벌어지고 있다. 도시 모빌리티의 미래가 결정되고 있는 지금, 우리가 묻고 답해야 할 질문은 바로 이 두 가지다. 도시 모빌리티의 미래는 어떤 모습이어야 하며, 누가 그 미래를 결정할 것인가?

이때 문제는, 민간기업의 주요 이해관계가 걸린 일의 중요한 단계를 진행시키기 전에 질문을 던지는 사람이 거의 없다는 것이다. 그러는 동안 교통 전문가들은 우리 도시의 발전을 위해 미래를 팔아먹으려고 옆에서 외치고 있는 형국이다. 기업에 비해 제대로 된 홍보 체계를 갖추지 못한 탓이라 말할 수도 있다.

다음 장에서는 도덕적 순서를 통한 도시 계몽, 스스로 생각하는 사람들, 그리고 도시교통 관계자들과의 협업을 통해 이러한 관점을 발전시켜 보려 한다. 앞에서 언급한 가치 있는 목표의 가능성과 도시 모빌리티의 예상되는 많은 미래, 그리고 여러 가지 가치 있는 목표에 부합하는 대안적 미래를 살펴볼 것이다. 이러한 탐구는 도시 이동자에게 유리한 부분적인 사례를 만들기 위해 노력하는 동시에, 돈만 버는 것을 목표로 하는 기업과는 본질적으로 대립적인 입장을 견지한다. 주민들을 이용해 이윤을 늘리는 대신에, 그들이 봉사할 지역사회와 함께할 때 그런 결과가 나올 수 있는 조건을 조성하는 것이다.

9장

도덕적 순서와 가치 있는 목표

앞 장의 내용을 이번 장의 메시지와 연결해서 요약하자면, 부분들의 구성으로 인해 피해가 발생하는 교통 시스템이 존재한다는 것이다. **도덕적 순서**는 이해관계자에게 이익이 되는 협력적 도시계획의 길을 만들어 피해를 완화시키는 과정이다. 이로 인해 사람들은 이 문제에 대해 스스로 생각하기 시작할 수 있으며, 이것이야말로 도시 계몽으로 나아가는 첫 단계가 된다. 이는 대도시가 과거나 현재와 다른 공동계획 도시로 변모하는 데에 도움이 되는 여정이다. 이러한 조건은 더 나은 미래를 위한 가능성을 열어 준다. 이런 도시는 사회적으로 정의로운 지속가능성 그리고/또는 인류 번영과 같은 가치 있는 목표를 향해 나아갈 수 있는 곳이다. 여기서 중요한 것은 가치 있는 목표의 종류를 제한하는 것이 아니다. 여기서 보여 주고자 하는 것은, 도덕적 순서에 따른 공동계획과 같은 노력이 지구의 삶을 개선할 수 있는 더 실질적 목표를 뒷받침한다는 점이다.

도시 모빌리티에 대한 주장들과 그 궤적을 간략히 살펴보았으니, 이제 도시 계몽이 여러 가지 면에서 주목해야 할 시급하면서도 복잡한 문제인 현재 상황을 살펴보자. 현실은 교통 관련 결정에서 지역사회를 배제해 온 오랜 역사가 있다.[1] 일부 지자체와 교통 당국이 포용적 계획으로 나아가는 진전을 보여 주긴 했지만, 이는 오늘날 많은 곳에서 여전히 과제로 남아 있다. 소외된 집단은 여전히 고통받고 있다는 의미다.[2] 이러한 상황을 근본적으로 바꾸고 더 나은 결과를 얻기 위해서는 두 가지 주요 요소를 해결해야 한다는 주장이 제기되고 있다.

앞에서 나왔던 몇 가지 생각들을 상기해 보면, 첫 번째는 취약하고 소외된 집단, 공중, 비인간 생물종, 미래 세대, 도시 인공물 등을 포함하여 때때로 상충하는 이해관계자 그룹에 대한 도덕적 고려 사항을 **도덕적 순서화**라는 방법을 통해 해결하는 것이다. 이는 어떤 결정에 가장 큰 영향을 받는 사람들을 고려하는 것부터 시작해서, 이 이해관계 그룹들에 이익 혹은 손해가 되는 행동으로 이어지는 결정의 우선순위를 설정하는 과정이다.

말하자면 공중을 위한 모든 결정이 첫 번째 범주에 속하는 사람들에게 해를 끼치지 않으면서도 이익을 가져다주어야 한다. 공중을 위해 그룹 내 상충하는 이해관계를 저울질할 때, 우리는 존중이라는 개념을 사용하여 개인을 위해 그룹이 희생되는 것을 피하는 동시에 그룹에 해를 끼칠 정도로 개인의 이익을 중시해서도 안 된다.● 우리는 본질적으로 인간중심적이지만 비인간의 내재적이고 도구적인 가치를 무시하지 않는 교통 시스템 구축을 생각하고 있음을 기억하며 이러한 문제를 최우선으로 고려하는 해결책을 도출하는 것을 목표로 삼아야 한다.

● 취약하거나 소외된 사람들이 공중the public의 일원이 아니라는 뜻은 아니다.

미래 세대도 염두에 두고 싶지만, 아직 존재하지 않는 실체이기 때문에 우리가 그들에게 빚을 졌다고 말하기는 어렵다. 그러나 이 문제에 관심을 갖고 미래 세대가 진정한 삶을 영위할 수 있는 조건을 보존해야 할 의무가 있다. 이러한 개념은 도시 모빌리티를 향상시키기 위한 우리의 결정이 동물들에게 큰 피해를 주지 않도록 해야 한다는 것을 시사한다. 마지막으로, 건물, 다리, 랜드마크, 대단지와 같은 도시 인공물 역시 중요하긴 하지만 사람의 생명만큼 가치 있는 것은 아니기 때문에 기본적으로 마지막에 배치된다.

이 절차는 절대적인 것처럼 보이지만, 이는 단지 제안에 불과하므로 순서를 변경해야 할 강력한 이유가 있는 경우 유연하게 적용할 수 있다. 이 방법에서는 영향을 받게 될 이해관계자의 의견도 존중되어야 한다. 이 점은 사람들이 이 문제를 검토하고 토론하기 시작하면 어떤 일이 벌어지는지를 보여 준다. 이러한 과정은 앞에서 설명한 방식으로 사람들이 모빌리티 문제에 대해 스스로 생각하는, 즉 도시 계몽으로 이어질 수 있는 여정의 시작이다. 이를 위해서는 가부장적이고 위계적인 교통계획의 요구를 줄여야 한다. 이를 '도시 가부장주의urban paternalism'라고 부를 수 있다. 도시 가부장주의에 따라 움직이면 모든 부분들이 움직이는 동안 새로운 프로세스를 시작할 수 없게 된다. 따라서 교통계획가는 사람들과 (훈련된 전문가로서) 자신을 존중하는 포용성 조치를 개발해야 한다. 이를 통해 양측 모두를 위한 도시 계몽의 길을 만들 수 있는 상호성을 확립할 수 있다.

여기서 우리는 존중과 균형의 개념으로 돌아가게 된다. 열차가 정시에 운행되도록 해야 하지만, 재앙을 초래하지 않는 범위 내에서 사람들이 이 절차에 참여할 수 있는 가능성도 포함시켜야 한다. 우리는 또한 전문 지식 부족 때문에 사람들이 부상과 재난을 겪게 되지 않길 바란다. 이런 생각은, 사람들이 교통계획과 공학에 내재된 위험을 알고 나면 오히려 가부장주의라고 불리는 것을 원하게 될 가능성이 있음을 보여 준다. 만약 사람들이 위험을 이해한 후에 자기 목소리 내기를 포기하기로 결정한다면, 다른 방법으로 행복을 추구할 수 있는 전문가를 고용해 자기결정을 양도하는 것이 된다. 이는 보통 사람들이 도시 형성에 참여할 수 있는 방법을 제공한다. 선택은 그들의 몫이 되거나 최소한 그럴 가능성을 확보할 수 있다. 이해 당사자로서 자신의 이익을 주장하고 싶어 할 수도 있다. 결과적으로 이 과정은 이러한 종류의 노력을 위한 기회를 만들어 낼 수 있고, 앞서 주장한 바와 같이 교통 시스템은 도시 거주자들이 참여할 중요한 이유를 제공한다.

사람들이 모빌리티 시스템과 같은 분야를 변화시킬 수 있다면, 최소한 그리고 점진적이나마 르페브르적 전통의 기반이 된 통찰을 유지하면서 최소한의 힘을 되찾을 수 있다. 이는 시민들이 다양한 개성을 표현하는 도시 권력의 특정 차원을 되찾기 위해 단편적 접근 방식을 취할 수 있는 방법을 보여 주지만, 도시의 일상적인 운영을 유지하려면 관리자와 부서가 필요하다. 그렇다면 지자체 조직의 관료적·기술적 특성에 태생적 한계가 있을 때, 어떻게 해야 사람들이 의미 있게 참여하는 시민이 되도록 할 수 있을까? 이는 시를 대표해 일하는 공무원이 반드시 필요한 동시에, 안전하고 합리적이며 적당한 경우 외부인이 포함되지 않을 이유가 없음을 시사한다. 이러한 접근 방식을 수용하면 도시 계몽에 필요한 협력을 구축하는 데에 도움이 될 수 있다. 필요한 협력의 측면에서 각 당사자들은 수행해야 할 특정 업무가 있기 때문에 협력적 계획에 일관성이 요구된다. 전문가적인 측면에서는 이해관계자의 동기를 넘어 이해관계자의 요구에 귀를 기울이는 태도가 꾸준히 유지되어야 한다.

예컨대, 우리는 특수 이익단체가 단기적인 이해관계 때문에 주민들에게 안전한 (또는 정의롭고 공정하며 도덕적인) 생활 조건에 반하는 선택을 회유하거나 뇌물을 주거나 속이는 것을 원치 않는다. 이러한 입장을 가부장적 의식이 내재된 전문화의 렌즈로 바라보는 것은 지자체 운영을 감독하는 전통적인 태도와 배치된다. 가령 과학이나 공중보건 같은 요소에 기반한 건축 법규 등 일부 영역은 지역사회 구성원 참여에 제한이 있을 수 있다.

그러나 도시 관리에 전문가의 독점적 통제가 꼭 필요한 일인지 되묻는 과정 없이 결정되는 것은 독단적 사고일 수 있다. 도시의 정체성 구축에는 공동의 노력이 필요하다는 점을 염두에 두고, 도시 주민들이 있기 때문에 존재하는 지자체 공무원들은 관련 사업을 진행할 때 포용성을 목표로 해야 한다. 적어도 포용성 문제를 깊이 숙고해야 한다. 최소한, 주민들이 도시 계몽으로 나아가는 길을 방해해서는 안 된다.

이러한 태도로 오늘날과 같은 도시를 유지할 수는 있다. 그러나 여기서 한 발 더 나아가, 사회적으로 정의로운 지속가능성을 목표로 설계된 다른 유형의 도시로 나아가 보면 어떨까? 그러면 도시 생활의 새로운 기준을 정립하여 다양한 방식으로 사람들을 괴롭히는 패턴을 끝낼 수 있다. 한 번에 한 도시씩 이 악순환의 고리를 끊을 수 있다고 가정해 보자. 요나스가 우려하고 독려했던 환경 재앙을 피하는 데에 필요한 (글로벌) 환경과학에 기여할 수 있고, 더 나아가 가치 있는 목표를 위해 노력하는 도시를 만들 수 있다.

이 개념을 염두에 두면 다양한 종류의 도시를 만들 수 있으며, 이는 사람들이 실제로 현상 유지에서 벗어나는 목소리를 낼 수 있는 가능성을 창출하는 데서 시작된다. 이를 위해서는 오늘날의 모델과는 완전히 다른 도시를 만들 수 있는 급진적 변화가 필요하고, 인간 거주지에 아예 새로운 이름을 붙여야 할 수도 있다. 이는 피해를 완화할 기술적 해결책을 제공할 수 있는 계획가, 공학가, 건축가도 필요하지만, 주민들과 협력해 주민들이 원하는 방식으로 도시를 만들 전문가도 필요하다는 점을 시사한다. 이러한 방식으로 도시에 참여할 때 사람들은 자신이 설정한 가치 있는 목표를 달성할 조건을 결정하는 장소를 공동계획한다.

이러한 아이디어가 실제 변화로 이어질 수 있다면, 도전을 감행한 대담한 전문가들에게 도덕적 찬사를 보낼 만하다.[3] 이러한 노력에 동참함으로써 비공식적 리더 역할을 한 도시 주민들은 최고의 존경을 받을 중요한 주체가 될 것이다. 다음 절에서는 이 점을 자세히 살펴보고 유사한 상황에 광범위하게 적용할 수 있는 확장된 개념을 세워 보자.

교통 전문가, 도덕적 찬사, 그리고 도시 모빌리티 재편

앞 절에서 살펴본 아이디어는 공동계획 같은 새로운 기획을 실현하려면 전문가와 주민들이 함께 여러 종류의 난관이 펼쳐진 영역으로 모험을 떠나야 한다는 것을 보여 준다. 유해한 것으로 드러난 규범을 옹호하는 반대론자에서부터 새로운 실천을 도입할 때 벌어지는 실수라는 현실적인 문제에 이르기까지, 앞으로 펼쳐질 문제들은 적지 않다. 이해관계자들 사이의 갈등 문제도 복잡하다. 새로운 규범은 도시 생활의 모든 영역에 의문을 제기하며, 우리가 일반적으로 익숙하게 느끼는 안정감을 위험에 빠뜨린다.

예를 들어, 도시 교통과 관련된 아이디어를 구상할 때 우리 모두가 모빌리티를 통해 생존 수단과 연결된다는 점을 무시할 수 없다. 업무 공간, 상업지구 및 이웃을 고려해야 한다. 이러한 공간은 대부분 분산되어 있기 때문에 이동의 필요성은 굳이 말할 필요가 없다. 건물은 도시 생활의 중심이다. 우리는 각각 떨어져 살다가도 삶의 필요에 따라 함께 있어야 할 때가 있다. 그리고 다시 건물로 돌아가게 된다. 이러한 점을 염두에 두면 도시 모빌리티와 관련한 움직임은 개별적인 것이 아님이 분명해진다. 우리가 도시에서 움직이고 있다는 점에서 말이다. 움직이는 것은 그 자체로도 중요하지만, 우리는 목적이 있는 이동에 대해 이야기하고 있다. 특정한 목적지 없이 도시를 이동할 수는 없다는 얘기를 하는 것은 아니지만, 대부분의 사람들이 지역을 이동하는 것은 어떤 임무를 완성하기 위해서다. 결국 도시 모빌리티는 대부분의 경우 수단이며, 수단이 목적을 추구하는 데에 방해가 되어서는 안 된다.

앞 장에서 살펴봤듯이, 대부분의 경우 목적지는 직장이다. 즉, 직장인의 경우 이동을 견뎌 내지 못하면 모든 것을 상실하게 된다. 수사적으로 말하자면, 도시를 짓기 위해서는 이동 수단이 필요하다. 앞서 설명한 것처럼 유해한 조건을 만들지 않는 방식으로 이동하려면 집중적인 생각이 필요하다. 교통 시스템을 만든 사람들이 생각 없이 만들었다는 의미는 아니지만, 결과적으로 생각해 봤을 때 이러한 현실은 그 전문가들의 생각으로부터 도출된다.

뉴욕 도시 설계자였던 로버트 모지스Robert Moses는 생각을 했다. 교통 학자들은 모지스의 비전이 수많은 도시경관을 형성했다고 주장하는데, 이는 그가 도시 거주자와 교통 전문가 모두에게 부담을 주는 결과 형성에 지배적인 역할을 했다는 의미다.[4] 모지스가 이런 역할을 했다는 말에는 두 가지 의미가 있다. 첫째는 우리가 모지스라는 한 개인을 다루고 있다는 사실이고, 둘째는 교통 전문가로서의 모지스를 다루고 있다는 점이다. 전자는 당연하게도 그의 개인적인 행동을 도덕적 찬사와 비난의 대상으로 삼는다는 의미다. 그러나 후자의 경우, 그 개념을 좀 더 구체화할 필요가 있다.

'교통계획가'나 '교통공학자'와 같이 직업을 나타내는 직함은 특정 작업을 처리하기 위해 발명된 것이다. 이러한 특정 직함은 일종의 기술, 즉 우리가 일을 완수하기 위해 사용하는 개념적 장치인 것이다. 우리가 일반적으로 접하고 사용하고, 윤리적 맥락에서 분석하는 기술과는 크게 다르지만, 사람들은 여전히 이러한 기술을 사용하여 실제 세계에 영향을 미치는 작업을 수행한다. 로버트 모지스라는 아무 직책 없는 한 개인은 도시를 관통하는 고속도로를 건설할 수 없다. 고속도로 건설을 위해 인부들을 강제로 움직일 수도 없다. 건설 노동자들은 설계도를 만든 사람의 이름을 모른 채 관련 직책을 가진 사람이 설계도를 만들었다는 것만 알고 고속도로와 다리를 건설할 수 있다. 모지스가 바로 그 설계자였는데, 그는 12개의 공식 직함을 사용하여 뉴욕시와 같은 장소의 레이아웃을 만들었다.[5]

직업을 기술로 생각하면, 이것이 더 큰 사회적 · 물질적 배치 속에서 도덕적 역할을 했다는 것을 분명히 보여 줄 수 있다. 이는 차량, 인프라, 법률 및 정책과 같은 물리적 기술과 마찬가지로, 이 같은 프로젝트와 관련된 직업도 좋거나 나쁜 결과에 도덕적 역할을 한다는 걸 의미한다. 정확히 말하자면, 이것들은 능동적인 부분의 지시를 받는 수동적인 부분이다. 단순히 학문적 관점에서 보면 추상적인 부분으로 간주된다. 이것들은 크게는 '기술'이라는 동일한 범주에 속하지만 서로 다르다는 것을 보여 줄 필요가 있다. 이 경우 물질적 장치는 사회적 · 물질적 배치 속에서 수동적인 역할을 담당하기 때문에 수동적 기술이라고 말할 수 있다. 그러나 직업의 경우, 개인이 이를 전달하는 역할만 한다는 점을 보여 주기 위해 해당 배치에서 수동적인 도덕적 역할을 수행한다고 추가로 구분할 수 있다. 직업은 교통 시스템의 수동적이고 추상적인 부분에 해당한다. 결과적으로, 교통계획자가 그러한 결과를 창출하는 데에 도덕적 역할을 했다고 말할 수 있다.

　이러한 렌즈로 살펴보면 해당 전문가가 부도덕하거나 비도덕적인 개인이라는 주장을 펼치지 않고도 그의 역할이 낳은 결과를 다룰 수 있게 된다. 도덕적인지 아닌지 주장하려면 그러한 직함을 부여받은 전문가가 직함을 오용했거나 고의로 불법행위에 가담했거나 월권했어야 한다. 이런 점에는 기준이 필요하다는 것을 설명하기 위해서는 질문이 필요하다. 가령, 단순히 자신의 업무를 수행하는 교통 전문가에게 도덕적 찬사를 보내려면 어떤 조건이 충족되어야 할까?

　하나의 일화로서 특정 시나리오들을 검토해 보면 도덕적 찬사를 보낼 만한 사례는 많지만, 이때 주의해야 할 상황들이 있다. 예컨대 기후변화, 제도적 차별, 서로 얽혀 있는 복잡한 과제 등 다층적인 문제를 해결하기 위해서는 단순히 열차를 정시에 운행하는 것보다 훨씬 더 많은 노력이 필요하다. 외부인의 시각에서는 이러한 복잡성을 처리하려면 머리를 싸매고 고민해야 할 것 같다고 상상만 할 뿐이다. 그러나 이 모든 요소가 담긴 특정 문제에 대한 참신한 해결책을 발견했다고 해서 그 작업을 도덕적인 것으로 간주하지는 않는다. 종종 어떤 건물이나 지역을 성공적으로 만들었다고 찬사를 받지만, 그러한 성취는 도덕적인 결과를 만들어 내야 한다. 전문가들은 능동적인 역할을 함으로써 직함, 거리, 버스, 자전거도로와 같은 수동적인 부분들을 연출하여 사람들의 삶을 개선할 수 있는 반복적이고 예측 가능한 상황을 만들어 낸다. 사람들을 은밀히 참여시킴으로써 주민들이 도시와 삶을 형성하는 데에 도움을 줄 방법을 제공한다.

그렇다고 해서 교통 전문가가 일을 제대로 처리할 때마다 도덕적 찬사가 필요할까? 너무 자주 하면 도덕적 찬사를 보내는 것이 무의미해진다.[6] 진정성 있는 찬사를 보낼 기준을 제시하거나 적절한 시점에 대한 기준을 정해야 한다.[7] 이 책을 관통하는 주제 틀이 '반-프레임워크'이므로 이 패턴을 고수하는 것이 일관성 있을 것이다. 도덕적 순서의 복잡한 특성을 염두에 두면서 도시 모빌리티에서 좋은 결과를 도출하고자 포용성에 주의를 기울인 사례를 찾아보는 것도 합리적인 방법일 것이다. 교통 전문가가 도덕적 순서화 과정에서 모든 집단을 만족시키는 성가신 문제에 대한 해결책을 공동으로 계획해야만 한다는 의미는 아니다. 도덕적 찬사를 받을 만한 결과들을 철저히 찾아볼 필요가 있다는 것이다.

그렇다고 해서 모든 집단이 도덕적 찬사를 받아야 한다고 완고하게 주장하는 것은 아니다. 일부 까다로운 모빌리티 업무에서는 해당 직책에 대한 일반적 기대치를 훨씬 뛰어넘는 헌신적인 노력이 필요할 수 있음을 고려할 때, 이러한 문제에 초점을 맞춘 연구는 검토가 필요하다 하겠다. 직무 중 도덕적 리더십의 예로, 괴롭힘 피해자를 보호하기 위해 때로 의무를 넘어선 행동을 하거나, (안전한 범주 내에서) 프로토콜을 무시하고 지정되지 않은 장소에 정차하여 장애인에게 실질적인 도움을 제공하는 등 이동하는 공동체의 사회적 기둥 역할을 하는 버스 기사는 찬사를 받을 만하다.[8] 이들은 필요하지만 필수는 아닌, 눈에 잘 띄지 않는 수많은 행동을 보여 준 사람들이기 때문에 도덕적 찬사를 받을 자격이 있다.

이러한 일화는 사례별로 검토해야 한다. 언제 도덕적 찬사를 보내는 것이 적절한지 판단할 명확한 기준은 없지만, 도덕적 찬사로 강화될 수 있는 사례들이 있음을 보여 줌으로써 사회적 가치를 드러낼 수 있다. 도덕적 찬사의 형태로 표현함으로써 우리 사회는 교통 시스템과 관련된 장단점을 복합적으로 이해할 수 있는 방식을 얻게 된다. 우리가 사람들이 풍요로운 삶을 영위할 수 있는 능력을 다루고 있다는 점에서 이는 가장 중요한 개념이라 하겠다.

도시 주민, 도덕적 찬사, 도덕적 존중, 그리고 도시 모빌리티 재편

도시 주민을 둘러싼 상황들과 교통 문제에서 이들의 역할에 관해 살펴보자면, 도덕적 찬사의 요건이 전문가들과는 크게 다르다. 차이가 있기는 하지만, 전문가에 대한 도덕적 찬사의 패턴과 비슷한 방식으로 주민들도 도덕적 찬사를 받을 자격이 있는지를 확인할 도덕적 평가가 필요한 일상적 행동에 참여할 수도 있다. 이런 사례는 협력적 도시계획 조치의 다른 측면을 설명한다. 전문가들이 시 당국 내부의 업무처리로 찬사를 받을 자격이 있다면, 주민들은 도시의 거리에서 행한 노력으로도 찬사를 받을 수 있다.

가령, 공동계획에 참여하려면 상당한 헌신이 필요하다. 이런 일은 틀에 얽매이지 않는 특성상 시간 낭비가 되거나 실패로 돌아갈 수 있는 작업을 수행할 용기를 내야 한다. 따라서 대부분의 사람들은 그렇게 참여할 여건이 되지 않는다. 그럼에도 불구하고, 도시 모빌리티의 개선을 위해 희생을 감수하는 개인이 있을 수 있다. 일반적이지 않은 이런 행동의 특성은 교통과 도덕에 대한 우리의 사고방식에 대한 통찰을 보여 줄 수 있으므로 추가적인 연구가 필요할 수 있다. 비전문가는 참사를 예방하는 기술적 훈련이 안 되어 있기 때문에 이들에게 교통 전문가와 동일한 도덕적 기준을 적용해야 한다는 생각은 비현실적이다. 그러나 어떤 경우에는 전문가 못지않게 도덕적 찬사를 받을 만할 수 있다. 다른 경우라면 찬사의 수위를 낮추는 것이 적절하더라도 말이다.

첫째, 교통정의를 위해 싸워 온 사람들은 마땅히 도덕적 찬사를 받을 자격이 있다. 기능적인 측면을 넘어선 이유로 교통을 중심으로 한 삶을 꾸려 온 개인들도 도덕적 찬사를 받을 자격이 있다. 결코 계산되지는 않지만 합당한 결과를 불러오는 노력을 행했으니 말이다. 모빌리티 서비스를 개선하기 위해 교통 전문가와 함께 일하고 있거나 일할 사람들에 대해서도 도덕적 찬사를 보낼지 검토해야 한다.

주민과 주민들의 일상적인 교통 시스템 참여와 관련하여, 자신을 위해 하는 것보다 타인을 위해 더 많은 일을 해야 한다고 했던 카소의 지적을 명심해야 한다. 도시계획가들의 사례에서 보았듯이, 그러한 행동이 항상 우월하다고 할 수는 없지만 도덕적 결과의 스펙트

럼에 속한다고 할 수 있다. 이에 대해 도덕적 찬사를 받을 자격이 있다고 말할 수는 없지만, 그들의 행동은 일반적인 존중을 뛰어넘는 찬사를 필요로 하기 때문에 우리는 이를 '도덕적 존중'이라고 불러야 한다. 그들은 도덕적 존중을 받을 자격이 있다고 말할 수 있다. 그들은 일반적인 수준보다 더 높은 수준의 존중을 받을 자격이 있으며, 도덕적 존중은 능동적인 부분들의 도덕적 차원을 인정하고 도덕적 결과를 창출하거나 지원하는 수동적인 부분들에 영향을 줄 수 있다.

여기에는 이동에 사용할 수 있는 수단과 관련된 일련의 행동이 포함되는데, 이는 관련 행동 또는 비행동이 주변 상황에 따라 달라질 수 있음을 의미한다. 예를 들어, 버스 바닥에 떨어진 쓰레기를 줍거나 피곤해 보이는 승객에게 자리를 양보하는 것 등이 도덕적 존중의 조건에 포함될 수 있다. 도로에서는 항상 방향지시등을 사용하거나 다른 운전자에게 양보하는 운전자가 도덕적 존중을 받을 수 있다. 이러한 행동은 관습적으로 행해지기도 하지만, 그렇지 않은 경우도 있고 지역마다 다를 수도 있다. 이러한 행동에까지 도덕적 찬사를 보내는 것은 너무 지나쳐서 오히려 그 실천을 무의미하게 만들 수 있지만, 도덕적 존중은 이러한 실천에 적합하다.

이러한 점들을 고려할 때 이제 질문이 하나 생긴다. 누군가에게 도덕적 존중을 표하는 것은 어떤 모습일까? 답은 기본적으로 누군가가 그러한 행동을 할 때 어떤 일이 일어나는지에 달려 있다. 예를 들어, 만원 지하철이나 버스에서 자리를 양보하면 옆자리 승객이 고개를 끄덕이며 인정하는 반응을 보일 수 있다. 미소를 받을 수도 있다. 내면적으로는 스스로에게 주는 내적 승인일 수 있다. 여기서 초점을 맞춰야 할 것은 도덕적 존중이 어떻게 지켜지는지에 대한 문제가 아니라, 도덕적 존중을 장려하기 위해 필요한 주변 환경의 문제이다. 이러한 문제에 관심을 기울이는 개념적 장치로서 '도덕적 존중'을 사용하는 방법을 개발함으로써, 도덕적 존중을 받을 수 있는 행동을 장려하는 실제적인 조치를 개발할 수 있다. 어떤 의미에서 이러한 조치 중 상당수는 이미 부정적인 형태로 존재하며, 원치 않는 행동을 억제하는 역할을 하고 있다.

가령, 현재 지하철과 버스에는 "이 좌석은 필요한 승객을 위해 비워 두세요", "휴대폰 사용 금지" 등 특정 행동을 권장하는 표지판이 부착되어 있다. 이러한 표지판은 특정 행동이 무례한 것으로 간주된다는 점을 암시한다. 이러한 행동을 하는 것이 본질적으로 부도덕한 것은 아니지만 불편한 결과를 낳을 수 있는 것이다. 가령 임신 9개월째인 여성에게 자리를 양보하지 않은 젊은 남성이 수치심을 느낄 수 있는 경우를 떠올려 볼 수 있다. 또는 도덕적 찬사를 받을 만한 행동을 장려하는 표지판도 상상할 수 있다. 이런 표지판을 통해 피곤한 승객을 위해 자리를 양보하는 것이 좋은 일이라고 생각하게 하거나 쓰레기를 버리지 않았는지 확인하는 것이 바람직한 행동이라는 것을 상기시킬 수 있다. 이러한 종류의 제스처는 서로 지속적으로 협력하여 승객에게 더 나은 결과를 제공하는 데에 도움이 될 수 있다.

누군가는 교통 전문가의 경우에도 이와 비슷한 결과를 낳는 행동을 한다면 도덕적 존중을 받을 자격이 있다고 주장할 수 있다. 물론 그들도 도덕적으로 존중받을 자격이 있다. 일반적인 의미에서 그들은 존중받을 자격이 있지만, 여기에는 교통수단을 이용하는 승객들에게는 없는 요소가 개입되어 있다. 관련 업무 종사자는 일정한 보수를 받고 교통계획 업무에 종사한다. 업무를 수행하지 못하면 직무에서 해임된다. 대중교통 이용자나 통근자의 경우, 그들이 준수해야 하는 것은 법과 규칙뿐 그 외의 모든 행동은 자발적으로 이루어진다. 대중교통 관련 업무 종사자가 도덕적으로 존중받을 자격이 있다는 주장을 하려면 이러한 차이를 고려해야 한다. 이 때문에 관련 직무 종사자들에게는 특별한 경우에만 도덕적 찬사를 보내고, 교통 이용자와 운전자에 대한 도덕적 찬사와 존중을 확대하는 것이 합리적이다. 물론 관련 업무 종사자가 근무시간 외에 버스 승객으로 탑승할 때에는 다시 도덕적 존중 개념을 도입할 수 있다.

이 새로운 요소들을 고려했을 때 도시 모빌리티 개선을 향한 동기 부여 요소와 이를 위한 도덕적 수단, 그리고 가치 있는 목표를 강화하는 행동 유도 방법이 있음을 알 수 있다. 이는 모두 사회적으로 정의로운 도시 지속가능성 같은 가치 있는 목표를 강화할 교통 시스템의 미래를 향한 움직임이다. 이 작업들은 아이디어의 세계에서 실제 거리 위 현실 세계로 나아가는 데에 필요한 노력의 방향을 알려주는 스케치일 뿐이다. 앞에서는 철학적이고 실천적인 측면에서 발전이 필요한 몇 가지 영역을 다루었는데, 마지막 절에서는 이러한 작업을 시작하는 데에 도움이 될 수 있는 방법을 살펴보겠다.

미래 연구 분야: 안락의자에서부터 거리까지

간단해 보이는 이 궤적은, 더 나은 결과를 위해 포괄적인 도덕적 순서화를 활용해 교통 문제를 분석하는 일을 '현실 세계'에도 적용해 볼 수 있음을 시사한다. 이 아이디어는 일반적 생각에서 출발한 질문을 던진다. '이론상 효과가 있었지만, 실제로는 어떨까?' 후자가 전자의 진정한 시험이라고 한다면, 이를 실행할 최적의 조치를 만드는 것은 철학의 바깥에서 일어나는 노력에 달린 일일 것이다. 앞 장에서 몇 가지 아이디어를 추진하는 데에 도움이 될 인접 학문 몇 가지를 소개한 바 있다.

아마도 가장 많은 발전이 필요한 분야는, 도시 모빌리티와 같은 정교한 영역에서 포용성을 촉진할 수 있도록 지자체 당국의 청렴성을 강화하는 방법을 만드는 일일 것이다. 더 나은 거리와 도시를 만드는 데에 도움이 될 수 있는 변화를 추진하기 위해서는 과거의 관행에 의존해서는 안 된다. 이전에 사용하던 방법을 대체한다는 점에서 진정으로 급진적인 조치가 필요하다. 여기서 우려되는 점은, 임무를 완수할 수 있는 대체 방법을 찾으려 해도 눈에 띄는 경쟁자가 거의 없다는 점이다. 이는 우리가 주의가 필요한 급진적인 문제를 다루고 있음을 시사한다. 이러한 현실을 무시했다가는 도시 모빌리티를 통해 막대한 이익을 얻을 수 있는 자들이 일의 방향을 결정하는 사태가 벌어진다.

현재 이러한 당사자에는 자율주행차 산업이 포함된다. 도시 모빌리티 영역을 재편하려면 도시·주·국가의 막대한 투자가 필요할 뿐만 아니라, 전 세계 대다수 도시 이동자들로부터 상상도 못 할 돈을 이끌어 내야 한다. 단편적인 방식으로 이루어질 수 있는 이 엄청난 변화는 여러 도덕적 차원의 검토를 요구한다. 이는 영구적일 수 있는 방식으로 수많은 부분들을 교체하는 문제와 연결되어 있다. 이어지는 10장에서는 그러한 대화와 관련된 여러 측면과 가능한 현실에 대한 우리의 이해를 검토해 보자.

10장

사고, 이동, 미래

도덕적 순서의 사례는 더 크고 도덕적인 전체 교통 시스템의 부분이 될 수 있는 부분들의 배치에 대한 생각이 왜 중요한지를 잘 보여준다. 도시 이동자들은 계획을 세우는 데에 도움을 줄 수 있고, 어떤 경우에는 주인의식을 가질 수도 있고, 혹은 구조에 반영된 자신의 모습을 발견할 수도 있다. 그렇다면 도시 모빌리티의 미래는 과거와는 달라질 가능성이 있으며, 이는 예상되는 요구 사항에 귀 기울이면서 기존의 문제를 해결할 수 있음을 의미한다. 우리가 이를 어느 정도 현실적인 작업으로 받아들인다면 상상하는 것보다 더 빠르게 가치 있는 목표를 달성할 수도 있다.

한편, 도시 모빌리티에 대한 전망을 살펴보자면 그중 가장 두드러지는 목소리는 자율주행차(AVs)의 미래를 외치는 목소리다. 이는 자율주행차를 위한 미래라고 말하는 게 더 정확한 표현일 수 있다. 간단히 말해, 고도로 정교한 자율주행차 기술의 특성상 복잡한 결정을 내릴 필요가 없어져 굳이 고도의 사고 전환을 할 필요가 없을 수도 있다는 것이다. '내일의 세계'를 그려 보는 매우 흥미진진한 얘기처럼도 들린다. 미래 시나리오를 한번 상상해 보자.

이 꿈의 나라에는 교통 불평등이 존재하지 않는다. 차량이 17G 중력가속도로 움직이기 때문에 누구든 집에서부터 목적지까지 멈출 필요 없이 도시를 통과할 수 있다. 차량은 그에 맞춰 속도를 줄이거나 높이며 이동한다. 안전벨트는? 차량이 충돌하지 않기 때문에 안전벨트가 필요 없고, 미소만 보내면 동력을 얻는 마법의 모터로 순항하기 때문에 주차할 필요도 없으며, '운전석' 같은 용어는 쓸모가 없어진다. 우리는 잠을 자거나, 공부하거나, 영화를 보거나, 멀리 있는 사람과 대화를 나누거나, 네온사인이 비추는 네온시티를 즐길 수 있다. 좀 엉뚱한 시나리오 같지만 여러 학자 및 업계 리더들이 자율주행차 및 도시 모빌리티의 미래에 대해 이야기하는 현실은 이와 크게 다르지 않다.

즉, 자율주행차가 등장하는 미래를 얘기할 때면 이 기술이 교통의 수많은 문제를 해결할 가능성이 있다는 '가정적 관점'이 어김없이 등장한다. 결과적으로, 우리는 도시 모빌리티에 대한 다소 유토피아적인 관점을 갖게 된다. 내가 요나스를 대변할 수는 없지만, 자율주행차가 제공하는 약속이 그의 주장을 뒷받침할 수 있을 것 같다. 이 점은 지자체 간부들이 자율주행차를 중심으로 교통계획을 세우는 것이 올바른 결정일 수 있음을 시사한다. 그러나 논의되는 방식은 핸즈프리hands-free와 마인드프리mind-free 모빌리티라는 유토피아적 비전을 실현하기 위한 부분들로 간주할 수 있다. 우리가 던져야 할 질문은 이것이다. 누구의 유토피아인가?

사람들은 그런 미래를 원한다고 가정된다. 이러한 열광을 뒷받침하는 암묵적 동기에 의문을 제기해야 할 중요한 이유가 있음에도 불구하고, 이런 질문을 던지는 것은 반기술적 편견이 있다는 인상을 줄 수 있다. 하지만 그렇지 않다. 도시의 현재 또는 가까운 미래는 도시에 생명을 불어넣는 필수적인 부분인 사람들의 것이어야 한다는 전제 위에 놓여 있다는 것이 핵심이다. 이 개념은 도덕적 순서를 통해 더 큰 교통 전체를 형성하는 교통 부분들을 검토하고, 이를 통해 사람들의 삶의 윤곽을 정립해야 한다는 것을 시사한다.

교통 관련 피해를 줄이고 도시 모빌리티를 개선할 수 있는 연구를 지지해야 하는 것은 당연하지만, 각 이해관계자 그룹이 어떤 영향을 받을 수 있는지 도덕적 순서를 적용해 비판적인 태도를 유지해야 하는 몇 가지 이유가 있다. 예컨대 자율주행차가 가져올 파급력, 구현에 걸리는 시간, 아직 해결되지 않은 과제와 관련된 불확실성 때문에 다른 모든 관련 결정을 자율주행차 중심으로 내릴 수는 없는 것이다.[1]

자율주행차가 언젠가는 출시될 것이라고 믿을 만한 충분한 근거가 있지만, 궁극적으로 그 파급력이 무엇일지 언제 그 영향이 나타날지는 예측할 수 없다. 교통 전문가라면 무인 자동차를 열정적으로 기대할 게 아니라 교통계획의 또 다른 구성 요소로서 이를 고려해야 한다. 교통계획 자체가 아니라 그 요소로서 말이다. 또한, 사람들이 공동계획에 참여할 수 있는 수준의 주인의식을 갖게 하려면 자율주행차가 도시경관에 도입되는 방식도 상호작용적인 방식으로 안정적으로 유지되어야 한다. 하지만 이 영역에서 제기될 문제를 이해하는 데에 가장 중요한 사항은 아직 인용할 만한 선례가 없다는 점이다.

이런 단점에도 불구하고 최근의 기술 구현 사례, 즉 교통 네트워크 회사들은 이러한 노력에 도움이 될 수 있다. 더 큰 교통 전체에 포함된 해당 부분들을 조사해 보면 자율주행차에서 어떤 일이 일어날 수 있을지 예상해 볼 수 있고, 누군가의 모빌리티 유토피아를 만드는 데에 자율주행차가 수행할 역할에 대한 단서를 얻을 수 있다. 이는 자율주행차에 반대해야 한다고 주장하기 위함이 아니다. 오히려 9장 말미에서 언급했듯, 가치 있는 목표를 지원할 수 있도록 도덕적 순서를 통해 도시 계몽을 촉진하는 방식으로 이러한 무인 부분들을 더 큰 전체에 도입할 수 있는 가능성을 찾고자 한다. 이는 도시 주민들이 정직한 계획가들과 협력하여 원하는 미래를 구현하기 위해 자신들의 추론을 사용할 수 있는 영역이다.

이를 위해 민간 모빌리티 서비스를 제공하는 교통 네트워크 회사 Transport Network Companies(TNCs)에 대한 몇 가지 예측을 살펴볼 것이다. 그런 다음 자율주행차에 대해 제기된 몇 가지 주장을 제시하고, 이 두 기술이 모두 미래지향적인 주장에 근거하고 있음을 확인한다. 이러한 입장의 유사성으로 인해 기술 우상화에 대한 독단적인 고집 없이 사람들을 도시로 이동시키는 최선의 방법에 집중하는 교통계획가의 조언을 따르는 것이 강력한 사례가 될 수 있다. 마지막으로, 도시 주민에게 향상된 모빌리티 서비스를 제공함으로써 도시에 도움이 될 몇 가지 개념을 살펴본다.

자율주행차(AVS)의 가정적 관점

무인 자동차가 도시에 미칠 것으로 예상되는 모든 영향을 두고 여러
연구자들은 무인 자동차가 사회를 완전히 재편할 것이라고 주장했
다.[2] 이러한 예측에 기반해 무인 자동차를 다루는 수많은 논문들은
이 기술이 교통을 개선할 가능성과 함께 우리가 주목해야 할 몇 가
지 문제를 다루고 있다.[3] 이 문제들은 공학, 도시계획 및 철학과 같
은 분야를 포함하여 특정 연구 영역에 국한되지 않는 수많은 무인
자동차 연구에서 논의되고 있다. 실제로 자율주행차는 요나스가 옹
호했던 학제간 자원 공유에 적합한 연구 분야이다.[4]

우선, 무인 자동차 프로그래밍과 관련된 윤리적 측면에 대해 철학
자들은 다양한 문제 영역을 지적했다.[5] 그러나 철학자들이 윤리적
문제를 다루는 이유야말로 앞으로 자율주행 기술이 등장할 것이며,
장점이 많은 기술로 보편화될 것임을 보여 주는 반증이라고 말할 수
있다.[6]

이 연구들은 무인 자동차가 안고 있는 도덕적 차원의 문제에 대한
이해를 높였지만, 이 책에서 다루고자 하는 것은 윤리적 또는 기타
연구에서 확립된 특정 입장이 아니다. 그 대신, 자율주행차에 대한
일반적인 연구 경향과 광범위한 분야에서 드러나는 이 기술의 장점
에 대해 일관성 있게 논하고자 한다. 이 점은 관련 업계 리더들이 자
율주행차의 가정된 미래를 높이 평가할 때 분명하게 드러난다.[7] 업
계에서 이 기술을 개발하려고 하는 이유는 이런 장점들의 매력 때문

이다. 이 관점을 검토함으로써 도래할 무인 자동차의 장점에 대해 일반적으로 생각하는 방식에 문제가 있음을 드러내고자 한다.

자율주행차를 전적으로 지지하는 연구 논문은 드물지만, 여러 연구들을 종합적으로 검토했을 때 이러한 가정이 드러난다.[8] 물론 난관이 없는 것은 아니지만, 이 기술이 도심에 도입되었을 때 가져올 이점은 많다. 따라서 이 방향을 추구하지 않을 이유가 없다. 자율주행기술의 이점은 대부분 일반적인 교통 시스템에서 파생된 사회 및 환경문제 해결책과 관련이 있다. 인류의 건강, 삶의 질, 공공영역, 기후변화와 같은 환경문제를 해결하기 위해 새롭게 부상하는 기술이라면 검토해 보는 것이 합리적이다. 자율주행차는 이러한 측면에서 큰 가능성을 보여 준다.

가령 여러 학자들은 자율주행차가 안전, 대기질 개선, 운전자 판단 오류로 인한 충돌사고 감소에 기여할 것이라고 주장한다.[9] 또한, 자율주행차가 도시의 토지 소모를 줄이고 취약계층이 필요한 사회적 서비스를 이용할 수 있는 방법을 제공하리라 믿는다.[10] 어떤 연구자들은 자율주행차가 지속 가능한 인프라 및 커뮤니티 구축, 도시 개발 지원, 전반적인 에너지 소비 절감에 도움이 될 것이라고 주장한다.[11] 무인 자동차 기술이 불러올 사회적 변화에 주목한 철학자들은 무인 자동차가 공중보건에 어떤 도움을 줄지, 도로 혼잡 완화에 어떻게 기여할지 등의 문제에 초점을 맞추고 있다.[12] 일부 연구자들은 무인 자동차가 온실가스 배출을 크게 줄일 수 있다며, 경우에 따라서는 40~60퍼센트나 감소시킬 것으로 예상한다.[13] 이 밖에도 전문가들은 경제적 이익에서 에너지 안보, 저소득층의 모빌리티 확보 지원에 이르기까지 무인 자동차의 다양한 가능성을 탐구한다. 특정 교통약자 그룹에 초점을 맞출 수도 있는데, 가령 자율주행차가 고령자의 모빌리티 능력 향상에 도움이 될 수 있다는 주장도 있다.[14]

무인 자동차가 가져올 혜택은 이게 다가 아니지만, 이를 통해 무인 자동차를 인구 밀집 지역에 도입했을 때 기대할 수 있는 (긍정적) 결과를 검토할 때의 사고방식을 알 수 있다. 이를 자율주행차에 대한 '가정적 관점'이라고 부르자. 자율주행차에 관한 모든 글을 동일한 방식으로 읽을 수야 없겠지만, 이런 연구들은 모두 자율주행 기술이 불러올 수 있는 윤리적 문제 그리고/또는 그 한계에도 불구하고 이 기술이 가져다줄 결과물 때문에 이 기술의 채택에 찬성한다.•

그러나 이런 결과를 제공할 수 있는 능력에 대한 평가에서 무인 자동차는 일반적으로 결과주의적 접근 방식에서 발견되는 것과 동일한 비판을 받고 있다. 간단히 말해, 윤리학에서 결과주의적 입장은 어떤 행동의 결과가 그 행동의 옳고 그름을 결정한다고 보는데, 이런 견해에 대한 일반적인 비판은 미래를 알 수 없다는 점이다.[15] 특히 자율주행차가 도시 모빌리티 문제에 대한 부분적 혹은 전체적 해결책으로 간주될 때의 문제점은, 이런 효과를 부분적으로든 전체적으로든 완전히 달성하리라는 보장이 없다는 점이다. 또한, 자율

• 자율주행차의 (집단적) 긍정적 효과에 주목한다고 해서 발생할 수 있는 문제를 무시하려는 것은 아니다. 핵심은 자율주행차의 이점이 크기 때문에 벌어질 문제에 대한 해결 방법을 개발할 가치가 있다는 것이다.

주행차 도입에 뒤따를 여러 불확실성으로 인해 지자체의 상황이 크게 악화될 수도 있다. 이 기술이 예측된 결과를 제공할지 여부를 파악하는 데에 가장 큰 난관은, 이 기술이 기존의 교통 시스템 및 간접적으로 영향을 미치는 주택과 같은 기타 요소에 어떻게 적용될지 알 수 없다는 점이다. 자율주행차에 대한 가정된 관점에만 매달리면 인류 번영이나 도시의 지속가능성 같은 가치 있는 목표에 대한 관심은 멀어진다.

이 때문에 자율주행차를 교통 시스템에 신중하게 도입해야 하지만, 요나스가 말한 현대 기술에 대한 근본적인 가정에 도달하기엔 아직 부족하다. 즉, 우리는 제한 없는 기술이 본질적으로 선하다는 식의 유토피아적 사고에서 벗어나야 하며, 인류가 위태로워질 수 있다는 생태학적 디스토피아에 대한 두려움 사이에서 균형을 잡아야 한다.[16] 그러나 분명한 사실은, 기존 교통 시스템의 위험으로부터 우리를 보호하기 위해서는 새로운 기술에 의존해야 한다는 것이다. 하지만 과학적 전문 지식이나 예측 모델링이 뒷받침되더라도 무인자동차의 경우 예상치에만 의존할 수 없다. 기존 도시 및 교통 시스템과 어떻게 조화를 이룰지 예측할 수 없기 때문이다. 기존 시스템에 새로운 부분들을 도입한다고 해서 기존 시스템을 방해하지 않을 것이라고 보는 것은 순진한 생각이며, 그러한 구현이 완전히 예측 가능하다고 여기는 것도 순진한 생각이다.

우리가 할 수 있는 최선은 과거를 검토하여 미래에 도움이 될 만한 선례를 찾는 것이다. 하지만 안타깝게도 그러한 선례가 없는 게 현실이다. 역사상 무인 자동차의 선례 같은 것은 없다. 하지만 개인 맞춤형 모빌리티 서비스를 제공하는 교통 네트워크 회사(TNCs)와 같은 유사한 사례를 검토해 볼 수 있다. 적어도 이 경우 운전자로서의 사용자는 일종의 부분으로서 교체되었다. 물론 다른 종류의 부분으로서 다른 운전자로 대체된 것이지만 말이다. 다음 절에서는 불완전하나마 자율주행차의 선례로 검토할 만한 TNCs의 결과를 검토해 보려 한다. 다른 사례이긴 하지만 비교해 봄으로써 무인 자동차와 함께할 미래에 교통 전문가들이 마주하게 될 문제들의 본질을 통찰할 수 있다.

결과적으로, 전문가들이 주민들과 공동계획을 세울 때 이러한 현실을 공유해야 한다고 말할 수도 있다. 아직 검증되지 않은 결정에 너무 많은 투자를 할 경우 발생할 수 있는 결과를 생각해 봐야 하기 때문이다. 그래도 관련 기업들은 자율주행차의 광범위한 구현을 통해 이익을 얻을 수 있기 때문에 이를 열정적으로 추구한다. 이윤을 추구하는 동기가 무조건 배제되어야 한다는 뜻은 아니지만, 사람들에게 최선의 이익이나 가치 있는 목표를 추구하는 것은 다른 경쟁 요소들과 충분히 겨뤄 볼 필요도 있다. 이는 고려할 만한 가치가 있다. 이때 공동계획 노력도 다른 요소와 동일한 방식으로 평가해야 한다.

불완전한 선례로서의 교통 네트워크 회사(TNCs)

택시와 같은 전통적인 개인용 이동 선택지는 일상적인 이동에 활용하기에 너무 비싸다고 여겨질 수 있는 반면, TNCs는 상대적으로 저렴하여 버스, 지하철 및 자가용을 대체할 수 있는 교통수단을 제공한다. TNCs는 개념적으로 완전히 새로운 방식의 교통 시스템 부분은 아니었다. 하지만 이를 이용할 수 있게 해 주는 앱과 개인 운전자 및 개인 차량 배치 덕에 개념적으로 완전히 새로운 교통 시스템의 부분으로 받아들여지게 됐다.

차량 소싱ride-sourcing을 제공하는 TNCs 서비스는 초기부터 많은 이점이 있을 거라 예측되었고, 도시경관의 일부로 받아들여질 만하였다. 예를 들어, TNCs를 연구한 최초의 논문 중 하나에서 "지지자들은 차량 소싱이 도시에서의 빠르고 유연하고 편리한 모빌리티를 제공해 줌으로써 이전에는 충족되지 않았던 수요를 채워 주는 다양한 교통 선택지 중 하나로 생각한다. 이러한 서비스는 매력적인 대안을 제공함으로써 잠재적으로 자동차 사용, 자동차 소유, 환경문제 등을 완화하는 효과를 낳을 것"[17]이라고 했다.

이 구절은 초기부터 차량 소싱 기업을 지지하는 사람들은 이미 결과론적이고 미래지향적인 관점을 따르고 있었음을 보여 준다. 즉, 몇 가지 긍정적인 결과에 초점을 맞춤으로써 앞으로 TNCs에 유리한 정책 결정을 쉽게 지지할 수 있다는 암묵적인 생각이 있는 것이다. 그러나 이를 정당화하기 위해서는 초기의 지지 선언과 일치하는 결과가 나와야 하는데, 어떤 면에서는 실패했고 어떤 면에서는 성공했다. 주목할 만한 점은, 이러한 새로운 부분들이 결국 교통 시스템의 전체 부분으로 통합되었다는 점이다. 결국 우버와 같은 기업은 도시 모빌리티를 위해 우버에 의존하던 사용자들에게 구독 서비스를 제공하기 시작할 정도로 주류 서비스가 되었다.[18] 이는 우버와 같은 앱 기반 대중교통 서비스가 어떤 측면에서 큰 성공을 거두었는지를 잘 보여 준다. 이외에도 TNCs가 도로의 차량 수를 줄이고, 환경피해를 경감시키고, 대기질을 개선하고, 도시 생활 비용을 줄였다면, 긍정적인 효과에 대한 예측이 맞아떨어진 것이다.[19]

그러나 여러 측면에서 도시 모빌리티를 개선할 가능성이 있음에도 불구하고, 연구자들은 TNCs가 도시와 도시 주민에게 해로운 결과를 초래한다고 주장한다.[20] 예를 들어, 샌프란시스코 도로에 공유 차량이 너무 많아서 TNCs는 교통 상황에 긍정적인 영향을 미치지 못했다.[21] 최근 연구에 따르면, 차량 공유 서비스가 교통사고와 사망자 수를 심각하게 증가시켰다.[22] 브루스 샬러Bruce Schaller의 보고서에 따르면, "우버풀UberPOOL, 우버 익스프레스 풀Uber Express POOL, 리프트Lyft 공유 차량 서비스 같은 차량 공유 서비스는 교통량을 줄인다고 선전하지만, 실제로는 도시 교통량을 증가시킨다. UberX 및 Lyft와 같은 개인 차량 공유 서비스의 교통체증 영향을 상쇄하지 못하는 것이다."[23]

샬러의 연구 결과는 TNCs가 샌프란시스코에 어떤 영향을 미쳤는지를 잘 보여 준다. 이러한 현실을 생각했을 때, 이 결과는 특정한 종류의 교통수단에 대한 단일기술포화의 뚜렷한 형태로 간주될 수 있다. 차량 소싱 서비스와 유사한 다른 부분(가령 자가용 운행)과는 구별되어야 하지만 말이다. 샌프란시스코의 사례는 표본 규모가 충분하지 않은 개별 사례이지만, 그럼에도 불구하고 다른 도시들이 피해야 할 길을 보여 주는 모범이 될 수 있다. 뉴욕시는 최근 TNCs 운전자 수 제한 정책을 내놓았는데, 이는 샌프란시스코에서 발생한 상황을 완화하려는 조치로 생각해 볼 수 있다.[24]

요점은 TNCs를 비방하는 게 아니다. TNCs가 도시에 도움이 안 됐다는 얘기처럼 들리겠지만, 여기에 주목할 만한 몇 가지 이점이 있다는 말이다. 예를 들어, 차량 소싱 기업은 효과적인 교통수단이 부족한 교통약자에게 서비스를 제공할 수 있다.[25] 또한, 심야 시간대에 모빌리티를 실현하고 경제적 효율성을 개선할 수 있었다.[26] 여러 도시의 교통 서비스가 '라스트 마일last-mile' 문제(거주자를 집에서부터 버스 정류장이나 기차역 등 대중교통수단 시작점으로 이동시키는 것)를 해결해야 한다는 점을 고려할 때, TNCs는 승객과 대중교통을 연결하는 방안이 될 수 있다.[27] 이렇게 볼 때 도시계획가가 미래를 기획할 때 TNCs를 선호할 만한 이유가 충분하지만, 몇 가지 유보 사항들도 같이 고려해야 한다.

가령 여러 지자체들이 이용자와 대중교통 서비스를 연결하는 라스트 마일 문제를 해결하기 위해 TNCs에 의존하기 시작했다.[28] 지자체들은 TNCs 업체에 보조금을 지급하거나 파트너십을 맺었다.[29] 미네소타의 미니애폴리스와 세인트폴 지역의 대중교통 서비스인

메트로트랜짓Metro Transit은 TNCs 또는 택시를 이용할 경우 최대 100 달러 또는 4회까지 환급하고 있다.[30] 댈러스시 교통 당국 DARTDallas Area Rapid Transit는 우버와 제휴하여 승객과 교통 서비스 연결을 지원한다.[31] 이러한 움직임이 교통 문제에 대한 실질적인 해결책이 될까? 자렛 워커Jarrett Walker 같은 대중교통 전문가들은 이러한 관행을 비판하며 TNCs의 해결책에 회의적인 입장을 견지하고 있다.[32] 지자체에서 자체적으로 기존 교통 시스템의 문제를 수정하려 하지 않고 이런 식으로 해결하는 것은 공공 문제를 사기업에 넘기는 것에 불과하며, 이는 시민들의 이익을 우선시하는 결정이 아니라는 것이다. 이러한 측면이 우려되는 분야이긴 하지만, 지자체는 동일한 경제적 고려 사항만 가지고 움직여서는 안 된다.

TNCs는 아직 초기 단계에 있으므로 당장 현실화되는 단점을 보완해 나가는 것이 장기적으로 현명할 수 있으며, 특히 승차 공유 서비스가 자율주행차만 사용하는 운영으로 발전할 수 있다는 점을 고려해야 한다.[33] 즉, 대중의 교통 수요를 다루는 기업에서 예상되는 문제를 잘 파악할 수 있다면, 이와 유사한 영향을 미칠 수 있는 미래 교통기술에 대한 선례가 될 수 있다. 이 점은 TNCs가 인간 운전자에서 기계 운전자로의 전환에 주저해서는 안 되며, 이러한 전환을 촉진하여 인간의 가치와 도시의 지속가능성 및 번영을 향한 사회적으로 정의로운 방향으로의 행보를 촉진할 수 있음을 시사한다.

다음 절에서는 TNCs의 사고 패턴을 자율주행차에 적용할 때의 유사점과 문제점을 검토해 보자. 패턴은 비슷하지만, 자율주행차에서는 예측해야 하는 경우의 수가 증가하기 때문에 TNCs에서보다 더 유토피아적인 사고에 가까워진다. 결국 무인 자동차 기획이 실패로 돌아가거나 지연될 경우에 도시가 지불해야 할 대가가 과연 치를 만한 가치가 있는지 결정하기 위해 추가적이고 면밀한 조사가 필요하다. 이 연구의 목표는, 교통 전문가들이 자율주행차의 미래에 대해 내린 결정의 이면에 있는 가정 중 일부가 경우에 따라 도시 주민들에게 해를 끼칠 가능성이 있으며 다른 피해를 악화시킬 수 있다는 점을 밝히는 것이다. 이 작업은 (놀랍게도) 자율주행차의 도로 진입 가능성에 전면적으로 반대하는 게 아니다.

자율주행차와 불확실한 미래

한때 교통난 해결에 큰 가능성을 지닌 것으로 평가받았던 자율주행차가 도로에 운행되는 차량 수를 제한하는 정책으로 이어졌다는 점을 고려하면, 자율주행차를 제한 없이 생각해서는 안 된다는 점을 알 수 있다. 이런 상황을 도심 도로에 자율주행차를 도입하는 데까지 확대 적용하는 것은 비현실적으로 보일 수 있다. 자율주행차가 도시 생활의 여건을 개선할 가능성은 있지만, 언제 어떻게 도입할 것인지는 다른 문제다. 연구자들은 자율주행차의 미래에 불확실성이 존재한다고 지적한다.[34] 이런 지적들은 자율주행차를 미래의 도시 모빌리티를 위한 교통수단으로 삼는 데에 의구심을 갖게 만든다. 이 정도 규모의 도입은 단일기술포화로 이어질 가능성이 있지만, 주민들에게 추가적인 문제를 야기하는 상황을 만들지만 않는다면 걱정할 필요 없다고 말할 수도 있다.

앞서 언급한 바와 같이 자율주행차가 이 문제들을 효과적으로 최종 해결할 수 있을지 여부와 그 시기는 보장할 수 없다. 자율주행차 연구자, 업계 대표, 교통 전문가, 지자체 공무원들은 무인 차량이 언제 현실화될지 아직 합의하지 못하고 있다.[35] 도시교통 시스템에 자율주행차를 포함시킬 계획을 추진할 때, 합의가 반드시 필수적인 조건은 아니다. 그럼에도 불구하고, 이러한 상황은 자율주행차가 보편화되기까지 꽤 시간이 걸릴 수 있음을 시사한다. 자율주행차로 기존의 피해를 완화하고 문제를 해결하고자 한다면, 결국 이러한 기술이 언제 어떻게 도시의 주류가 되는지가 관건이다. 이는 교통 전

• 제프리 그린블랫 외 저자들에 따르면, 자율주행차가 도로에서 보편화되는 시점을 두고 상당한 의견 차이가 있는 것으로 알려졌다. "자율주행차 계획을 발표한 모든 업체가 이미 2017년까지 일부 자동화 기능을 갖춘 차량을 출시했거나 출시할 계획이며, 3단계 시스템은 2017년부터 2020년까지 출시될 것으로 예상된다. 앞에서 언급했듯 구글은 2017년까지 4단계 시스템을 출시할 계획을 발표했으며, 테슬라는 2020년까지 출시할 계획을 밝혔다. 연구자들은 자율주행차가 언제 보편화될지를 두고 의견이 분분하다. IHS 오토모티브(IHS Automotive)는 2020년에는 3단계, 2025년에는 4단계, 2030년에는 5단계 기능이 구현되고, 2035년에는 자율주행차가 전체 차량 판매량의 9퍼센트, 2055년에는 90퍼센트까지 도달할 것으로 예상한다. 네비건트 컨설팅Navigant Consulting은 2035년까지 차량 판매량의 75퍼센트를 자율주행차가 차지할 것이라며 훨씬 더 낙관적인 전망을 내놓았으며, 보험정보연구소Insurance Information Institute는 2030년까지 모든 자동차가 자율주행화될 수 있다고 주장한다." 이 인용문은 원문에서 인용한 것이다. Jeffery Greenblatt *et al.*, "Automated vehicles, on-demand mobility, and environmental impacts," *Current Sustainable/Renewable Energy Reports* 2, no. 3 (2015): 74–81.

문가들이 자율주행차를 전체 교통의 일부로 포함시키는 계획을 포기해야 한다는 의미는 아니지만, 자율주행차에 대한 열망을 다소간 조절하거나 적어도 다른 종류의 부분들로 구성된 더 큰 전체의 일부로 포함시킬 계획을 세울 수도 있음을 시사한다.

이 견해는 두 가지 점에서 주의가 필요하다. 첫째, 이러한 사업은 단일기술포화로 인해 발생할 수 있는 우려스러운 조건에서 벗어나지 못한다. 엔지니어는 통제된 조건에서 자율주행차가 어떻게 반응할지 설명할 수 있지만, 도시는 거의 항상 안정적이지 않다는 점에 주목할 필요가 있다. 이러한 조건 때문에 자율주행차를 도시에 도입하는 것은 도시의 새로운 부분에서 예상치 못한 상황이 발생할 수 있음을 수용한다는 의미가 된다. 예상치 못한 상황에 대비하는 계획이란 결국 달성 불가능한 목표일 수 있다. 적어도 자율주행차가 도로를 주행할 때 영향받게 될 사람들이 큰 거부감 없이 받아들일 수 있는 목표가 아닐 수 있다. 둘째, 자율주행차 도입에 따른 비용, 노동력, 조정이 상당할 것임을 생각해 보면 다른 사회적 우선순위에 대한 지원이 줄어들 수 있다는 얘기이므로 신중하게 고려해야 할 문제이다.

자율주행차의 잠재적 이점에 대해서는 과학자, 엔지니어, 그리고 기술적 전문성을 갖춘 전문가에게 맡겨야 할 문제라고 말할 수도 있다. 도시 주민들은 그들의 조언을 따라야 한다는 생각이 전제된 것인데, 상황이 충족되지 않을 경우에는 신뢰가 깨질 수 있다. 예컨대 이미 살펴본 바와 같이 자율주행차가 가져올 이점의 현실성은 여전히 모호한 상태이다. 최악의 경우, 이 기술은 단점 없는 개인 교통수단을 안전하게 제공하지 못할 수 있다. 자율주행차에 대한 꿈은 모두 헛된 꿈이 될 수 있다. 물론 무인 차량이 현재 실험 단계에 있으며, 특히 현재 애리조나주 피닉스에서 무인 차량을 제한적으로 사용하고 충분한 재정적 지원을 받고 있다는 점을 고려할 때 물거품이 될 가능성은 낮다.[36] 기술 발전 측면에서 이러한 진전은 흥미롭지만, 전문가들의 합의가 부족하다는 것은 무인 차량이 도시경관의 보편적이고 영구적인 일부가 될 때까지 상당한 시간이 걸릴 수 있음을 시사한다.

문제는 교통 전문가가 공동계획에 참여할 때 앞서 나열한 예상 편익을 기반으로 자율주행차의 우선순위를 결정하고 이러한 관점을 지지할 수 있다는 것이다. 즉, 현재 모델이 제공할 수 있는 것보다 더 나은 결과를 확보하기 위해, 사람들을 목적지까지 이동시킨다는 결과를 위해 행동할 것임을 암시해야 한다. 이러한 관점은 모든 형태의 교통수단을 논의할 때 적용될 수 있지만, 문제는 가정된 견해가 자율주행차가 사회와 환경에 기여한다는 이유로 우선적으로 재정지원을 받을 수 있다는 주장을 뒷받침한다는 것이다.

공동계획이 필수적이라는 생각과는 별개로, 자율주행차가 도덕적 순서의 모든 요건을 충족할 수 있으므로 교통 시스템의 도덕적 우선순위 문제를 생각할 필요조차 없다는 주장도 쉽게 할 수 있다. 그러나 결과가 예측한 방식으로 나타날 것이라는 희망에 근거하여 결정을 내릴 수는 없다. 결과가 원래 계획과 다르거나 실현되지 않는다면, 이 결정 뒤에 숨어 있는 의도는 해결책에 아무런 보탬이 되지 않을 것이다.

앞에서 언급한 바와 같이 이 새로운 기술이 언제 사회적으로 통합될 수 있을지에 대한 합의가 부족하다는 점이 자율주행차 교통계획의 가장 큰 걸림돌이다. 원하는 결과가 나타날 것이라는 보장이 없거나 예상보다 훨씬 늦은 시점, 즉 몇 년 또는 수십 년 후에 나타날 수도 있는 것이다. 이러한 기술이 도시 도로에 적용되기까지 매우 오랜 시간이 걸린다고 가정해 보자. 이 경우 교통 전문가들은 이미 사회적 불공정과 같은 문제로 어려움을 겪고 있는 교통 시스템을 개선할 기회를 (사례별로 판단해야 하지만) 이미 놓쳐 버린 것일 수 있다. 자율주행차의 대규모 도입을 준비하는 데에 수십 년이 걸린다는 사실을 미리 알았다면, 사회적으로 정의로운 지속가능성과 같은 가치 있는 목표를 지원할 다른 모빌리티 수단에 자금을 지원할 수 있었을 것이다.

교통계획자들이 자율주행차에 많은 관심을 기울이는 것은 새로운 기술에 적절한 관심을 기울이고 있다는 신호일 수 있지만, 이는 현재 도시 주민을 괴롭히는 문제보다 아직 존재하지 않는 미래의 문제를 우선시하는 것이기도 하다. 이는 도덕적 우선순위 문제와 연결된다. 이는 계획자가 자율주행차와 같은 새로운 기술을 염두에 두고 계획하는 것의 중요성을 무시해야 한다는 것이 아니라 기존 조건과 균형을 맞춰 가며 고려해야 한다는 말이며, 결국에는 등장할 가능성이 있는 문제를 해결하기 전에 이미 존재하는 문제를 우선적으로 해결해야 한다는 것을 의미한다. 누군가에는 간단해 보일 수 있는 이 문제는 교통계획에 지침이 되는 일반적인 태도이다.[37]

예를 들어, 카렐 마텐스는 이러한 종류의 결정을 내리는 것이 교통계획가가 도시의 교통 미래를 결정할 때 취하는 전형적인 행동 유형과 일치한다고 말한다.[38] 이러한 방식으로 계획에 접근하는 것이 현명해 보일 수 있지만, 이 경우 정의와 관련된 기존 문제가 주목을 받지 못한다는 것이 문제다.[39] 제대로 작동하지 않고 불공정한 교통 시스템으로 인한 피해는 계속될 수 있으며, 그러한 부담을 안고 살아가는 사람들은 별다른 구제를 받지 못한다.[40] 즉, 교통정의에 대한 우려가 제기되는 문제인 서비스 분배가 불공정할 경우 문제가 무기한 지속되거나 악화될 수 있다.[41]

이런 점을 염두에 두면, 자율주행차가 모든 교통 문제를 해결할 수 있다는 생각을 버리고 자율주행차를 도시교통의 미래에 대한 사고의 중심으로 삼아야 한다고 생각하는 것이 적절해 보인다. 우리가 무인 차량에 서비스를 제공하는 게 아니라, 무인 차량이 우리를 도와야 한다. 이 생각은 미래를 주시하면서 현재 존재하는 문제를 해결하는 방법에 노력을 집중해야 함을 의미한다. 자율주행차가 이러한 문제를 해결할 수 있다면 무인 자동차를 사용하지 않을 이유가 없다. 그렇다고 해서 도시 이동자 및 거주자들과 함께 기술에 대해 생각하고 과정에 참여하며 자율주행차의 미래를 계획하지 못할 이유도 없다.

이는 주민들이 도시를 형성할 권리를 실현하는 데에 참여하도록 교통 전문가가 어떤 도움을 줄 수 있는지 보여 줌으로써 도시 계몽을 불러온다. 결국, 이러한 방식으로 생각하면 단순히 자율주행차가 동일한 결과를 제공하기를 바라면서 자율주행차를 지원하는 것이 아니라, 도시의 지속가능성 및 교통정의와 같은 목표를 달성하기 위한 장치로 삼을 수 있음을 보여 준다. 모빌리티 시스템을 연구하는 선도적인 전문가들의 사고방식과 결합하면 이러한 아이디어는 그들의 이념적 실천과 양립할 수 있다.

예를 들어, 자렛 워커는 교통계획가는 특정 모빌리티 수단의 옹호자가 되어서는 안 되며 인간 운송이라는 과제에 집중해야 한다고 주장한다.[42] 이는 교통 시스템과 무인 차량의 미래에 대한 예측이 실현될 것이라는 기대에 베팅하지 않는 것이 중요하다는 점을 강조한다. 결국 자율주행차 논의는 기존 교통 시스템과 어떻게 조화를 이룰 수 있을지에 초점을 맞춰야 한다. 반대로 기존 교통 시스템이 자율주행차에 어떻게 맞출지가 초점이 되어서는 안 된다. 가령 이러한 개념은 다중 모드 접근 방식을 지지하는 교통계획 및 공학에 대한 접근 방식과 일맥상통한다. 작업에 가장 적합한 교통수단을 사용하는 것이다. 이러한 접근 방식은 본질적으로 말 없는 마차나 무인 차량 같은 모빌리티 수단에 대한 독단적인 충성심에 저항한다. 그러나 이러한 실천에 참여하는 것은 또 다른 우려를 불러일으킬 수 있다.

두 가지 문제가 있다. 단일기술포화라는 문제를 상기해 보면, 주요 이동 수단이 자율주행차인 도시를 만들면 예상치 못한 결과를 초래할 수 있다. 사람들은 자율주행차에 대한 지나친 의존으로 인해 발생하는 문제에 직면하게 될 것이다. 이러한 결과가 본질적으로 나쁜 것은 아니지만, 이것이 전체 교통 시스템의 일부가 되면 이러한 부분을 제거하기가 어려워질 수 있다. 그러나 더 큰 문제는, 사람들이 이러한 부분에 의존하게 되고 이것이 유일한 선택지가 되면 더 나은 결과를 가져올 수 있는 다른 종류의 부분에 대한 접근이 불가능해진다는 것이다. 그렇게 되면 도시는 거의 대안 없는 강제적인 자동차 소유에서 강제적인 자동차 사용으로 옮겨 갈 것이다. 이 경우 공중보건을 개선할 수 있는 자전거, 공동체의식 및 삶의 질을 증진시킬 수 있는 버스 노선, 매일 같은 승객을 만나는 친근감 등이 소외되거나 떨어져 나간 부분에 포함될 수 있다.

과거를 바꿀 수는 없지만 미래를 위해 공동계획을 수립할 수는 있다. 이는 최소한 존중이 요구되는 방식으로 구현된다. 이러한 태도는 새로운 교통 부분을 더 큰 시스템에 도입하는 문제에 관심을 기울일 수 있는 통찰력을 제공할 뿐만 아니라, 모빌리티 문제의 권력 역학을 재구성하고 도시 계몽으로 나아가기 위한 조건을 확립할 수 있다.

이런 생각은 기존의 교통 관행에 반하는 것이 도시 모빌리티의 새로운 문제에 도움이 될 수 있다는 것을 상징하며, 이는 결국 우리를 형성할 교통 시스템을 형성하는 데에 도움이 될 수 있는 필요한 조치가 될 것이다.

도시 주민을 위한 모빌리티 시스템을 제공하는 일은 끝이 보이지 않는 일이다. 열차를 일정에 맞춰 도착하고 출발하게 하려면 공학자와 계획가가 필요하지만, 역사가 반복되지 않게 하려면 여러 기술 중 하나인 도덕적 순서화 과정이 안정적으로 유지되어야 한다. 결국 철학의 역할은 도시를 연구하는 것 이상으로 나아가야 한다. 도시를 변화시키는 과정에 길잡이 역할을 해야 한다.

1장 앞으로의 길

1 이런 생각 배면에 있는 양식은 비즈니스 윤리의 사고방식을 따른다. 예컨대 다음을 참
   고하라. Al Gini & Alexei Marcoux, *The ethics of business: A concise introduction*
   (Lanham, MD: Rowman & Littlefield Publishers, 2011).

2 Evelyn Blumenberg *et al*., "Getting around when you're just getting by: Transportation
   survival strategies of the poor," *Journal of Poverty* 18, no.4 (2014): 356. 이 논문은 광범
   위한 문헌 조사를 통해 교통 문제가 이미 재정적 어려움을 겪고 있는 사람들에게 얼마나
   많은 문제를 불러오는지 그 복합적 특성을 탐구한다.

3 Martin Wachs, "Transportation policy, poverty, and sustainability: History and
   future," *Transportation Research Record* 2163, no.1(2010):5.

4 예컨대 텍사스 댈러스와 이웃한 본튼과 아이디얼의 역사를 들 수 있다. 자세한 사항은
   다음 논문 참고. Briana Payne, "Oral history of Bonton and ideal neighborhoods in
   Dallas, Texas," M.A. Thesis, University of North Texas, 2015.

5 Randy Sansone *et al*., "Road rage: What's driving it?" *Psychiatry* 7, no. 7(2010): 14-15.

6 Soo Chen Kwan *et al*., "A review on co-benefits of mass public transportation in
   climate change mitigation," *Sustainable Cities and Society* 22 (2016): 11.

7 Chun-Wei Huang *et al*l., "The importance of land governance for biodiversity
   conservation in an era of global urban expansion," *Landscape and Urban Planning*
   173 (2018): 44.

8 Andreas Seiler *et al*., "Mortality in wildlife due to transportation" in *The ecology of
   transportation: Managing mobility for the environment*, eds. John Davenport and
   Julia Davenport (Dordrecht, NL: Springer, 2006).

9 Aldo Leopold, *A Sand County Almanac and sketches here and there* (New York:
   Oxford University Press, 1949), 224-5.

10 "Brand loyalty increasing among new-vehicle buyers, J.D. Power Finds," *J.D.
   Power Press Release*, July 15, 2020. http://www.jdpower.com/sites/default/files/
   file/202007/2020046%20U.S.%Automotive%20Brand%20Loyalty.pdf.

11 Reid Heffner *et al*., *A primer on automobile semiotics* (Davis, CA: Institute of
   Transportation Studies, University of California, 2006). http://escholarship.org/uc/
   item/3577d04p.

12 Jeff Nash, "Bus riding: Community on wheels," *Urban Life* 4, no. 1(1975): 99-100.

13 Peter Pelzer, "Bicycling as a way of life: A comparative case study of bicycle culture

in Portland, OR and Amsterdam," in *7th Cycling and Society Symposium*, pp.1-13 (2010): 4.

14 Stephen Beaven, "New Portland apartment buildings with no parking have neighbors worried about congested streets," *The Oregonian*, July 12, 2012.

15 Lewis Gordon, *Disciplinary decadence: Living thought in trying times* (New York: Routledge, 2015), 5.

16 Karel Marten, *Transport justice: Designing fair transportation systems* (Abingdon: Routledge, 2016), 22.

17 차퍼에 대한 더 자세한 설명은 다음을 참고. Kollies Parts, "What's Bobber and Chopper?" http://www.kolliesparts.nl/en/blogs/kollies-parts-blog/whats-a-bobber-and-whats-a-chopper/. 2021.

18 구조적 윤리학에 대한 전체적 조망은 다음 논문을 참고. Philip Brey, "From moral agents to moral factors: The structural ethics approach," in *The moral status of technical artefacts*, eds. Peter Kroes and Peter-Pauk Verbeek (Dordrecht, NL: Springer, 2014), 125-42.

19 Brey, "Moral Agents."

20 이런 입장에 대한 더 상세한 설명은 다음 논문을 참고. Shane Epting, "Urban infrastructure and the problem of moral praise," *Techné: Research in Philosophy and Technology* 24, no. 2 (forthcoming).

21 이런 접근에 대한 최근 사례는 다음 논문을 참고. Shane Epting, "On moral prioritization in environmental ethics: Weak anthropocentrism for the city," *Environmental Ethics* 39, no. 2 (2017): 131-46. 약한 인간중심주의를 확고하게 정립한 글 중 하나는 하그로브의 논문이다. Eugene Hargrove, "Weak anthropocentric intrinsic value," The Monist 75, no. 2 (1992): 183-207.

2장 이동과 사고

1 Hans Jonas, *The imperative of responsibility: In search of an ethics for the technological age* (Chicago: University od Chicago Press, 1984), 4*ff*.

2 Shane Epting, "Questioning technology's role in environmental ethics: Weak anthropocentrism revisited," *Interdisciplinary Environmental Review* 11, no. 1 (2010): 20.

3 최근의 예는 다음 논문을 참고. Jérôme Ballet *et al.*, "Hans Jonas: Bridging the gap between environmental justice and environmental ethics," *Environmental Ethics* 39, no. 2 (2017): 175-91.

4 Jonas, *Imparative*, 1.

5 Jonas, *Imparative*, 1.

6 Jonas, *Imperative*, 1

7   Ibid., 142*ff.*

8   Ibid., 4.

9   Ibid., 8.

10   Ibid,. 4-6.

11   Ibid,. 8.

12   Ibid., 11.

13   Ibid., 21.

14   기술과 유토피아에 대한 요나스의 입장은 다음을 참고. Jonas, *Imperative*, 176*ff* and 201*ff.*

15   Ibid., 3.

16   Ibid.

17   "On municipalities as technologies," *Philosophy & Technology* (2021): 1-11. http://doi.org/10.1007/s13347-020-00438-z.

18   Jonas, *Imperative*, 10.

19   Ernest Hennig *et al.*, "Multi-scale analysis of urban sprawl in Europe: Towards a European de-sprawling strategy," *Land Use Policy* 49 (2015): 483.

20   "About Smog, Soot, and Other Air Pollution from Transportation," *Smog, Soot, and Other Air Pollution from Transportation*, United States Environmental Protection Agency, last updated March 18, 2019. http://www.epa.gov/transportation-air-pollution-and-climate-change/smog-soot-local-air-pollution.

21   이 작업은 특히 현대 기술에서 기술 추구와 결부된 유토피아적 렌즈에 대한 요나스의 비판과 그 맥락이 깊이 닿아 있음을 지적할 필요가 있다. 그의 통찰은 이 장에서 지금까지 검토한 그의 전반적인 노력을 뒷받침하며, 일관되게 기술윤리에 대한 비판의 한 부분으로 작동한다. 이 주제에 대한 더 상세한 정보는 다음을 참조. Jonas, *Imperative*, 178*ff.*

22   Jonas, *Imperative*, 189.

23   Luis Bettencourt *et al.*, "A unified theory of urban living," *Nature* 5467, no. 7318 (2010): 912-13.

24   Luis Bettencourt *et al.*, "A unified theory," 912-13.

25   Ibid.

26   Ibid.

27   Jonas, *Imperative*, 189.

28   Ibid.

29   Xuemei Bai *et al.*, "Urban ecology and industrial ecology," in *Handbook of urban ecology*, eds. D. Ian, D. Goode, M. Houck and R. Wang (2010), 26. 최근 쉬메이 바이가 도시 에너지와 자재 흐름 사이에 놓인 연결 고리가 관련 업무를 수행하는 도시 전문가들에게 과학적 통찰력을 줄 수 있다고 주장한 것도 언급할 필요가 있다. 이런 분석은 각각 효율성과 규범적 평가를 개선할 방법을 정하기 위해 존재론적이고/이거나 윤리적인 평가에도 유익하다고 말할 수 있다. 더 자세한 사항은 다음의 글을 참고. Xuemei

Bai, "Eight energy and material flow characteristics of urban ecosystems," *Ambio* 45, no. 7 (2016): 819-30.

30　Achim Steiner, "Forward," in *United Nations environment programme* (2013), 4.

31　Ralph Sims *et al.*, "Transport climate change 2014: Mitigation of climate change," in *Contribution of working group* Ⅲ *to the fifth assessment report of the intergovernmental panel on climate change*, eds. O Edenhofer *et al.* (Cambridge and New York: Cambridge University Press, 2014), 605.

32　Sims, "Transport," 605.

33　Evelyn Blumenberg *et al.*, "Getting around when you're just getting by: Transportation survival strategies of the poor," *Journal of Poverty* 18, no. 4 (2014): 356. Mikayla Bouchard, "Transportation emerges as crucial to escaping poverty," *The New York Times*, May 7, 2015.

34　Evelyn Blumenberg *et al.*, "Getting around," 356. Bouchard, "Transportation," *The New York Times*, May 7, 2015.

3장 사고, 이동, 부분

1　마커스 포스는 도시 모빌리티에 대한 '교과서'에서 다음과 같이 정의한다: "도시 거주자가 매일 생성하는 모든 이동과 이러한 이동과 관련된 방법 및 조건(교통수단 선택, 이동시간, 환승 시간 등)." 더 자세한 설명은 다음을 참고. Marcus Foth, *Handbook of research on urban informatics: The practice and promise of the real-time city* (Hershey, PA: Information Science Reference, 2009), 389.

2　예컨대 다음을 참고. *Southern Nevada Strong*. http://sns.rtcsnv.com.

3　예를 들어, 브리아나 페인은 텍사스 댈러스의 본튼과 아이디얼 지역이 어떻게 이러한 역사적 문제를 갖게 되었는지를 설명한다. 더 자세한 것은 다음을 참고. Briana Payne, "Oral history of Bonton and ideal neighborhoods in Dallas, Texas," MA Thesis University of North Texas, 2015, 127.

4　Karel Martens, *Transport justice: Designing fair transportation systems* (New York City: Routledge, 2016), 22.

5　Erin Cornwell *et al.*, "Social disconnectedness, perceived isolation, and health among older adults," *Journal of Health and Social Behavior* 50, no. 1 (2009): 33.

6　Vera Tillmann *et al.*, "Public bus drivers and social inclusion: Evaluation of their knowledge and attitudes toward people with intellectual disabilities," *Journal of Policy and Practice in Intellectual Disabilities* 10, no. 4 (2013): 307.

7　트랜스젠더와 젠더비순응자가 대중교통 이용 시 겪는 부당한 대우에 관해서는 다음을 참고할 수 있다. Amy Amy Lubitow *et al.*, "Transmobilities: Mobility, harassment, and violence experienced by transgender and gender nonconforming public transit riders in Portland, Oregon," *Gender, Place & Culture* 24, no. 10 (2017): 1398. 여성과 모빌리티 서비스 문제를 조사한 사례 연구는 다음을 참고. Sana Iqbal, "Mobility justice, phenomenology and gender: A case from Karachi," *Essays in Philosophy* 20, no. 2 (2019): 171.

8 Robert Schneider *et al.*, "Comparison of US metropolitan region pedestrian and bicyclist fatality rates," *Accident Analysis & Prevention* 106 (2017): 82.

9 Evelyn Blumenberg *et al.*, "Getting around when you're just getting by: Transportation survival strategies of the poor," *Journal of Poverty* 18, no. 4 (2014): 356.

10 Juliana Maantay, "Asthma and air pollution in the Bronx: Methodological and data considerations in using GIS for environmental justice and health research," *Health & Place* 13, no. 1 (2007): 40.

11 Briana Payne, "Oral history," 127.

12 Aron Scott, "By the grace of god," Portland Monthly, March 2012. http://www.pdxmonthly.com/articles/2012/2/17/african-american-churches-north-portland-march-2012.

13 Trian Rytwinski *et al.*, "How effective is road mitigation at reducing road-kill? A meta-analysis," *PLos One* 11, no. 11 (2016): e0166941.

14 Achille Varzi, "Merelogy," in *The Stanford encyclopedia of philosophy*, ed. Zalta, E.N. 2015. http://plato.stanford.edu/archives/spr2015/entries/mereology/.

15 Frederique de Vignemont *et al.*, "Body mereology," in *Human body perception from the inside out*, eds. Gunther Knoblich, Ian Thornton, Marc Grosjean and Maggie Shiffrar (New York, NY: Oxford University Press), 148.

16 Peter Simons, "Varieties of parthood: Ontology learns from engineering," in *Philosophy and engineering: Reflections on practice, principles and process*, eds. Diane Michelfelder, Natasha McCarthy and David Goldberg (Dordrecht: Springer, 2013), 152.

17 이 주제에 대한 더 많은 정보는 다음을 참고할 수 있다. Timothy McCarthy, "A note on unrestricted composition," *Thought: A Journal of Philosophy* 4 no.3 (2015) : 202-11.

18 중복되지 않는 부분들의 구체적인 주제에 대한 더 생산적인 토의를 위해서는 다음을 참고할 수 있다. Giorgio Lando, *Mereology: A philosophical introduction* (London and New York City: Bloomsbury Publishing, 2017), 61.

19 조르조 란도가 주장하듯, 문자 그대로의 부분과 은유적 부분을 구별하는 것은 매우 어려운 일일 수 있다. 그런 조건 같은 것을 설명하기 위한 논쟁은 피하겠다. 이를 고려하며 특별한 언급이 없는 한 엄격한 부분에 대한 논의를 고수할 것이다. 더 자세한 정보는 다음을 참고. Giorgio Lando, *Mereology: A philosophical introduction* (Bloombury Publishing, 2017), 24.

20 Ronald Milam *et al.*, "Closing the induced vehicle travel gap between research and practice," *Transportation Research Record* 2653, no. 1 (2017): 10.

21 Mark Nieuwenhuijsen *et al.*, "Car free cities: Pathway to healthy urban living," *Environment International* 94 (2016): 257.

22 Len James, *Road rage and aggressive driving: Steering clear of highway warfare* (Amherst, NY: Prometheus Books, 2009), 21.

23 James, *Road Rage*, 21.

24 이런 상황의 예시로는 다음을 참고하라. Hani Mahmassani *et al.*, "Urban network gridlock: Theory, characteristics, and dynamics," *Transportation Research Part C: Emerging Technologies* 36 (2013): 480-97.

25 내가 알기로, 자전거와 관련된 교통체증은 네덜란드에는 아주 흔하다. 일례로 다음을 참고하라. http://www.youtube.com/watch?v=qp0cFOubQ5I.

26 Patrick Singleton, "How useful is travel-based multitasking? Evidence from commuters in Portland, Oregon," *Transportation Research Record* 2672, no. 50 (2018): 14.

27 Singleton, "How useful," 16.

28 다음의 예를 참고할 수 있다. Mehrdad Tajalli *et al.*, "On the relationships between commuting mode choice and public health," *Journal of Transport & Health* 4 (2017): 267-77.

29 City of Seattle, "6 case studies in urban freeway removal," *Seattle urban mobility plan.*

30 이에 대해서는 다음의 예시를 참고. Sabysachee Mishra *et al.*, "Performance indicatorsfeature for public transit connectivity in multi-modal transportation networks," *Transportation Research Part A: Policy and Practice* 46, no. 7 (2012): 1066.

31 Kirsty Wild *et al.*, "Why are cyclists the happiest commuters? Health, pleasure and the e-bike," *Journal of Transport & Health* 14 (2019): 100569.

32 City of Portland, Office of Transportation, Bicycle Master Plan. http://www.portlandoregon.gov/trasportation/article/369990. Last updated, July 1, 1998. 1.

33 TransitCenter, *Who's onboard 2016.* http://transitcenter.org/wp-content/uploads/2016/07/Whos-On-Board-2016-7_12_2016.pdf, 5.

34 Jeff Nash, "Bus riding: Community on sheels," *Urban Life* 4, no 1(1975): 100.

4장 이동, 부분, 도덕성

1 이 아이디어에 대해서는 다른 글에서도 다룬 바 있다. 자세한 것은 다음의 글을 참고하라. Shane Epting, "Urban infrastructure and the problem of moral praise," *Techné: Research in Philosophy and Technology* 25, no. 2 (2021) : forthcoming.

2 이에 대한 여러 예시와 더 자세한 설명은 다음의 글을 참고하라. Edward Glaeser, *Triumph of the city: How our greatest invention makes us richer, smarter, greener,*

healthier and happier (New York City: Penguin, 2011).

3   Martin Luther King Jr, "Letter from Birmingham jail," in *Liberating faith: Religious voices for justice, peace, & ecological wisdom*, ed. Roger Gottieb (Lanham, MD: Rowman & Littlefield Publishers, 2003), 177–87.

4   Jonas, *Imperative*, 10.

5   Bus Riders Unite(http://www.opalpdx.org/bus-riders-unite/)와 Rainier Beach Transit Justice Project(http://www.rbcoalition.org/rainier-beach-transit-justice-youth-corp-completes-metro-mural-their-latest-project-to-better-our-community-transportation-wise/)를 예로 들 수 있다.

6   다른 형태의 교통계획도 보행 편의성을 떨어뜨릴 수 있다는 점을 언급해야겠다. 이 점과 자동차 중심 계획이 도시의 보행성에 영향을 미칠 수 있다는 생각에 대한 자세한 내용은 Ann Forsyth *et al.*, "Cities afoot—Pedestrians, walkability and urban design," *Journal of Urban Design* 13, no. 1 (2008): 1 참조. 자동차 중심의 설계, 보행성 및 건강 간의 상호작용에 초점을 맞춘 구체적인 참고 자료는 Lawrence Frank *et al.*, "Many pathways from land use to health: associations between neighborhood walkability and active transportation, body mass index, and air quality," *Journal of the American Planning Association* 72, no. 1 (2006): 75 참조.

7   Juliana Maantay, "Asthma and air pollution in the Bronx: Methodological and data considerations in using GIS for environmental justice and health research," *Health & Place* 13, no. 1 (2007): 47.

8   Giulop Mattioli, "Forced car ownership" in the UK and Germany: Socio-spatial patterns and potential economic stress impacts," *Social Inclusion* 5, no. 4 (2017): 148. 이 주제에 대한 문헌에 따르면, 강제적 자동차 소유는 논란의 여지가 있다. 앞서 언급한 글은 이런 논쟁을 잘 보여 주고 있다.

9   Philip Brey, "From moral agents to moral factors: The structural ethics approach," in *The moral status of technical artefacts*, eds. Peter Kroes and Peter-Pauk Verbeek (Dordrecht, NL: Springer, 2014), 125. 필자 역시 다른 맥락에서 이 점을 논구한 바 있다. Shane Epting, "On municipalities as technologies," *Philosophy & Technology* (2021); 1-11, http://doi.org/10.1007/s13347-020-00438-z.

10   Bruno Latour, "Where are the missing masses?, The sociology of a few mundane artifacts," in *Shaping technology, building society: Studies in sociotechnological change*, eds. Wiebe Bjiker and John Law (Cambridge, MA: MIT Press 1992), 225. 브레이 역시 이 점을 다루었다. Brey, "Moral Agents," 128.

11   Latour, "Missing Massed," 151-2.

12   브레이는 라투르에 이어 이 같은 주장의 궤적을 조사하고 도표화한다. 더 자세한 것은 다음을 참고. Brey, "Moral agents," 128ff.

13   Peter-Paul Verbeek, *Moralizing technology: Understanding and designing the morality of things* (Chicago: University of Chicago Press, 2011), 11ff. 이에 대해서는

다음의 글에서도 다룬 바 있다: Shane Epting, "On Municipalities."

14 Verbeek, *Moralizing*, 38-9.

15 Verbeek, *Moralizing*, 61.

16 Brey, "Moral agents," 134.

17 Brye, "Moral agents," 135.

18 Karel Marten, *Transport justice: Designing fair transportation systems* (Abingdon: Routledge, 2016), 37.

19 Matt Doeden, *Choppers* (Minneapolis, MN: Lerner Publications Co., 2008), 15-16ff.

20 Brey, "Moral agents," 126.

21 이때 '도덕적 부분'은 행위성과 의도성과 같은 주제에 대한 논의를 필요로 하는 전통적인 도덕 감각을 수반하지 않는다는 점을 강조할 필요가 있겠다.

22 나는 이 분야에 대해 수년간 연구해 왔다. 이전에 여러 곳에서 이 과정을 '복잡한 도덕적 평가'라고 표현한 적이 있다. 가령 Shane Epting, "On moral prioritization in environmental ethics: Weak anthropocentrism for the city," *Environmental Ethics* 39, no. 2 (2017): 137-46. 그리고 Shane Epting, "Automated vehicles and transportation justice," *Philosophy & Technology* 32, no. 3 (2019): 389-403. 하지만 평가에만 너무 집중하는 사고방식은 거친 '체크리스트'를 작성하려는 근시안적 생각이라는 걸 알게 됐다. 평가하는 방식으로 접근할 때의 문제점은 도덕적 순서화 같은 과정이 확보하게 해 주는 유연성이 결여됐다는 것이다. 이는 '반프레임워크' 프레임워크에 반하는 것이다. 반면에 도덕적 순서화 작업은 이런 의미를 내포하지 않으며, 설령 이런 의미를 내포한다 하더라도 암시적인 성격이 강하기 때문에 그 정도가 덜하다. 이런 특성은 특정 도시에 들어올 수 있는 여러 요소와 관련한 다양한 상황에 대처하는 데에 필요하다.

5장 도덕적 순서를 향한 길

1 Shane Epting, "On moral prioritization in environmental ethics: Weak anthropocentrism for the city," *Environmental Ethics* 39, no. 2 (2017): 131.

2 예컨대, J. Baird Callicott, *In defense of the land ethic: Essays in environmental philosophy* (Albany, NY:SUNY Press, 1989), 3-4.

3 Callicott, *In defense*, 3-4.

4 Aldo Leopold, *A Sand County Almanac: Sketches here and there* (New York: Oxford University Press, 1949, 1968), 204.

5 Hargrove, "Weak," 183-207.

6 Callicott, *In Defense*, 3-4.

7 Ibid.

8 Hargrove, "Weak," 184.

9 Ibid.

10 내재적 가치에 대한 랠스턴의 견해가 다음과 같은 내용을 지지하고 있다고 지적한 케이티 메시인의 주장을 언급할 필요가 있겠다. "X의 내재적 가치에 대한 주장은 X의 어떤 속성이 그것을 가치 있게 만드는지에 대한 주장이다. … X의 내재적 가치에 대한 주장은 X의 가치 속성의 형이상학적 상태에 대한 주장이다." Katie Meshane, "Why environmental ethics shouldn't give up on intrinsic value," *Environmental Ethics* 29, no. 1 (2007): 47.

11 Ibid.

12 Homes Rolston, *Environmental ethics: Duties to and values in the natural world* (Philadelphia: Temple University Press, 1988), 100.

13 Holmes Rolston, *Conserving natural value* (New York City: Columbia University Press, 1994), 177.

14 Rolston, *Conserving*, 177.

15 Ibid.

16 Rolston, *Environmental ethics*, 186-7; 216.

17 Ibid., 230-1.

18 Hargrove, "Weak," 194.

19 J. Baird Callicott, *Beyond the land ethics: More essays in environmental philosophy* (Albany, NY: SUNY Press, 1999), 73-5.

20 Callicott, Beyond, 73-5.

21 Ibid.

22 크리스틴 슈레이더 프레체테는 인간의 이해관계와 비인간의 이해관계 사이의 문제를 해결하기 위해 이와 비슷한 접근 방법을 발전시켜 '계층적 전체론hierarchical holism'이라는 용어로 도덕적 우선순위에 대한 기초적 설명을 제공한다. 자세한 것은 다음 참고. Kristin Shrader-Frechette, "Individualism, holism, and environmental ethics," *Ethics and the Environment* 1 (1996): 55-69.

23 Callicott, *Beyond*, 75.

24 Hargrove, "Weak," 191.

25 Thomas Nagel, "What is it like to be a bat?," *The Philosophical Review* 83, no. 4 (1974): 435-50.

26 Hargrove, "Weak," 201.

27 Frederick Ferré, "Personalistic organicism: Paradox or paradigm?" *Royal Institute of Philosophy Supplements* 26 (1994): 72.

28 Allan Thompson, "Anthropocentrism: Humanity as peril and promise," in *The Oxford handbook of environmental ethics*, eds. Stephen Gardiner and Allen Thompson (New York: Oxford University Press), 82.

29 Hargrove, "Weak," 193-4. 다음도 참고. Rolston, *Environmental ethics*, 232-45.

30 Ramachanrha Guha, "Radical American environmentalism and wilderness

perservation: A third world critique," *Environmental Ethics* 11, no. 1 (1989): 76.)

31 Bill Lawson, "Living for the city: urban United Stated and environmental justice," in *Faces of environmental racism: Confronting issues of global justice*, eds. Laura Westra and Bill Lawson (Lanham, MD: Rowman & Littlefield Publishers, 2001), 41.)

32 Charles Mills, "Black trash," in *Faces of environmental racism: Confronting issues of global justice*, eds. Laura Westra and Bill Lawson (Lanham, MD: Rowman & Littlefield Publishers, 2001), 74.)

33 Eugene Hargrove, "Forward," in *Faces of environmental racism: Confronting issues of global justice*, eds. Laura Westra and Bill Lawson (Lanham, MD: Rowman & Littlefield Publishers, 2001), ix.

6장 도시 모빌리티에서의 도덕적 우선순위

1 Robert Kirkman, *The Ethics of Metropolitan Growth: The Future of our Built Environment* (London: Bloomsbury Publishing, 2010).

2 Eugene Hargrove, "Weak anthropocentric intrinsic value," *The Monist* 75 no. 2 (1992): 198.

3 Hargrove, "Weak," 198.

4 Ibid.

5 Ibid., 199.

6 예컨대 다음을 참고할 수 있다. Lynn Westney, "Intrinsic value and the permanent record: The preservation conundrum," *OCLC Systems & Services: International Digital Library Perspectives* 23, no. 1 (2007): 5-12.

7 Bryan Norton, "Environmental ethics and weak anthropocentrism," *Environmental Ethics* 6, no. 2 (1984): 134.

8 Norton, "Environmental ethics," 134.

9 Ibid.

10 Ben Minteer, "Anthropocentrism," in *Encyclopedia of environmental ethics and philosophy*, eds. Baird Callicott and Robert Frodeman (Farmington Hills, MI: Macmillan Reference USA/Gale Cengage Learning, 2009), 60.

11 Hargrove, "Weak," 206-7.

12 Ibid., 201-2.

13 Charles Gordon, "Automobiles vs. railways for urban transportation," *Electrical Engineering* 50, no. 1 (1931): 5.

14 Hans Jonas, *The imperative of responsibility: In search of an ethics for the technological age* (Chicago: University of Chicago Press, 1984), 11.

15 Samantha Noll *et al.*, "Health justice in the city: Why an intersectional analysis of

transportation matters for bioethics," *Essay in Philosophy* 20, no. 2 (2019): 131.

16 Emmanuel Levinas, *Totality and infinity: An essay on exteriority* [French original 1961], trans. Alphonso Lingis (Pittsburg: Duquesne University Press, 1969), 213. Enrique Dussel, *Philosophy of liberation*, trans. Aquila Martinez and Christine Morkovosky (Maryknoll, NY: Orbis Books, 1985), 43.

17 Enrique Dussel, *Philosophy of liberation*, trans. Aquila Martines and Christine Morkovsky (Maryknoll, NY: Orbis Books, 1985), 43.

18 Robert Figueroa, "Evaluating environmental justice claims," in *Forging environmentalism: Justice, livelihood, and contested environments*, eds. Joan Bauer (Amonk, NY: M.E. Sharpe, 2006), 360-76.

19 Noll *et al.*, "Health justice," 131.

7장 사랑, 존중, 그리고 도시 모빌리티

1 Jorge Gracia, "Antonio Caso," in *Latin American philosophy in the twentieth century,* ed. *Jorge Gracia* (Amherst, NY: Prometheus Books, 1986), 41-2.

2 Gracia, "Caso," 42.

3 Antonis Caso, "The human person and the totalitarian state," in *Latin American philosophy in the twentieth century*, ed. Jorge Gracia (Amherst, NY: Prometheus Books, 1986), 44.

4 Trevor Reed, *INRIX global traffic scorecard*, 2019. http://inrix.com/scorecard/.

5 Patrick Singleton, "How useful is travel-based multitasking? Evidence from commuters in Portland, Oregon," *Transportation Research Record* 2672, no. 50 (2018): 14-16.

6 Ibid, 45.

7 Andrés Felipe Valderrama Pineda, "What can engineering systems teach us about social (In)justices? The case of public transportation systems," in *Engineering education for social justice*, ed. Juan Lucena (Dordrecht: Springer, 2013), 215.

8 Ibid.

9 Enrique Peñolosa, "Why buses represent democracy in action," *TedCity2.0*, September 2013.

10 교통계획 연구에서 이런 논의는 '포로' 대 '선택'의 맥락에서 다뤄지는데, 이는 고려해야 할 요소들이 크고 깊게 자리하고 있음을 의미한다. 서로 대치되는 것을 탐구하는 용어로, 더 자세한 정보는 다음 문헌을 참고. Jinhua Zhao *et al.*, "Customer loyalty differences between captive and choice transit riders," *Transportation Research Record* 2415. no. 1 (2014): 80.

11 Hans Jonas, *The imperative of responsibility: In search of an ethics for the*

technological age (Chicago: University of Chicago press, 1984), 189.

12 US Environmental Protection Agency, "Environmental impact assessment," http://www.epa.ie/monitoringassessment/assessment/eia.

13 이 같은 하위 분야에서 해당 주제에 대한 연구에 공백이 있음을 말하려는 것은 아니다. 예컨대, 로드킬 통계를 조사한 최근의 연구는 다음을 참고할 수 있다. Cherly Abbate, "Save the meat for cats: Why it's wrong to eat roadkill," *Journal of Agricultural and Environmental Ethics* 32, no. 1 (2019): 165-82.

14 Gary Kroll, "An environmental history of roadkill: Road ecology and the making of the permeable highway," *Environmental History* 20, no. 1 (2015): 4.)

15 Roban Attfield, "Beyond anthropocentrism," *Royal Institute of Philosophy Supplements* 69 (2011): 46.

16 비동일성 문제를 상세히 다룬 최근 연구로는 다음을 참고. David Boonin, *The non-identity problem and the ethics of future people* (New York: Oxford University Press, 2014).

17 Hans Jonas, *The imperative of responsibility: In search of an ethics for the technological age* (Chicago: University of Chicago press, 1984), 38.

18 다음의 문헌도 이러한 주장을 보여 준다. Richard Routley *et al.*, "Nuclear energy and obligation to the future," *Inquiry* 21, no. 1-4 (1978): 143.

19 Barack Obama, "Weekly address: Protecting our planet for future generations," http://obamawhitehouse.archives.gov/the-press-office/2015/10/24/weekly-address-protecting-out-planet-future-generations.

20 Jonas, *Imperative*, 43. 원래 요나스가 이 구절에서 사용한 용어는 'Man'이다. 인용자가 용어를 'humankind' 바꾼 것을 표시하기 위해 대괄호로 묶었다.

21 City of Seattle, "Case studies in urban freeway removal," http://www.seattle.gov/transportation/docs/ump/06%20SEATTLE%20Case%20studies%20in%20urban%20freeway%20removal.pdf

8장 이동, 사고, 협력

1 UK Parliament, "Churchill and the commons chamber," *UK Parliament 2020*, last modified, 2020. http://www.parliament.uk/about/living-heriatage/building/palace/architecture/palacestructure/churchill/.

2 UK Parliament, "Churchill."

3 David Harvey, "The right to the city," *New Left Review* 53 (2008): 23.

4 이러한 사고방식의 중요성을 강조하면서 도시교통에서 시간을 측정하는 방법을 개발하고 발전시킨 논문이 있다. 자세한 정보는 다음을 참고. Maria Nordström *et al.*, "Let me save you some time … on valuing travelers' time in urban transportation," *Essays in*

Philosophy 20, no. 2 (2019): 206.

5 OPALportland, *Adela's journey*, 2012. http://www.youtube.com/watch?v=Ijxeb Ymey44.

6 OPAL Environmental Jusrice Oregon, *OPAL environmental justice Oregon*. http://www.opalpdx.org. 기부를 원하면 다음 사이트에 방문하라. http://www.opalpdx.org/make-a-donation/.

7 George Russell, Irish Agricultural Organisation Society, "Notes of the week: Fair play in legislation," *The Irish Homestead: The Organ of Irish Agricultural and Industrial Development* 17 no. 53 (1910): 1087.

8 Michela Le Oira *et al.*, "Competence, interest and power in participatory transport planning: Framing stakeholders in the 'participation cube'," *Transportation Research Procedia* 48 (2020): 2386.

9 John LaPlante *et al.*, "Complete streets: We can get there from here," *ITE Journal* 78, no. 5 (2008): 24.

10 Immanuel Kant, "Answering the question: What is enlightenment?" *Berlin Monthly*. Berlin: Berlin Monthly, 1784.

11 Kant, "Answering."

12 Nicholas Leigh-Hunt *et al.*, "An overview of systematic reviews on the public health consequences of social isolation and loneliness," *Public Health* 152 (2017): 157.

13 Leigh-Hunt *et al.*, "Overview," 158.

9장 도덕적 순서와 가치 있는 목표

1 Richard Ezike *et al.*, "Defining "Communities of concern," *Transportation Planning: A Review of How Planners Identify Underserved Communities* (2020): 9.

2 Richard Ezike *et al.*, "Defining," 12.

3 나는 다른 글에서 도시 인프라에 대한 도덕적 찬사의 사례를 자세히 살펴본 바 있다. 특히 전 애틀랜타 시장인 설리 프랭클린Shirley Franklin 같은 전문가들의 아이디어, 그리고 비슷한 직종에 종사하는 사람들이 도덕적 찬사를 받을 수 있는 조건 등을 검토했다. 더 자세한 것은 다음 글을 참고. Shane Epting, "Urban infrastructure and the problem of moral praise," *Techné: Research in Philosophy and Technology* 25, no. 2 (2021): forthcoming.

4 예컨대 다음의 문헌을 참고. Robers Caro, *The power broker: Robert Moses and the fall of New York* (New York: Alfred A Knopf Incorporated, 1974).

5 Sydney Sarachan, "The legacy of Robert Moses," *Need to know on PBS*, January 17, 2013.

6 Shane Epting, "Urban infrastructure and the problem of moral praise," *Techné: Research in Philosophy and Technology* 25, no 2 (2021): forthcoming.

7 Ibid.

8 이런 사례들을 다룬 연구로는 다음을 참고. Shane Epting, "Ethical requirements for transport systems with automated buses," *Technology in Society* 64 (2021): 101508.

10장 사고, 이동, 미래

1 더 자세한 것은 다음의 글을 참고할 수 있다. Austin Brown *et al.*, "An analysis of possible energy impacts of automated vehicles," in *Road vehicle automation*, eds. Gereon Meyer and Sven Beiker (Cham: Springer, 2014), 137-53. 또한 Warren Walkerand *et al.*, "Dynamic adaptive policymaking for the sustainable city: The case of automated taxis," *International Journal of Transportation Science and Technology* 6, no. 1 (2017): 1.

2 Eva Fraedrich *et al.*, "Transition pathways to fully automated driving and its implications for the sociotechnical system of automobility," *European Journal of Futures Research* 3, no. 1 (2015):1

3 예컨대 다음과 같은 작업을 들 수 있다. Markus Maurer *et al.*, *Autonomous driving: Technical, legal and social aspects* (Berlin Heidelberg: Springer, 2016).

4 Hans Jonas, *The imperative of responsibility: In search of ethics for the technological age* (Chicago: University of Chicago Press, 1984), 189.

5 예컨대 Patrick Lin, "Why ethics matters for autonomous cars," in *Autonomous driving*, eds. Markus Maurer, Christian Gerdes, Barbara Lenz and Hermann Winner (Berlin, Heidelberg: Springer, 2016), 69-85. 또한 Sven Nyholm *et al.*, "The ethics of accident-algorithms for self-driving cars: An applied trolly problem?," *Ethical theory and moral practice* 19, no. 5 (2016): 1275-89.

6 연구자들이 여러 분야로 확장하며 자율주행차 관련 문제들을 탐구하는 이유 중 하나는, 자율주행 기술의 긍정적 측면이 부정적 측면보다 더 크기 때문임을 시사한다. 이는 2013년 11월 19일에 있었던 제131회 미 하원 제1차 회의에서도 일관되게 나타난다. 이들은 자율주행차의 도입이 여러 사회문제를 야기할 수 있지만, 도로 안전을 개선하고 교통량을 줄이며 배기가스 감축에 도움이 되며 생산성을 높일 수 있다는 점을 인정한다. 무인 자동차는 언젠가 미국에 모빌리티 혁명을 가져올 수 있을 만큼이나 다방면에서 정부의 지지를 받고 있는 것이다. 자세한 정보는 다음을 참고. Subcommittee on Highways and Transit; Committee on Transportation and Infrastructure. House. How Autonomous Vehicles Will Shape the Future of Surface Transportation, 2013. http://www.govinfo.gov/content/pkg/CHRG-113hhrg85609/pdf/CHRG-113hhrg85609.pdf.

7 대표적인 예시로는 Wanis Kabbaj's Ted Talk, "What a driverless world could look like" http://www.youtube.com/watch?v=OILFK8oSNEM.

8 이런 견해는 일반적으로 업계 대표들이 지지하는 것이긴 하지만, 학계에서도 이를 지지하거나 이 방향으로 치우쳐 있는 몇몇 학자들이 있다. 예컨대 다음을 참고. Greenblatt and Shaheen, *Automated vehicles*, 74-81.

9 Brown, Gonder, *et al.*, "Analysis," 137ff.

10 Ibid.

11 William Morrow *et al.*, "Key factors influencing autonomous vehicles' energy and environmental outcome," in *Road vehicle automation*, eds. Gereon Meyer and Sven Beiker (Cham: Springer, 2014), 127-35.

12 Taylor Stone *et al.*, "Driving in the dark: Designing autonomous vehicles for reducing light pollution," *Science and Engineering Ethics* 26, no. 1 (2020): 388.

13 Hurbert Iglińskia *et al.*, "Analysis of the potential of autonomous vehicles in reducing the emissions of greenhouse gases in road transport," *Procedia Engineering* 192 (2017): 357.

14 Armin Grunwald, "Societal risk constellations for autonomous driving: Analysis, historical context and assessment," in *Autonomous driving*. eds. Markus Maurer, Christian Gerdes, Barbara Lenz and Hermann Winner (Berlin, Heidelberg: Springer, 2016), 650, 641-63.

15 Shelley Kagan, *Normative ethics* (New York City: Westview Press, 1998), 64. 지금 내가 결과주의적 견해를 비판하는 동시에 본질적으로 결과주의적 주장을 하고 있음 또한 알고 있다. 하지만 모든 결과주의적 주장이 동일한 것은 아니다. 이 논의들은 단지 구조와 관련된 포괄적 특성만 공유할 뿐이다. 또한, 결과에 초점을 맞추는 나의 논의는 경우에 따라 조정될 수도 있다. 즉, 교통 시스템의 부분들을 추가, 제거 또는 재배치하는 경우와 같이 일부가 제대로 전달되지 않는 경우에도 조정할 수 있다.

16 Jonas, *Imperative*, 203. 그는 기술에 반대한다는 혐의에 대해, 그렇다고 우리가 기술 추구를 완전히 포기해서는 안 된다고 주장하는 입장이다. 무인 자동차에 대한 현재의 비판이 테크노필리아의 한 형태로 해석되어서는 안 된다. 이 주제에 대한 더 자세한 논의는 다음을 참고. Alan Drengson, "Four philosophies of technology," in *Technology and values: Essential readings*, ed. Craig Hanks (West Sussex, UK), 26-37.

17 Lisa Rayle *et al.*, *App-based, on-demand ride services: Comparing taxi and ridesourcing trips and user characteristics in San Francisco* (No. UCTC-FR-2014-08) (Berkeley, CA: University of California Transportation Center, 2014), 1.

18 Uber, "What is Uber pass." http://help.uber.com/riders/article/what-is-uber-pass?nodeId=1f9dbe59-8c13-45f6-8048-689e9c76b3ac.

19 Farhad Manjoo, "With uber, less reason to own a car," *New York Times*, June 12, 2014. http://www.nytimes.com/2014/06/12/technology/personaltech/with-ubers-cars-maybe-we-dont-need-our-own.html.

20 Sneha Roy, *Quantifying the impact of transportation network companies (TNCs) on traffic congestion in San Francisco* (Lexington, KY: University of Kentucky, 2019), 108.

21 Gregory Erhardt, *et al.*, "Do transportation network companies decrease or increase congestion?" *Science Advances* 5, no. 5 (2019): 1-10.

22 John Barrios *et al.*, "The cost of convenience: Ridesharing and traffic fatalities," *University of Chicago, Becker Friedman Institute for Economics working Paper* (2020): 25.

23 Bruce Schaller, *The new automobility: Lyft, Uber and the future of American cities*, 2018, 2. http://schallerconsult.com/rideservices/automobility.pdf.

24 우버가 뉴욕시를 상대로 주문형 운전자 상한제에 대한 소송을 제기했다는 사실을 언급할 필요가 있겠다. 자세한 정보는 다음을 참고. Dana Rubenstein, "Uber and Lyft stop accepting new drivers in New York City," *Politico*, April 29, 2019. http://www.politico.com/states/new-york/albany/story/2019/04/29/uber-and-lyft-have-stopped-accepting-new-drivers-in-new-york-city-993270.

25 Scarlett Jin *et al.*, "Ridesourcing, the sharing economy, and the future of cities," *Cities* 76 (2018): 97.

26 Jin, Kong *et al.*, "Ridesourcing," 97.

27 Uber, "Partnering with transit systems," *Supporting Cities*, 2019. http://www.uber.com/us/en/community/supporting-cities/transit/.

28 Susan Shaheen and Nelson Chan, "Mobility and the sharing economy: Potential to facilitate the first-and last-mile public transit connections," *Built Environment* 42, no. 4 (2016): 573.

29 Shaheen and Chan, "Mobility," 588.

30 Metro Transit. Guaranteed Ride Home. *Metro Transit*, 2020. http://www.metrotransit.org/guaranteed-ride-home.

31 Morgan Lyons *et al.*, "DART, Uber stepping up "complete trip" efforts," *DART News Release*, 2015. http://www.dart.org/news/news.asp?ID=1179.

32 Jarrett Walker, "Do Uber and Lyft want to connect to transit?" in *Human transit: The professional blog of public transit consultant Jarrett Walker*, 2019. http://humantransit.org/2019/04/do-uber-and-lyft-want-to-connect-to-transit.html.

33 Jeffery Greenblatt *et al.*, "Automated vehicles, on-demand mobility, and environmental impacts," *Current Sustainable/Renewable Energy Reports* 2, no. 3 (2015): 79.

34 Brown *et al.*, "Analysis," 137ff.

35 Greenblatt *et al.*, "Automated vehicles," 74ff.

36 Joseph White, "Waymo opens driverless robo-taxi service to the public in Phoenix," *Reuters*, October 8, 2020. http://www.reuters.com/article/us-waymo-autonomous-

phoenix/waymo-opens-driverless-robo-service-to-the-public-in-phoenix-idUSKBN26T2Y3.

37 Karel Martens, *Transport justice: Designing fair transportation systems* (Abingdon: Routledge, 2016), 28-9.

38 Martens, *Transport*, 28-9.

39 Ibid.

40 Ibid.

41 Ibid.

42 Jarrett Walker, "Streetcars: An inconvenient truth," *Human transit: The professional blog of public transit consultant Jarrett Walker*, 2009. http://www.human-transit.org/2009/07/streetcars-an-inconvinienttruth.html.

Agrawal, Asha. "What do Americans think about public transit? A review of U.S. public opinion polling survey question." *Mineta Transportation Institute Publications*, 2015.

Attfield, Robin. "Beyond anthropocentrism." *Royal Institute of Philosophy Supplements* 69 (2011): 29-46.

Bagloee, Saeed Asadi, Madjid Tavana, Mohsen Asadi and Tracey Oliver. "Autonomous vehicles: Challenges, opportunities, and future implications for transportation policies." *Journal of Modern Transportation* 24, no. 4 (2016): 284-303.

Bai, Xuemei and Heinz Schandl. "Urban ecology and industrial ecology." In *Handbook of urban ecology*, edited by D. Ian, D. Goode, M. Houck and R. Wang (2010), 26-37.

Ball, Morgan and Mark Lyons. "DART, Uber stepping up 'complete trip' efforts." *DART News Release*, 2018. http://www.dart.org/news/news. asp?ID=1179.

Ball, Morgan and Mark Lyons. "DART, Uber stepping up 'complete trip' efforts." *DART News Release*, 2018. http://www.dart.org/news/news. asp?ID=1179.

Ballet, Jérôme and Damien Bazin. "Hans Jonas: Bridging the gap between environmental justice and environmental ethics," *Environmental Ethics* 39, no. 2 (2017): 175-91.

Barrios, John, Yael Hochberg and Livia Yi. *The cost of convenience: Redesharing and traffic fatalities*. University of Chicago, Becker Friedman Institute fro Economics Working Paper, 2018. http://research. chicagobooth.edu/-/media/research/stigler/pdfs/workingpapers/27thecos tofconvenience.pdf?la=en&hash=A15B13F98D7A17B9E37F78DD2EB DC4C6338BFA.

Beaven, Stephan. "New Portland apartment buildings with no parking have neighbors worried about congested streets." *The Oregonian*, July 12, 2012. http://www.oregonlive.com/portland/2012/078/new_portland_ apartment_buildin.html.

Bettencourt, Luis and Geoffrey West. "A unified theory of urban living." *Nature* 467, no. 7318 (2010): 912-13.

Blumenberg, Evelyn and Asha Weinstein Agrawal. "Getting around when you're just getting by: Transportation survival strategies of the poor." *Journal of Poverty* 18, no. 4 (2014): 355-78.

Boonin, David. *The non-identity problem and the ethics of future people.* New York: Oxford University Press, 2014.

Borenstein, Jason, Joseph Herkert and Keith Miller. "Self-driving cars: Ethical responsibilities of design engineers." *IEEE Technology and Society Magazine* 36, no. 2 (2017): 67-75.

Bouchard, Mikayla. "Transportation emerges as crucial to escaping poverty." *The New York Times*, May 7, 2015. http://www.nytimes.com/2015/05!0// upshot/transportation-emerges-as-crucial-to-cscaping-poverty.html.

Brey, Philip. "From moral agents to moral factors: The structural ethics approach." In *The moral status of technical artefacts*, edited by Peter Krues and Peter-Pauk Verbeek, 125-42. Dordrecht, NL: Springer, 2014.

Brown, Austin, Jeffrey Gonder and Brittany Repac. "An analysis of possible energy impacts of automated vehicles." In *Road vehicle automation*, edited by Gereon Meyer and Sven Beiket, 137-53. Cham: Springer, 2014.

Callicott, J. Baird. *In defense of the land ethic: Essays in environmental philosophy.* Albany, NY: SUNY Press, 1989.

Callicott, J. Baird. *Beyond the land ethic: More essays in environmental philosophy.* Albany, NY: SUNY Press, 1999.

Caro, Robert. *The power broker: Robert Moses and the fall of New York.* New York: Alfred A Knopf Incorporated, 1974.

Caso, Antonio. "The human person and the totalitarian State." In *Latin American philosophy in the twentieth century*, edited by Jorge Gracia, 43-7. Amherst, NY: Promethcus Books, 1986.

City of Portland, Office of Transportation. *Bicycle master plan.* https://www.portlandoregon.gov/transportation/article/369990.Last updated, July 1, 1998.

City of Seattle. "6 case-studies in urban freeway removal." *Seattle urban mobililty plan.* January 2008.https://www.cnu.org/sites/default/files/ Nashville4620Case%205tudy% 202920-%620Seattle.pdf.

Cornwell, Erin and Linda Waite, "Social disconnectedness, perceived isolation and health among older adults." *Journal of Health and Social Behavior* 50, no. 1 (2009): 31-48.

de Vignemont, Frederique, Manos Tsakiris and Patrick Haggard. "Body mereology." In *Human body perception from the inside out*, edited by

Gunther Knoblich, lan Thornton, Marc Grosjean and Maggie Shiffrar. New York, NY: Oxford University Press, 148-70.

Docden, Matt. *Choppers*. Minneapolis, MN: Lerner Publications Co., 2008.

Drengson, Alan. "Four philosophies of technology." In *Technology and values: Essential readings*, edited by Craig Hanks, 26-37. West Sussex: UK.

Dussel, Enrique. *Philosophy of liberation*. Translated by Aquila Martinez and Christine Morkovsky. Maryknoll, NY: Orbis Books, 1985.

Epting, Shane. "Questioning technology's role in environmental ethics: Weak anthopocentrism revisited." *Interdisciplinary Environmental Review* 11, no. 1 (2010): 18-26.

Epting, Shane. "On moral prioritization in environmental ethics: Weak anthropocentrism for the city." *Environmental Ethics* 39, no. 2 (2017): 131-46.

Epting, Shane. "Automated vehicles and transportation justice." *Philosophy & Technology* 32, no. 3 (2019): 389-403.

Epting, Shane. "Urban infrastructure and the problem of moral praise." *Techné: Research in Philosophy and Technology* 25, no. 2 (2021): forthcoming.

Epting, Shane. "On municipalities as technologies." *Philosophy & Technology* (2021): 1-11. https://doi.org/10.1007/s13347-020-00438-z.

Epting, Shane. "Ethical requirements for transport systems with automated buses." *Technology in Society* 64 (2021): 101508.

Erhardt, Gregory, Sneha Roy, Drew Cooper, Bhargava Sana, Mei Chen and Joe Castiglione. "Du tasportation network companies decrease or increase congestion?." *Science Advances* 5, no. 5 (2019): eaau2670.

Eugensson, Anders, Mattias Brännström, Doug Frasher, Marcus, Rothoff, Stefan Solyom and Alexander Robertsson. "Environmental, safety legal and societal implications of autonomous driving systems." In *International Technical Conference on the Enhanced Safety of Vehicles (ESY)*. Seoul, South Korea, vol. 334. 2013. Technical Paper, no. 13-0467.

Ezike, Richard, Peter Tatian and Gabriella Velasco. "Defining "communities of concern." *Transportation Planning. A Review of How Planners Identify Underserved Communities."* (2020): 1-12. https://www.urban. org/sites/default/files/publication/102746/defining-communities-of-concern-in-transportation-planning_1.pdf.

Ferré, Frederick. "Personalistic organicism: Paradox or paradigm?." *Royal Institute of Philosophy Supplements* 36 (1994): 59-73.

Figueroa, Robert. "Evaluating environmental justice claims." In *Forging environmentalism: Justice, livelihood, and contested environments*, edited by Joan Bauer, 360-76. Amonk, NY: M.E. Sharpe, 2006.

Forsyth, Ann and Michael Southworth. "Cities afoot-Pedestrians, walkability and urban design." *Journal of Urban Design* 13, no. 1 (2008): 1-3.

Foth, Marcus. *Handbook of research on urban informatics: The practice and promise of the real-time city.* Hershey, PA: Information Science Reference, 2009.

Fraedrich, Eva, Sven Beiker and Barbara Lenz. "Transition pathways to fully automated driving and its implications for the sociotechnical system of automobility." *European Journal of Futures Research* 3, no. 1 (2015): 1-11.

Frank, Lawrence D., James F. Sallis, Terry L. Conway, James E. Chapman, Brian E. Saelens and William Bachman. "Many pathways from land use to health: Associations between neighborhood walkability and active transportation, body mass index, and air quality." *Journal of the American Planning Association* 72, no. 1 (2006): 75-87.

Gerdes, Christian and Sarah M. Thornton. "Implementable ethics for autonomous vehicles." In *Autonomous driving*, edited by Markus Maurer, Christian Gerdes, Barbara Lenz and Hermann Winner, 87-102. Berlin, Heidelberg: Springer, 2016.

Gini, Al and Alexei Marcoux. *The ethics of business: A concise introduction.* Lanham, MD: Rowman & Littlefield Publishers, 2011.

Glaeser, Edward. *Triumph of the city: How our greatest invention makes us richer, smarter, greener, healthier and happier.* New York City: Penguin, 2011.

Gordon, Charles. "Automobiles vs. railways for urban transportation." *Electrical Engineering* 50, no. 1 (1931): 4-8.

Gordon, Lewis. *Disciplinary decadence: Living thought in trying times.* New York: Routledge, 2015.

Grabar, Henry. "They can just take an Uber," *Slate*, December 14, 2016. https://www.slate.com/articles/business/metropolis/2016/12/cities_are_ cutting_ http://escholarship.org/uc/item/3577d04p.

Gracia, Jorge. "Antonio Caso." In *Latin American philosophy in the twentieth century*, edited by Jorge Gracia, 41-2, Amherst, NY: Prometheus Books, 1986.

Greenblatt, Jeffery and Susan Shaheen. "Automated vehicles, on-demand mobility, and environmental impacts." *Current Sustainable/Renewable*

Energy Reports 2, no. 3 (2015): 74-81.

Grunwald, Armin. "Societal risk constellations for autonomous driving: Analysis, historical context and assessment." In *Autonomous driving*, edited by Markus Maurer, Christian Gerdes, Barbara Lenz and Hermann Winner, 641-63. Berlin, Heidelberg: Springer, 2016.

Guha, Ramachandra. "Radical American environmentalism and wilderness preservation: A third world critique." *Environmental Ethics* 11, no. 1 (1989): 71-83.

Handy, Susan. "Making US cities pedestrian-and bicycle-friendly." In *Transportation, land use, and environmental planning*, edited by Elizabeth Deakin, 169-87. Elsevier, 2020.

Hargrove, Eugene. "Weak anthropocentric intrinsic value." *The Monist* 75, no. 2 (1992): 183-207.

Hargrove, Eugene. "Forward." In *Faces of environmental racism: Confronting issues of global justice*, edited by Laura Westra and Bill Lawson. Lanham, MD: Rowman & Littlefield Publishers, 2001.

Harvey, David. "The right, to the city." *New Left Review* 53 (2008): 23-40.

Heffner, Reid, Tom Turrentine and Kenneth S. Kurani. *A primer on automobile semiotics*. Davis, CA: Institute of Transportation Studies, University of California, 2006.

Hennig, Ernest, Christian Schwick, Tomáš Soukup, Erika Orlitová, Felix Kienast and Jochen Jaeger. "Multi-scale analysis of urban sprawl in Europe: Towards a European de-sprawling strategy." *Land Use Policy* 49 (2015): 483-98.

Higgins, Tim. "Driverless cars tap the brakes after years of Hype; developers take a more cautious, low-key approach in testing and talking about autonomous vehicles after Uber crash." *The Wall Street Journal*, January 17, 2019. https://www.wsj.com/articles/driverless-cars-tap-the-brakes-after-years-of-hype-11547737205.

Huang, Chun-Wei, Robert I. McDonald and Karen C. Seto. "The importance of land governance for biodiversity conservation in an era of global urban expansion." *Landscape and Urban Planning* 173 (2018): 44-50.

Igliński, Hubert and Maciej Babiak. "Analysis of the potential of autonomous vehicles in reducing the emissions of greenhouse gases in road transport." *Procedia Engineering* 192 (2017): 353-8.

J.D. Power. "Brand loyalty increasing among new-vehicle buyers, J.D. Power Finds." *J.D. Power Press Release*, July 15, 2020. https://www.jdpower.com/sites/default/files/file/202007/2020046%20U.S. % 20

Automotive 20 Brand% 20Loyalty.pdf.

James, Leon. *Road rage and aggressive driving: Steering clear of highway warfare*. Amherst, NY: Prometheus Books, 2009.

Jin, Searlett, Hui Kong, Rachel Wu and Daniel Z. Sui. "Ridesourcing, the sharing economy, and the future of cities." *Cities* 76 (2018): 96-104.

Jonas, Hans. *The imperative of responsibility: In search of an ethics for the technological age*. Chicago: University of Chicago Press, 1984.

Kagan, Shelley. *Normative ethics*. New York City: Westview Press, 1998.

Kant, Immanuel. "Answering the question: What is enlightenment?" *Berlin Monthly*. Berlin: Berlin Monthly, 1784.

King Jr., Martin Luther. "Letter from Birmingham jail." In *Liberating faith: Religious voices for justice, peace, & ecological wisdom*, edited by Roger Gottieb, 177-87, Lanham, MD; Rowman & Littlefield Publishers, 2003.

Kirkman, Robert. *The ethics of metropolitan growth: The future of our built environment*. London: Bloomsbury Publishing, 2010.

Kollies Parts. "What's a bobber and a chopper?" 2021. https://www.kolliesparts.nl/en/blogs/kollies-parts-blog/whats-a-bobber-and-whats-a-chopper/.

Kroll, Gary. "An environmental history of roadkill: Road ecology and the making of the permeable highway." *Environmental History* 20, no. 1 (2015): 4-28.

K wan, Soo Chen and Jamal Hisham Hashim. "A review on co-benefits of mass public transportation in climate change mitigation." *Sustainable Cities and Society* 22 (2016): 11-18.

Lando, Giorgio. *Mereology: A philosophical introduction*. London and New York City: Bloomsbury Publishing, 2017.

Latour, Bruno. "Where are the missing masses?, The sociology of a few mundane artifacts." In *Shaping technology, building society: Studies in sociotechnological change*, edited by Wiebe Bjiker and John Law, 225-58. Cambridge, MA: MIT Press, 1992.

Lawson, Bill. "Living for the city: Urban United States and environmental justice." In *Faces of environmental racism: Confronting issues of global justice*, edited by Laura Westra and Bill Lawson, 41-55. Lanham, MD: Rowman & Littlefield Publishers, 1995.

Leigh-Hunt, Nicholas, David Bagguley, Kristin Bash, Victoria Turner, Stephen Turbull, N. Valtorta and Woody Caan. "An overview of systematic reviews on the public health consequences of social isolation and loneliness." *Public Health* 152 (2017): 157-71.

Leopold, Aldo. *A Sand County Almanac and sketches here and there*. New York: Oxford University Press, 1949.

Le Pira, Michela, Giuseppe Inturi and Matteo Ignaccolo. "Competence, interest and power in participatory transport planning: Framing stakeholders in the "participation cube"." *Transportation Research Procedia* 48 (2020): 2385-400.

Levinas, Emmanuel. *Totality and infinity: An essay on exteriority* [French original 1961]. Translated by Alphonso Lingis. Pittsburg: Duquesne University Press, 1969.

Lin, Patrick. "Why ethics matters for autonomous cars." In *Autonomous driving*, edited by Markus Maurer, Christian Gerdes, Barbara Lenz and Hermann Winner, 69-85. Berlin, Heidelberg: Springer, 2016.

Lubitow, Amy, JaDee Carathers, Maura Kelly and Miriam Abelson. "Transmobilities: Mobility, harassment, and violence experienced by transgender and gender non-conforming public transit riders in Portland, Oregon." *Gender, Place & Culture* 24, no. 10 (2017): 1398-1418.

Maantay, Juliana. "Asthma and air pollution in the Bronx: Methodological and data considerations in using GIS for environmental justice and health research." *Health & Place* 13, no. 1 (2007): 32-56.

Mahmassani, Hani, Meead Saberi and Ali Zockaie. "Urban network gridlock: Theory, characteristics, and dynamics." *Transportation Research Part C: Emerging Technologies* 36 (2013): 480-97.

Manjoo, Farhad. "With Uber, less reason to own a car." *New York Times*, June 12, 2014. https://www.nytimes.com/2014/06/12/technology/personaltech/with-ubers-cars-maybe-we-dont-need-our-own.html.

Martens, Karel. *Transport justice: Designing fair transportation systems*. Abingdon: Routledge, 2016.

Mattioli, Giulio. "'Forced car ownership' in the UK and Germany: Socio-spatial patterns and potential economic stress impacts." *Social Inclusion* 5, no. 4 (2017): 147-60.

Maurer, Markus, Christian Gerdes, Barbara Lenz and Hermann Winner. *Autonomous driving: Technical, legal and social aspects*. Berlin Heidelberg: Springer, 2016.

Metro Transit. Guaranteed ride home. *Metro Transit*, 2020. https://www.metrotransitorg/guaranteed-ride-home.

McCarthy, Timothy. "A note on unrestricted composition." *Thought: A Journal of Philosophy* 4, no. 3 (2015): 202-11.

Milam, Ronald, Marc Birnbaum, Chris Ganson, Susan Handy and Jerry Walters. "Closing the induced vehicle travel (gap between research and practice" *Transportation Research Record* 2653, no. 1 (2017): 10-16.

Mills, Charles. "Black trash." In *Faces of environmental racism: Confronting issues of global justice*, edited by Laura Westra and Bill Lawson, 73-94. Lanham, MD: Rowman & Littlefield Publishers: 2001.

Minteer, Ben, "Anthropocentrism." In *Encyclopedia of environmental ethics and philosophy*, edited by Baird Callicott and Robert Frodeman. Farmington Hills, MI: Macmillan Reference USA/Gale Cengage Learning, 2009.

Mishra, Sabyasachee, Timothy Welch and Manoj Jha. "Performance indicators for public transit connectivity in multi-modal transportation networks." *Transportation Research Part A: Policy and Practice* 46, no. 7 (2012): 1066-85.

Morrow, William, Jeffery Greenblatt, Andrew Sturges, Samveg Saxena, Anand Gopal, Dev Millstein, Nihar Shah and Elisabeth Gilmore. "Key factors influencing autonomous vehicles' energy and environmental outcome." In *Road vehicle automation*, edited by Gereon Meyer and Sven Beiker, 127-35. Cham: Springer, 2014.

Nagel, Thomas. "What is it like to be a Bat?." *The Philosophical Review* 83, no. 4 (1974): 435-50.

Nash, Jeff. "Bus riding: Community on wheels." *Urban Life* 4, no. 1 (1975): 99-124.

National Public Radio. (2019). Why phoenix area residents are attacking Waymo's self-driving fleet. *All things considered*. https://www.npr.org/2019/01/02/681752256/why-phoenix-area-residents-are-attacking-waymos-self-driving-fleet.

Nieuwenhuijsen, Mark and Haneen Khreis. "Car free cities: Pathway to healthy urban living." *Environment International* 94 (2016): 251-62.

Noll, Samantha and Laci Hubbard-Mattix. "Health justice in the city: Why an inter-sectional analysis of transportation matters for bioethics." *Essays in Philosophy* 20, no. 2 (2019): 130-45.

Nordström, Maria, Sven Ove Hansson and Muriel Beser Hugosson. "Let me save you some time ... on valuing travelers' time in urban transportation." *Essays in Philosophy* 20, no. 2 (2019): 206-29.

Norton, Bryan. "Environmental ethics and weak anthropocentrism." *Environmental Ethics* 6, no. 2 (1984): 131-48.

Obama, Barack. "Weekly address: Protecting our planet for future generations."

https://obamawhitehouse.archives.gov/the-press-office/2015/10/24/weekly-address-protecting-our-planet-future-generations.

OPAL Environmental Justice Portland. *Adela's journey*, 2012. https://www.youtube.com/watch?v=ljxebYmey44.

Payne, Briana. "Oral history of Bonton and ideal neighborhoods in Dallas, Texas." MA Thesis, University of North Texas, 2015.

Pelzer, Peter. "Bicycling as a way of life: A comparative case study of bicycle culture in Portland, OR and Amsterdam." In *7th Cycling and Society Symposium* (2010): 1-13.

Peñalosa, Enrique. "Why buses represent_democracy in action." *TedCity2.0*, September 2013. https://www.ted.com/talks/enrique_penalosa_why_buses_represent_democracy_in_action#t-51086.

Pineda, Andrés Felipe Valderrama. "What can engineering systems teach us about social (In) justices? The case of public transportation systems." In *Engineering education for social justice*, edited by Juan Lucena, 203-26. Springer, Dordrecht, 2013.

Rayle, Lisa, Susan Shaheen, Nelson Chan, Danielle Dai and Robert Cervero. *App-based, on-demand ride services: Comparing taxi and ridesourcing trips and user characteristics in San Francisco* (No. UCTC-FR-2014-08). Berkeley, CA: University of California Transportation Center, 2014.

Reed, Trevor. *INRIX Global Traffic Scorecard*, 2019. https://inrix.com/scorecard/.

Rolston, Holmes. *Environmental ethics: Duties to and values in the natural world*. Philadelphia: Temple University Press, 1988.

Rolston, Holmes. *Conserving natural value*. New York City: Columbia University Press, 1994.

Routley, Richard and Val Routley. "Nuclear energy and obligations to the future." *Inquiry* 21, no. 1-4 (1978): 133-79.

Roy, Sneha. *Quantifying the impact of transportation network Companies (TNCs) on Traffic Congestion in San Francisco*. Unpublished doctoral dissertation, University of Kentucky, Lexington, Kentucky, 2019.

Rubenstein, Dana. "Uber and Lyft stop accepting new drivers in New York City." *Politico*, April 29, 2019. https://www.politico.com/states/new-york/albany/story/2019/04/29/uber-and-lyft-have-stopped-accepting-new-drivers-in-new-york-city-993270.

Russell, George. "Irish agricultural organisation society." Notes of the Week: Fair Play in Legislation. *The Irish Homestead: The Organ of Irish Agricultural and Industrial Development*, 17 no. 53 (1910): 1086-90.

Rytwinski, Trina, Kylie Soanes, Jochen AG Jaeger, Lenore Fahrig, C. Scott Findlay, Jeff Houlahan, Rodney Van Der Ree and Edgar A. van der Grift. "How effective is road mitigation at reducing road-kill? A meta-analysis." *PLoS One* 11, no. 11 (2016): e0166941.

Sansone, Randy and Lori Sansone. "Road rage: What's driving it?" *Psychiatry* 7, no. 7 (2010): 14-18.

Schaller, Bruce. *The new automobility: Lyft, Uber and the future of American cities.* 2018. http://www.schallerconsult.com/rideservices/automobility. pdf.

Schneider, Robert, Jason Vargo and Aida Sanatizadeh, "Comparison of US metropolitan region pedestrian and bicyclist fatality rates." *Accident Analysis & Prevention* 106 (2017): 82-98.

Scott, Aaron. "By the grace of god." *Portland Monthly.* March 2012, https://www.pdxmonthly.com/articles/2012/2/17/afriean-american-church-es-north-portland-march-2012.

Seiler, Andreas and J. O. Helldin. "Mortality in wildlife due to transportation." In *The ecology transportation: Managing mobility for the environment,* edited by John Davenport and Julia Davenport, 165-89. Dordrecht, NL: Springer, 2006.

Shaheen, Susan and Nelson Chan. "Mobility and the sharing economy: Potential to facilitate the first-and/last-mile publie transit connections." *Built Environment* 42, no. 4 (2016): 573-88.

Simons, Peter. "Varieties of parthood: Ontology learns from engineering." In *Philosophy and engineering: Reflections on practice, principles and process,* edited by Diane Michelfelder, Natasha McCarthy, David E. Goldberg, 151-63. Dordreeht: Springer, 2013.

Sims, Ralph, Roberto Schaeffer, F. Creutzig, X. Cruz-Núñez, M. D'agosto, D. Dimitriu, M. J. Figueroa Meza *et al.* "Transport climate change 2014: Mitigation of climate change." In *Contribution of working group III to the fifth assessment report of the intergovernmental panel on climate change,* edited by O Edenhofer *et al.,* 599-670. Cambridge and New York: Cambridge University Press, 2014. http://www.ipcc.ch/pdf/assessment-report/ar5/wg3/ipcc_wg3_ar5_chapter8.pdf.

Singleton, Patrick A. "How useful is travel-based multitasking? Evidence from commuters in Portland, Oregon." *Transportation Research Record* 2672, no. 50 (2018): 11-22.

Steiner, Achim. "Forward." *United Nations Environment Programme* (2013): 4-5 https://wedocs.unep.org/bitstream/handle/20.500.1 1822/8488/

CityLevel_FReport_EN.pdf?sequence=1&isAllowed=y.

Swilling, Mark, Hajer, Maarten, Baynes, Maarten, Bergesen, Joe, Labbé, Françoise, Musango, Josephine, Ramaswami, Anu, Robinson, Blake, Salat, Serge, Suh, Sangwon, Currie, Paul, Fang, Andrew, Hanson, Aaron, Kruit, Katja, Reiner, Mark, Smit, Suzanne and Samuel Tabory. "The weight of cities: Resource requirements of future urbanization." *International Resource Panel* (2018). http://wedocs.unep.org /bitstream/ handle/20.500.11822/31623/TWOC1.pdf?sequence=1&isAllowed=y.

Tajalli, Mehrdad and Ali Hajbabaie. "On the relationships between commuting mode choice and public health." *Journal of Transport & Health* 4 (2017): 267-77.

Thompson, Allan. "Anthropocentrism: Humanity as peril and promise." In *The Oxford handbook of environmental ethics*, edited by Stephen Gardiner and Allen Thompson, 77-90. New York: Oxford University Press, 2017.

Thornton, Sarah, Selina Pan, Stephen M. Erlien and J. Christian Gerdes. "Incorporating ethical considerations into automated vehicle control." *IEEE Transactions on Intelligent Transportation Systems* 18, no. 6 (2016): 1429-39.

Tillmann, Vera, Meindert Haveman, Reinhilde Stöppler, Štefan Kvas and Daniel Monninger. "Public bus drivers and social inclusion: Evaluation of their knowledge and attitudes toward people with intellectual disabilities." *Journal of Policy and Practice in Intellectual Disabilities* 10, no. 4 (2013): 307-13.

TransitCenter. "Who's onboard 2016." *Transport* 24(4): 284-303. https://transit-cen-ter.org/wp-content/uploads/2016/07/Whos-On-Board-2016-7_12_2016. pdf; trans-portation_service_because_they_think_uber_will_fill.html.

Uber. "Partnering with transit systems." *Supporting Cities*, 2019. https:// www.uber .com/us/en/community/supporting-cities/transit/.

Uber. "What is Uber pass?." https://help.uber.com/riders/article/what-is-uber-pass ?nodeId=1f9dbe59-8c13-45f6-8048-689e9c76b3ac.

UK Parliament. "Churchill and the commons chamber." *UK Parliament*, 2020. https://www.parliament.uk/about/living-heritage/building/palace/ architecture/pal-acestructure/churchill/.

United States Environmental Protection Agency. "About smog, soot, and other air pollution from transportation." *Smog, Soot, and Other Air Pollution from Transportation*. Last updated March 18, 2019. https://www. epa.gov/transportation -air-pollution-and-climate-change/smog-soot-andlocal-air-pollution.

United States Environmental Protection Agency. "Environmental impact as-sess-ment." http://www.epa.ie/monitoringassessment/assessment/eia/.

Varzi, Achille. "Mereology." In *The Stanford encyclopedia of philosophy*, edited by E.N. Zalta, 2015. Last modified January 15, 2015. http://plato. stanford.edu/ archives/spr2015/entries/mereology/.

Verbeek, Peter-Paul. *Moralizing technology: Understanding and designing the morality of things*. Chicago: University of Chicago Press, 2011.

Wachs, Martin. "Transportation policy, poverty, and sustainability: History and future." *Transportation Research Record* 2163, no. 1 (2010): 5-12.

Walker, Jarrett. "Streetcars: An inconvenient truth." *Human transit: The pro-fessional blog of public transit consultant Jarrett Walker*, 2009. http:// www.humantransit .org/2009/07/streetcars-an-inconvenienttruth.html.

Walker, Jarrett. "Do Uber and Lyft want to connect to transit?" *Human tran-sit: The professional blog of public transit consultant Jarrett Walker*, 2019. https://human-transit.org/2019/04/do-uber-and-lyft-want-to-con-nect-to-transit.html.

Walker, Warren and Vincent AWJ Marchau. "Dynamic adaptive policymak-ing for the sustainable city: The case of automated taxis." *International Journal of Transportation Science and Technology* 6, no. 1 (2017): 1-12.

Watzenig. Daniel and Martin Horn, eds., *Automated driving: Safer and more efficient future driving*. Switzerland: Springer International Publishing. 2016.

Westney, Lynn. "Intrinsic value and the permanent record: The preservation conundrum." *OCLC Systems & Services: International Digital Library Perspectives* (2007): 5-12.

Wild, Kirsty and Alistair Woodward. "Why are cyclists the happiest com-muters? Health, pleasure and the e-bike." *Journal of Transport & Health* 14 (2019): 100569.

도시 모빌리티와 도덕성

2024년 1월 30일 초판 1쇄 발행

지은이 | 셰인 엡팅
옮긴이 | 김나현
펴낸이 | 노경인 · 김주영

펴낸곳 | 도서출판 앨피
출판등록 | 2004년 11월 23일 제2011-000087호
전화 | 02-336-2776 팩스 | 0505-115-0525
블로그 | bolg.naver.com/lpbook12
전자우편 | lpbook12@naver.com

ISBN 979-11-92647-27-2   94300